औरत के हक में

(उपन्यास)

औरत के हक में

तसलीमा नसरीन

अनुवाद

मुनमुन सरकार

वाणी प्रकाशन

वाणी प्रकाशन
4695, 21-ए, दरियागंज, नयी दिल्ली 110 002
फ़ोन : +91 11 23273167 फ़ैक्स : +91 11 23275710
शाखाएँ
अशोक राजपथ, पटना 800 004, बिहार
कॉफ़ी हाउस कैम्पस, महात्मा गांधी मार्ग, इलाहाबाद 211 001, उत्तर प्रदेश
महात्मा गांधी अन्तरराष्ट्रीय हिन्दी विश्वविद्यालय, वर्धा 442 001, महाराष्ट्र
सुल्तानिया रोड, मोतिया पार्क, भोपाल 462 001, मध्य प्रदेश
www.vaniprakashan.com
marketing@vaniprakashan.in
sales@vaniprakashan.in

AURAT KE HAQ MEIN
by Taslima Nasreen
Translated by Munmun Sarkar

ISBN : 978-81-8143-294-0
Feminism

अट्ठारहवाँ संस्करण 2021

मूल्य : ₹ 495

एशियन ऑफ़सेट प्रेस, दिल्ली-110 093 में मुद्रित

वाणी प्रकाशन का लोगो मक़बूल फ़िदा हुसेन की कूची से

1

उस समय मेरी उम्र अट्ठारह-उन्नीस की होगी। मयमनसिंह शहर के एक सिनेमा हॉल में दोपहर का 'शो' ख़त्म हुआ है। क़तारों में रिक्शे खड़े हैं। मैं एक रिक्शे पर चढ़ी। भीड़ के कारण रिक्शा एक जगह रुक गया था; कभी थोड़ा चलता, फिर रुक जाता। इसी दौरान मुझे अपनी दाहिनी बाँह में अचानक तेज़ दर्द महसूस हुआ। मैंने पाया कि बारह-तेरह साल का एक लड़का मेरी बाँह में एक जलती सिगरेट दाग़े हुए है। वह शर्ट और लुंगी पहने था। मैं उसे पहचानती नहीं और न पहले कभी देखा ही है। मैं दर्द के मारे कराह उठी। और वह सहज भाव से हँसता हुआ चला गया। मैंने सोचा, चिल्लाऊँ, किसी को आवाज़ दूँ, या फिर दौड़कर उसे पकड़ लूँ। लोगों को इकट्ठा कर फ़रियाद करूँ। लेकिन लड़कियों में एक छठी इन्द्रिय भी होती है, शायद इसीलिए उस दिन उस लड़के को सज़ा दिलाने की कोई कोशिश मैंने नहीं की थी। उसी उम्र में मेरी समझ में आ गया था कि मैं उस लड़के को पकड़ँगी या फिर पकड़ने के लिए लोगों से मदद चाहूँगी तो सभी मुझे घेर लेंगे, मुझे देखेंगे, मेरे शरीर के उतार-चढ़ाव का आनन्द लेंगे, बदन की चिकनाहट देखेंगे, मेरी तकलीफ़ मेरी चीख़-पुकार, मेरा गुस्सा और मेरी रुलाई देखेंगे। कोई संवेदना जतायेगा, कोई ज़बरदस्ती सहानुभूति प्रकट करते हुए जानना चाहेगा कि आख़िर हुआ क्या? कोई कहेगा, लड़के को पकड़कर दो-चार थप्पड़ लगाना चाहिए। कोई पिता का नाम क्या है, घर कहाँ है आदि पूछेगा। दरअसल सब मिलकर मेरा मजाक़ उड़ायेंगे। मेरी असहायता का उपभोग करेंगे। कहाँ जला है—यह देखने के बहाने मेरी सुडौल खुली बाँह देखेंगे। मेरे चले जाने के बाद मेरे शुभचिन्तकगण सीटी बजाएँगे। यह सब सोचकर मैं अपना दर्द अपने अंदर दबाये रह गई।

मेरी दाहिनी बाँह में आज भी वह दाग़ जल रहा है। मैं उस उजड्ड अनपढ़ लड़के को क्या दोष दूँ, शिक्षित सुसंस्कृत लोग ही कहाँ निर्दोष हैं। मेरी आँखों के सामने एक लड़का मेरी सहेली की जाँघ में चिकोटी काटकर भाग गया था। एक बार एक अपरिचित युवक मेरी बहन का दुपट्टा खींचकर भाग गया था। भीड़ के बीच स्तन और नितंब स्पर्श करने के लिए एक सौ एक हाथ अंधेरे में अपने-अपने

पंजे बढ़ाये रहते हैं। मैं जानती हूँ ये सब के सब हाथ अनपढ़ों के नहीं होते, इनमें से अनेक हाथ पढ़े-लिखे लोगों के भी होते हैं।

इन घटनाओं का मैंने कभी विरोध नहीं किया। बल्कि मैं अपने आपको खुशनसीब समझती हूँ कि अब तक किसी ने 'एसिड बल्ब' मारकर मेरा चेहरा नहीं जलाया, मेरी आँखें फोड़ कर मुझे अंधा नहीं किया। यह मेरा सौभाग्य है कि वहशी मर्दों के किसी गिरोह ने अब तक मेरा बलात्कार नहीं किया। इतना ही नहीं, मैं अब तक जीवित हूँ, यह भी मेरा सौभाग्य ही है। मैं अपने जिस अपराध के लिए इन तमाम अत्याचारों की आशंका कर रही हूँ, वह है मेरा 'लड़की जात' होना। मेरी शिक्षा, मेरी रुचि, मेरी मेधा मुझे 'मानव जात' नहीं बना सकी, सिर्फ़ 'लड़की जात' ही बनाकर रख दिया। इस देश में 'लड़की जात' अपने अंदर तमाम खूबियाँ रखने के बावजूद 'मानव जाति' में शामिल नहीं हो सकती। मैं जानती हूँ इस समाज के प्रथम श्रेणी में गिने जाने वाले अनेक नागरिक सिनेमा हॉल के पास सिगरेट से जलाये जाने की घटना को मेरी 'व्यक्तिगत घटना' मान लेंगे। दरअसल व्यक्तिगत घटना कहकर वे अपने कर्तव्य से मुँह मोड़ना चाहते हैं। लेकिन जो भी लड़कियाँ घर से बाहर निकलती हैं, उनमें मैं अकेली नहीं हूँ। बल्कि सभी लड़कियाँ रास्ते में होने वाली अश्लील घटनाओं को चुपचाप झेलने के लिए तैयार रहती हैं। वे यह भी जानती हैं कि उनके कपड़े पर पान थूककर अपने गन्दे दाँत चमकाता, हँसता कोई अनजान युवक निर्लिप्त भाव से चला जाएगा। इतना ही नहीं, ये लड़कियाँ एसिड बल्ब, अपहरण, बलात्कार, हत्या जैसी किसी भी दुर्घटना के लिए तैयार रहती हैं। रास्ते में निकलने पर बदन पर दो-एक कंकड़ गिराना तो बहुत मामूली बात है। सरेराह फेंकी गयी जलती सिगरेट से रिक्शे में जा रही युवती के कपड़ों में आग लग जाती है और वे अर्धनग्न अवस्था में घर लौटती हैं--यह सिर्फ़ दो महीने पहले की बात है। इस घटना से इस शहर में कई लोगों ने काफ़ी चटखारा लिया था। कभी आदमी गुफा में रहता था और लड़की के जन्म लेते ही उसे ज़िन्दा गाड़ देता था। तब से काफी परिवर्तन आया है लेकिन मनुष्य की भावना में कुछ खास तब्दीली नहीं आयी है।

मयमनसिंह शहर के विभिन्न स्थानों पर, विशेष रूप से लड़कियों के स्कूल, कॉलेज, सिनेमा हॉल के बग़ल में लकड़ी के खम्भों पर एक तरह के सूचना पट्ट पर लिखा रहता था—'गुंडों की हरकतों के ख़िलाफ़ पुलिस की सहायता लें।' यह बहुत दिनों तक टिक नहीं पाया। शायद ये गुंडे उन खम्भों को ही उखाड़ ले गए। जितने दिनों तक 'सूचना पट्ट' था, लड़कियों के स्कूल आते-जाते समय लड़के उसी से टेक लगाकर सीटी बजाते थे। सबसे मज़े की बात तो यह है कि एक बार पुलिस वालों की हरकतों से बचने के लिए लड़कियों को उन्हीं गुंडों की मदद लेनी पड़ी थी।

2

कलकत्ता के 'साहित्य संसद' से प्रकाशित शब्दकोश पिछले तीस वर्षों से बांग्ला भाषा-भाषी पाठकों के साथ रहकर उनकी सेवा करता आ रहा है। जनवरी 1987 में 'साहित्य संसद' द्वारा ही प्रकाशित अशोक मुखोपाध्याय संपादित-संकलित 'सामर्थ शब्दकोश' एक अलग तरह का शब्दकोश है। यह समानार्थ शब्दकोश बांग्ला भाषा का थिसॉरस है। इस शब्दकोश में किसी शब्द का प्रति शब्द, उसका आनुषांगिक शब्द, समानार्थक शब्द और समवर्गीय शब्द एकत्रित किए गए हैं। 'समर्थ शब्दकोश' बांग्ला भाषा और साहित्य का एक अतुलनीय संयोजन है। इस मूल्यवान शब्दकोश में 'पुरुष' शब्द के समानार्थक शब्द–पुरुष मनुष्य, बेटा छेले, छेले (लड़का), मरद, मद्दा, मद्द, मर्द, पुमान, मिनसे, नर, मानव, मानुस, मनुष्य, आदमी और 'नारी' के समानार्थक शब्द–स्त्री, मेये (लड़की), स्त्रीलोक, रमणी, मेयेमानुष, मेये छेले, महिला, ललना, अंगना, वामा, रमा, मानवी, मानविका, कामिनी, अबला, औरत, जनाना, योषित, योषिता, योषा, जनि, बाला, प्रमदाजन, वनिता, भामिनी, शर्वरी और प्रतिपदर्शिनी लिखे गये हैं। यहाँ 'नारी' के समानार्थक शब्द अधिक हैं। लेकिन ध्यान देने की बात यह है कि 'मनुष्य' शब्द 'पुरुष' के समानार्थक शब्द के रूप में व्यवहृत हुआ है लेकिन 'नारी' के समानार्थक कहीं भी उल्लिखित नहीं। सुधीजन, समादृत इस ग्रंथ में 'पुरुष' और 'नारी' के इस अद्भुत अर्थ से ही मुझे बड़ी हैरानी हुई।

मैं उसी तरह आश्चर्यचकित हुई जब देखा कि विश्वविद्यालय के महिला छात्रावास के दरवाज़े शाम होते ही उसी प्रकार बंद हो जाते हैं, जैसे मुर्गी, बत्तख़ वगैरह को शाम होते ही दड़बे में डाल दिया जाता है। इस बात पर हैरानी नहीं होनी चाहिए कि बहुत जल्दी इन सारे लाभदायी पालतू जानवरों के नाम 'नारी' शब्द के समानार्थक शब्दों की तालिका में अपना स्थान बना लेंगे। एक छात्र अपनी जरूरत के मुताबिक इधर-उधर जाता है लेकिन एक छात्रा की ज़रूरत कोई मायने नहीं रखती। विश्वविद्यालय में जब मेधा या प्रतिभा की बात आती है तब लड़का और लड़की दोनों ही एक तरह के अध्ययन और प्रतियोगिता में भाग लेते हैं। छात्राओं के लिए कोई कमज़ोर, आसान और निम्न स्तर की शिक्षा व्यवस्था तो उपलब्ध नहीं। निश्चित समय पर एक छात्रा को वापस न लौटने पर कारण जानने के बहाने प्रबन्धन जिन शब्दों का इस्तेमाल करता है उसे सुनकर कोई भी दुर्बल और बीमार दिमाग़ का आदमी सहज ही वश में आ जाएगा। लेकिन अपने अधिकार के प्रति सचेत लड़कियाँ भी इस अवैध और फूहड़ नियम को मानकर खुद प्रमाणित कर चुकी हैं कि वे असहाय, दुर्बल और पुरुषों के भोग की सामग्री हैं। वे दीवार और पहरेदार के बग़ैर सुरक्षित नहीं। (छात्राओं के छात्रावास का मुख्य द्वार शाम को ही बन्द कर दिया जाता है। तो क्या प्रकारान्तर

से विश्वविद्यालय के अध्यापक उन्हें पतिता नहीं कहते? कहते हैं। और कहेंगे।)

दरअसल रात कोई मायने नहीं रखती, अन्धकार कुछ नहीं है, दुर्घटना भी कुछ नहीं है, सबकी आड़ में एक ही उद्देश्य है और वह है—नारी का दमन। सारे विपर्यय, विध्न-बाधा, संकट, दुःसमय, दुःशासन, उत्पीड़न का अतिक्रमण करते हुए वह फिर कहीं स्वावलंबी न हो जाए, स्वच्छंद न हो जाए, सबल और दुर्लंघ्य न हो जाए!

और यदि ऐसा हो गया तो बहुत असुविधा होगी। क्योंकि शिक्षित लड़कियाँ 'आधुनिक दासी' होने के सर्वथा योग्य हैं। पति को मुग्ध और तुष्ट करने के लिए इनकी निरलस रूपचर्या, इनके द्वारा बनायी गईं सभा-समितियाँ, कला-संस्कृति, नारी आंदोलन, यह सब कुछ, धर्म-शिक्षा के साथ बंगाली लड़कियों द्वारा कढ़ाई-बुनाई कर लिखी जाने वाली 'सती का देवता पति' का ही आधुनिकीकरण है।

जर्मन ग्रीयर की पुस्तक 'फिमेल यूनाक' में लड़कियों के ऊँची एड़ी वाले सैंडिल के आविष्कार के पीछे एक बहुत अच्छी बात कही गई है। पुरुष जब किसी लड़की पर आक्रमण करता है तब वह खुद को बचाने के लिए दौड़ती है। वह ज़्यादा तेज़ न दौड़ सके इसीलिए उनके पाँवों में 'हाईहील' यानी ऊँची एड़ी वाले सैंडिल की व्यवस्था की गई।

3

मैं भारत घूमने गई थी। मैं कलकत्ता, दिल्ली, आगरा, जयपुर, शिमला, कश्मीर घूमकर लौट आई—यह जानकर लोगों ने मुझसे सबसे पहला जो सवाल किया वह था—"साथ में कौन था?" कश्मीर का बर्फ़ आच्छादित गुलमर्ग, बनिहाल टनेल हिमालय की पहाड़ियों में रोप वे चेयर कार की सवारी के शिकारे और हाउसबोटों के बारे में बताने के लिए मैं बेचैन हो रही थी। लेकिन उनका वह एक ही सवाल था—साथ में कौन था?

मैंने बताया—मैं अकेली थी।

अकेली? अकेली एक लड़की बाहर घूमने जा सकती है? कोई यक़ीन ही नहीं करता। इसके बाद फिर किसी ने मेरे शांतिनिकेतन, दीघा के समुद्र, कन्याकुमारी के अद्भुत अनुभव के प्रति कोई जिज्ञासा नहीं दिखायी। जो बात उनके दिलो-दिमाग़ में घर कर गई थी, वह थी—साथ में कौन था? मैंने एक बार कहा—साथ में अतसी, कृष्णकली और मल्लिका भी थीं।

और?

और कोई नहीं।

कोई मर्द नहीं था?

नहीं।

लोग हैरान होकर मुझे देखते रहे। बग़ैर मर्द के अकेली औरत का होना भी वैसा है, जैसा सात औरतों का साथ होना।

ऐसी स्थिति में यदि मेरी ही उम्र का कोई लड़का दार्जिलिंग, शिमला, कश्मीर से घूम आता तो उससे प्रभावित हो सभी कहते, अहा, क्या पवित्र मन है! कितनी अच्छी रुचि है! कैसा अगाध सौंदर्य-बोध है क्या बात है!

मान लीजिए, मेरा मन चाह रहा हो कि मैं समुद्र स्नान का आनंद लेना चाहूँ, सीताकुंड पहाड़ पर जाऊँ, बिहार के सालवन में जाऊँ, काप्तुई झील में स्पीड बोट लेकर सारा दिन घूमती रहूँ, पद्मा नदी में तैरती रहूँ, तो मुझे क्या करना होगा? एक मर्द का जुगाड़ करना होगा!

बग़ैर पुरुष के लड़कियाँ दूर कहीं जा नहीं सकतीं, चाहे दे किसी उम्र की क्यों न हों? बस में चढ़ने पर कंडक्टर पूछता है, आपके साथ कोई आदमी नहीं है? वे इस बात से निश्चित रहते हैं कि साथ में एक आदमी यानी मर्द ज़रूर ही होगा।

जगह-जगह परपुरुष के साथ रहने या न रहने के कारण स्त्रियों को परेशानी उठानी पड़ती है। साथ में यदि पुरुष रहे भी और वह पति या क़रीबी रिश्तेदार न हो तब भी परेशानी उठानी पड़ती है—कौन है वह आदमी? उससे क्या रिश्ता है? और अगर साथ में पुरुष नहीं है, तो क्यों नहीं है? यह बहुत सोची-समझी चाल है कि लड़कियाँ पुरुषों के ऊपर निर्भर हैं। मध्यवर्गीय और उच्चवर्गीय पिता की कुछ कन्याएँ या पति की पत्नियाँ दो-चार रिश्तेदारों के घर और मार्केट में अकेली घूमकर समझती हैं कि उन्होंने 'नारी स्वाधीनता' हासिल कर ली है।

लेकिन इससे कुछ नहीं होता। लड़कियों के पैरों में पड़ी बेड़ियाँ बहुत मज़बूत हैं। हाथ-पर-हाथ धरे बैठे रहने पर कोई इन बेड़ियों को खोलकर नहीं कहेगा कि आ, इसमें से निकल आ! तिलिस्मी कहानियों में ऐसे सदाशयी मिलते हैं, हक़ीकत में नहीं।

लड़कियाँ अब बड़े शौक़ से पायल-पाजेब पहनती हैं। पर इस पायल के आविष्कार और लड़कियों के पहनने के पीछे एक उद्देश्य है। पायल पहनने से लड़कियों की गतिविधि यानी वे कहाँ जा रही हैं, क्या कर रही हैं इसकी आवाज़ सुनाई पड़ती रहती है और बेवकूफ़ लड़कियाँ उसी पायल को, जो उसे एक निश्चित दायरे में बाँधे रखता है, पहनकर फूली नहीं समातीं कि उनके पैरों की खूबसूरती काफ़ी बढ़ गयी है।

4

हमारे देश के एक सुपरिचित कवि और मेरे पिता के हमउम्र ने मेरी कविताओं की खूब प्रशंसा की। लेकिन उन्होंने यह प्रशंसा सिर्फ़ मेरे ही सामने की। वे लोगों के सामने कुछ नहीं कहते, अखबारों में नहीं लिखते। क्योंकि मैं चाहे कितनी ही अच्छी कविता क्यों न लिखूँ आख़िर एक लड़की ही हूँ। किसी लड़की की प्रशंसा क्या खुलेआम करनी चाहिए? इससे उनकी इज्ज़त नहीं जाएगी!

इस देश के 'चरित्र सजग' बुद्धिजीवी गोपनीय ढंग से लड़कियों के साथ घूमना-फिरना पसंद करते हैं। शहर के बड़े-बड़े रेस्तराँ में सबसे किनारे वाली टेबुल पर बैठकर 'चाईनीज़' खाते हुए गप्पें लड़ाना पसंद करते हैं। क्योंकि उनके अंदर तो घिनौना संस्कार नहीं है, उनका जीवन तरंगहीन तालाब नहीं, उत्ताल समुद्र है। वे जीवन के विचित्र आनंद को अपने में समाहित करने में व्यस्त हैं। हाँ, वे लड़कियों के कान में रह-रहकर फुसफुसाते रहते हैं, 'तुमसे प्यार करता हूँ।' लेकिन सबके सामने कहते हैं, 'चुपचाप रहो।' क्योंकि, 'जात' में आने यानी प्रतिष्ठित हो जाने के बाद लड़कियों को लेकर बातचीत करना शोभा नहीं देता।

मेरे एक उपन्यासकार दोस्त ने उस दिन कहा, ''तुम्हारा कॉलम बहुत अच्छा जा रहा है।'' मेरे धन्यवाद-ज्ञापन के बाद उसने गंभीर लहज़े में जो बात कही उसके लिए मैं तैयार नहीं थी। उसने कहा, ''सेलिना हुसैन के मुक़ाबले तुम्हारी शैली अच्छी है।''

मैंने पूछा, ''यह अचानक सेलिना हुसैन का प्रसंग क्यों आया?''

उसने कहा, ''स्त्रियों में सेलिना हुसैन ही अच्छा लिखती है न, इसलिए।'' 'स्त्रियों में' शब्द का उपहार देकर मेरा दोस्त चला गया और मुझे समझा गया कि मैं चाहे जितना ही अच्छा क्यों न लिखूँ, उसकी परख 'स्त्रियों के बीच' ही होगी। क्योंकि स्त्रियाँ अलग हैं। राष्ट्रीय दैनिक में 'बच्चों के पेज़' की तरह 'महिलाओं का पेज़' नाम से एक अलग खंड रहता है। 'डाक साइट' में काव्य समालोचक गण, मैं अच्छी कविता लिखती हूँ या नासिमा या सुहिता या विरोला अच्छी लिखती हैं, इसे पर गंभीर चर्चा करते हैं। लेकिन कभी फरीद अच्छा लिखता है या मैं, या फिर शहरयार अच्छा लिखता है या मैं—इस पर चर्चा नहीं होती। क्योंकि मैं तो एक स्त्री हूँ। मेरी तुलना तो स्त्रियों से ही होगी।

इस देश के एक जाने-माने उपन्यासकार और नाट्यकार प्रायः कहते हैं कि महिलाएँ उन्हें काफ़ी पत्र लिखती हैं क्योंकि वे उनके प्रेम में दीवानी हैं, हालाँकि वह उनमें कोई दिलचस्पी नहीं लेते। एक बार तो वह लोगों के दरवाज़े-दरवाज़े जाकर कह आए कि एक लड़की ने अपने सीने के खून से उन्हें पत्र लिखा है। बाद में पता चला कि खून-फून कुछ नहीं, लाल रंग में डूबे नए वर्ष का एक कार्ड लेकर

उन्होंने मनगढ़ंत कहानी बनायी थी। लड़कियों को लेकर इस तरह की बातें बनाकर ये लोग एक तरह का विकृत आनंद लेते हैं।

मेरा एक दोस्त एक साप्ताहिक पत्रिका का संपादक है। एक दिन बहुत उद्वेग और कुछ असंतोष के साथ बोला, शाहबाग के मोड़ पर दो लड़के तुम्हारे बारे में अनाप-शनाप बक रहे थे। सुनते ही मैं ज़ोर से हँस पड़ी। मैंने हँसते-हँसते कहा—"इसमें हैरान होने की क्या बात है? क्या वे लोग अबुल कलाम के बारे में बातें करेंगे?"

'अबुल कलाम' नाम से हमारे संपादक बंधु ने क्या समझा था, मुझे मालूम नहीं। लेकिन मैं कहना चाहती थी, 'अनाप-शनाप' कहने से जो तात्पर्य है, वह अबुल कलाम या अब्दुर्रहमान या शम्सुल इसलाम के उपयुक्त नहीं होगा। इस मामले में लड़की होना ज्यादा ठीक होता है।

जो महिलाएँ लिखती हैं, साधारण लोगों में ऐसी आम धारणा है कि ये जो भी लिखती हैं, यह उनके जीवन में घटी, अवश्य ही कोई बड़ी दुर्घटना होगी। जीवन में कभी-कभी दुर्घटना के घटने पर महिलाओं में कोई आत्महत्या कर लेती है, कोई वेश्याओं के मोहल्ले जाने लगती है। इसी तरह कोई साहित्य रचना का आश्रय ले लेती है। एक लड़की जब लिखना शुरू करती है तब उसके लेखन से ज़्यादा उसके व्यक्तिगत मामलों में लोगों की रुचि होती है। प्रेमासक्त होने अथवा प्रेम में असफल होने, पारिवारिक अशांति अथवा परिवार के प्रति निराश वगैरह हुए बिना कोई लड़की बेमतलब साहित्य रचना क्यों करेगी, यह बात अनेक लोगों की समझ से परे है। साहित्य तो बहुत दूर की बात है, पढ़ाई-लिखाई जैसी चीज़ तो लड़कियों के लिए है ही नहीं। लड़कियों को कुरान की तालीम दी जाती थी पति की हिफ़ाजत के लिए, ताकि वह दवा-दारू का नाम पढ़ सके। इसके बाद थोड़ा-बहुत आक्षरिक ज्ञान दिया गया, ताकि वह तकिए के गिलाफ़ पर 'मुझे मत भूलना' जैसी कढ़ाई कर सके और प्रवास में रहने वाले पति को ग़लत हिज्जे से खत लिख सके। इस समय लड़कियों की शिक्षा तो अधिकांशतः बच्चों को पढ़ाने-लिखाने और पालन-पोषण करने के लिए है। इसके अलावा आजकल के (स्मार्ट) पतिगण घर में शिक्षित पत्नी को लेकर एक तरह का गर्व अनुभव करते हैं। मानो इसका श्रेय उन्हीं को जाता है। इसके अलावा शिक्षित लड़कियों से सेवा लेने का मज़ा ही कुछ और है। तो फिर ये युवतियाँ साहित्य लेखन क्यों करेंगी? ज़्यादा-से-ज़्यादा शादी-ब्याह और दहेज की कुछ समस्याओं को लेकर विभिन्न पत्र-पत्रिकाओं के महिला स्तंभ में लिखकर पेज भर सकती हैं। इससे ज़्यादा कुछ चाहने पर यानी पुरुषों के साथ गद्य-पद्य, भाषा-साहित्य, पांडित्य में यदि महिलाओं के साथ उनकी तुलना की जाएगी तो पुरुषों को शर्म नहीं आएगी?

छिः!

5

बचपन में मैं जब भी किसी पेड़ के नीचे से आती-जाती थी, 'गेछोभूत' (पेड़ पर रहनेवाले भूत) के डर से सारा शरीर सिहर जाया करता था। अब सुनती हूँ कि 'गेछो लड़की' (पेड़ पर चढ़नेवाली लड़की) के डर से पुरुषों की देह सिहर जाती है। अगर बात लड़के की हो तो पेड़ पर चढ़ना डर की कोई बात नहीं, लेकिन किसी लड़की के मामले में ऐसा हो तो आपत्ति होती है। प्रकृति—पुरुष और नारी को अलग से नहीं देखती, देखता है समाज। जब पेड़ पर एक अमरूद पकता है तो उसे सबसे पहले पाने की लालसा लड़कों से लड़कियों में कुछ कम नहीं होती। लेकिन लड़की अपनी इच्छा को दमित करती है ताकि उसे 'गेछो लड़की' की उपाधि न मिले। क्योंकि अगर ऐसा होता है तो घर-बाहर कहीं भी उसका सम्मान नहीं रहता। सम्मान यदि कमल का पत्ता है, तो लड़की उस पर पड़ी जल की एक बूँद है। सम्मान हिला-डुला नहीं कि लड़की ओझल। इसी सम्मान के ही सहारे लड़कियाँ जीवित रहती हैं।

मेरी किशोरावस्था में फल के एक पेड़ पर चढ़ने से माँ ने मुझे रोका था, कहा था, ''लड़कियों के पेड़ पर चढ़ने से पेड़ मर जाते हैं।'' बड़ी हुई और जब वनस्पति विज्ञान की पढ़ाई की तो ऐसा कुछ भी नहीं मिला कि नारी के स्पर्श से वृक्षों के जीने-मरने का कोई संबंध है।

'गेछो' (पेड़ वाली) कहने से एक तरह के अल्हड़पन का एहसास होता है जो लड़कियों के लिए उचित नहीं है। लड़कियाँ शर्मीली, परावलंबित, डरपोक, दुविधा ग्रस्त, अल्पभाषी, मृदुभाषी न हों तो समाज उन्हें अच्छी निगाह से नहीं देखता। किसी भी पुरुष के चरित्र में उपर्युक्त दोष मिलने पर उसे 'मौगड़ा' का विशेषण दिया जाता है। दूसरी तरफ यदि किसी लड़की में दुस्साहस, घमंड, क्रोध, चंचलता, आत्मनिर्भरता, कुंठाहीन खुलापन आदि गुण हों तो उसे 'मर्दानी' दोष का विशेषण दिया जाता है। लेकिन जनाना और मर्दाना खूबी किसी के शारीरिक गठन या चरित्र के साथ जुड़ी हुई नहीं है। अगर किसी ने अपनी जिज्ञासा को दबा रखना, नज़रें नीची कर आसनी में रखना, ज़्यादा हाथ-पाँव न फैलाना और ज़ुबान का न चलाना सीख लिया है, तो वह अवश्य ही अपनी शारीरिक विशेषताओं के साथ अत्याचार कर रहा है क्योंकि शारीरिक तौर पर नहीं, समाज द्वारा निर्धारित 'औरताना स्वभाव' उसे अपने शरीर में आरोपित करना पड़ता है। वरना उसके सम्मान को ठेस पहुँचती है।

हिंदू नारियों के लिए 'सतीतत्व रक्षा' अत्यंत महत्त्वपूर्ण मामला है। क्योंकि किसी एक के प्रति एकाग्रता सिर्फ़ नारी के लिए ही निर्धारित है, पुरुष के लिए नहीं। परपुरुष-संगम से, पतिव्रता-धर्म का नाश होने पर सतीत्व का नाश होता है। सामाजिक बाध्यताओं का अतिक्रमण करने पर नारी को 'पतिता होना पड़ता है, हाँ, पुरुष यदि

स्वेच्छाचारी हो तो उसे 'पतित' नहीं होना पड़ता। एक पुरुष चाहे कितना ही बहुगामी क्यों न हो, शादी करते समय कुमारी कन्या को छोड़ **'नैव-नैव च'**। मैं ऐसे कई शिक्षित पुरुषों को जानती हूँ जिन्होंने पत्नी के साथ सहवास के समय सफेद चादर सिर्फ़ इसलिए बिछायी थी कि इससे उसके कौमार्य की परीक्षा होगी। चादर में खून का धब्बा न पाकर उन्होंने पत्नी के चरित्र को लेकर सवाल उठाया था। स्त्री के योनिमुख पर एक पतली झिल्ली रहती है। यूनानियों के विवाह देवता 'हाइमेन' के नाम पर इस आवरण या झिल्ली का नाम हाइमेन (सतिच्छद) रखा गया है। प्रसिद्ध स्त्री रोग विशेषज्ञ सर नरमैन जेफकट ने कहा है, "प्रथम सहवास में 'हाइमेन' फट जाता है। फलस्वरूप थोड़ा रक्त स्राव हो भी सकता है और नहीं भी हो सकता। इस हाइमेन के फटे बिना भी संभोग संभव है। इसलिए कौमार्य प्रमाणित करने का यही एक चिह्न है, यह विश्वास योग्य नहीं।"

'सत्' और 'सतता' के साथ 'सती' शब्द का थोड़ा भी संबंध रहा है तो मैं समझती हूँ कि एक लड़की दस पुरुषों के साथ यौन संपर्क रखने के बावजूद 'सती' रह सकती है और एक लड़की केवल एक पुरुष के साथ संपर्क रखकर भी 'असती' हो सकती है।

'नष्ट' (भ्रष्ट या ख़राब) शब्द पुरुषों के लिए नहीं, स्त्रियों के लिए प्रयोग होता है। अंडा नष्ट होता है, दूध नष्ट होता है, नारियल नष्ट होता है और लड़की भी नष्ट होती है। किसी भी चीज़ की तरह हमारा समाज किसी लड़की को 'नष्ट' कहकर चिह्नित कर सकता है। इस देश की शिक्षित सुरुचि संपन्न महिलाएँ ऐसी 'नष्ट लड़कियों' से अपने आपको अलग रखने के मामले में बहुत सतर्क रहती हैं। दरअसल अलग रहने की चाह सरासर बेवकूफ़ी है। जहाँ किसी-न-किसी तरह सभी स्त्रियाँ प्रताड़ित हैं, वहाँ श्रेणी विभाजन का सवाल ही नहीं उठता। यह नष्ट समाज ताक में बैठा हुआ है कि कैसे मौका मिले और वह लड़कियों को 'नष्ट' उपाधि दे दे। समाज की वर्बादी इतनी दूर तक फैली कि लड़कियाँ चाह कर भी उसके पंजे से बच नहीं सकतीं।

पिछले 20 अक्तूबर, 1989 को 'राष्ट्रीय ग्रंथ केंद्र' में 'किताब का आवरण और साज-सज्जा' विषय पर एक सेमिनार हुआ था जिसमें प्रो. मुस्तफा नुरुल इस्लाम ने क्षोभ व्यस्त किया कि प्रकाशक किताब को 'माल' कहते हैं। यह अवश्य ही एक अनुचित फ़तवा है। मैं यह सोचकर हैरान हुई कि तब कितना अनुचित होगा, जब एक आदमी दूसरे आदमी को 'माल' कहता है? 'माल' एक अरबी शब्द है जिसका अर्थ है बिकने वाली चीज़। मुस्लिम हदीस शरीफ़ में लिखा गया है—दुनिया में सब कुछ भोग्य सामग्री है और दुनिया कि सर्वोत्तम सामग्री है 'स्त्री।' विनिमेय वस्तु के बतौर, मूल्यवान दासी के रूप में, कीमती सामग्री के रूप में समाज में नारी का स्थान

है। इसीलिए नारी को 'माल' कहकर संबोधित करने में कोई हिचक नहीं है। लोग ऐसा कहते हैं, इसलिए चूँकि धर्म उन्हें उकसाता है, समाज और राष्ट्र इन्हें प्रश्रय दे रहे हैं।

6

1. हमारे समाज में 'शादी की उम्र' हो गई—जैसी बात कहने का एक रिवाज़ है जो समाज के विभिन्न दर्गों में भिन्न-भिन्न आकार के डंक की तरह किशोरावस्था पार कर चुकी लड़कियों के शरीर में चुभोया जाता है। दरअसल लड़कियों के मन पर डाला गया यह एक दबाव है, जिसके चलते लड़की प्रेमासक्त होने, भाग जाने और आत्मघाती होने के लिए मजबूर होती है। इससे मध्यवर्गीय और निम्नवर्गीय अभिभावक एक तरह से अपनी ज़िम्मेदारी से मुक्त होने में सफल होते हैं। उच्चवर्गीय 'लड़कियों की शादी' काफ़ी हद तक खरीद-बिक्री जैसे कारोबार की तरह होती है। लड़की से ज़्यादा आकर्षक है उसकी संपदा। संपदा जिसकी जितनी होगी, वह उतनी ही अच्छी बिकेगी।

पहले पाँच वर्ष की उम्र में लड़कियाँ घूँघट डालकर ससुराल आती थीं। इसमें धनी-ग़रीब सभी समान थे। अब भी गाँव की लड़कियाँ जो उम्र पूछने पर अपनी उम्र नहीं बता पातीं, उनसे पूछना पड़ता है शादी की उम्र में 'मासिक' (रजःस्राव) हुआ था या नहीं और यदि हुआ था तो कितनी बार होने के बाद शादी हुई थी। (अगर लड़कियाँ रजःस्राव का हिसाब दे पाती हैं तो उनकी शादी की उम्र का पता लगाया जा सकता है, क्योंकि रजोदर्शन की एक निश्चित उम्र होती है। एक बार शादी की उम्र का पता लग जाने पर बाद के दासत्व के वर्षों का हिसाब लगा लेने पर लड़की की उम्र का पता चल जाता है।)

अभी तक गाँवों में और सिर्फ़ गाँवों में ही क्यों, शहर के आस-पास और शहरों में भी शिक्षा, चिकित्सा, पोषण और स्वस्थ रहन-सहन से जो लड़कियाँ वंचित हैं, उनके तीन हाथ लंबा होते ही शादी जैसा खेल शुरू हो जाता है।

बांग्लादेश में पंद्रह से उन्नीस वर्ष उम्र की पचहत्तर प्रतिशत लड़कियाँ विवाहित हैं जबकि पाश्चात्य-यूरोप में इस उम्र की लड़कियों के एक प्रतिशत का भी विवाह नहीं होता। मेडिकल जुरिसप्रुडेंस का कहना है—स्त्री की उम्र यदि सोलह वर्ष से कम हुई और पति के लिंग ने पत्नी की योनि का स्पर्श किया तो इससे जो घटना घटती है, उसे 'बलात्कार' कहा जाता है और बलात्कार एक कानूनी जुर्म है।

एक समय ऐसा भी था जब रजोदर्शन से पहले ही लड़कियाँ विधवा तक हो जाती थीं। गुड्डे-गुड़ियों के खेल की उम्र में ही शाकाहारी भोजन और एकादशी व्रत

का पालन करते हुए नारी जन्म लेने का प्रायश्चित्त करती थीं। अब भी क्रमागत रूप से संतान धारण करने और पालन करने में किशोरावस्था पारकर जब तक यौवन पंखुड़ियाँ फैलाता है तब तक वह लड़की सामाजिक वार्धक्य ढोने लगती है।

जो भी लड़की पढ़ाई-लिखाई करेगी, वह विधवा होगी—इस तरह का वहम बंगाली लड़कियों में बहुत दिनों तक था। बहुतों का कहना है, अब ज़माना बदल गया है। आख़िर ज़माना कितना बदल गया है? कितनी लड़कियाँ किताब-कॉपी लेकर स्कूल जाती हैं, कितनी लड़कियाँ कॉलेज और विश्वविद्यालयों में पढ़ने आती हैं? और जो आती भी हैं, उनमें कितनी लड़कियाँ हैं जो सामाजिक रूढ़ियों को नाँघती हुई सही रूप से शिक्षित होती हैं?

2. विश्वविद्यालय की सर्वोच्च डिग्री प्राप्त अनेक लड़कियों को कहते हुए सुना है—"मेरे साहब अभी तक घर नहीं लौटे" या "मेरे (पति) कर्ता कल विदेश गए हैं।" 'साहब' शब्द का मूल अर्थ है शासनकर्ता, सम्राट। नवाब साहब, जज साहब, मैजिस्ट्रेट साहब इत्यादि 'साहब' शब्द का सम्मानसूचक व्यवहार है। जाने-माने यूरोपीय पुरुष या विदेशी पुरुषों के मामले में यह शब्द व्यवहृत होता है, जैसे—लाट साहब, चीना साहब, जापानी साहब वगैरह।

पति को 'साहब' या 'कर्ता' कहने की रीति कब से है, यह मैं नहीं जानती। पहले पति का नाम लेना स्त्रियों के लिए मना था। बांग्लादेश के गाँवों में अभी तक इस अद्‌भुत रीति का प्रचलन है। शहर या नगर के मामले में इस नियम का थोड़ा-बहुत आधुनिकीकरण हुआ है। अल्पशिक्षित और अधिक शिक्षित, दोनों तरह की स्त्रियाँ पति का नामोच्चार न कर, विकल्प के तौर पर 'साहब' या 'कर्ता' शब्द का व्यवहार करती हैं।

इनके जीवन में इनके साहब के आदेश के बिना कुछ भी घटित नहीं होता। मैं कई चिकित्सक महिलाओं को जानती हूँ जो पति की विदेशी नौकरी की गारंटी और अपनी नौकरी की अनिश्चयता को ध्यान में रखकर सिर्फ़ पति की संगिनी बनकर विदेश चली जाती हैं। इसके बाद जो घटना घटती है, वह है—पतिदेव मज़े से नौकरी करते हैं और पत्नी बेचारी रसोईघर में प्याज काटती है या फिरंगी 'डिशें' पकाती है। चिकित्सा विज्ञान के बदले पाक कला के पीछे पाँच-छह वर्ष तक परिश्रम करने से इनका वर्तमान जीवन अधिक बेहतर होता, इसमें संदेह की कोई गुंजाइश नहीं।

कोई-कोई स्त्री बड़े गर्व से कहती है, मेरा पति नौकरी करना पंसद नहीं करता। उसका पति मछली खाना पसंद नहीं करता, इसलिए उसका मछली पकाना मना है, उसका पति घूमना पसंद नहीं करता, इसलिए उसका कहीं सैर-जाना मना है। इस परिस्थिति में पत्नी की पसंद-नापसंद की कोई परवाह ही नहीं करता।

3. हमारे देश के एक विश्वविद्यालय के वाइसचांसलर और उनकी पत्नी विदेश में बारह वर्ष रहने के बाद स्वदेश लौटे थे। वे दूर के एक रिश्तेदार से बातें कर

रहे थे। बात खत्म होने के बाद रिश्तेदार जब जाने के लिए खड़ा हुआ तो विदेशी अभ्यासवश वाइसचांसलर से हाथ मिलाया। फिर उसने उनकी पत्नी की तरफ़ हाथ बढ़ाया। मैं वहाँ मौजूद थी। मैंने पाया कि वाइसचांसलर की पत्नी, मुझे उनका नाम मालूम नहीं क्योंकि वे खुद को वाइसचांसलर की पत्नी के नाम से जाने जाने में ही अधिक गर्व महसूसे करती थीं, अपने दाहिने हाथ की उँगलियाँ सिकोड़ते हुए ऐसा कर रही हैं मानो इस पाप कर्म की ओर हाथ बढ़ाने को वे ज़रा भी सहमत नहीं। दो बार उन्होंने तिरछी नज़रें से देखा कि उनके साहब या पतिदेव परेशान तो नहीं हो रहे हैं। इसके बाद उनके घर में क्या घटना घटी होगी, मुझे मालूम नहीं। मैं सिर्फ़ अंदाज लगा सकती हूँ कि गैर मर्द का कर स्पर्श करना स्त्री के लिए कितना तिरस्कारभरा काम है।

4. दिसंबर का महीना चल रहा है। अट्ठारह साल पहले नौ महीने तक संग्राम चलने के बाद जिस महीने में बाँस में गाढ़े हरे रंग के ऊपर लाल, लाल के बीच पीले रंग के नक्शे वाले कपड़े के टुकड़े को बाँधकर बच्चों के साथ एक समूह ने सारे प्रांगण में 'जय बांग्ला' का नारा लगाते हुए जुलूस निकाला था, वह भी दिसंबर का ही महीना था।

मयमनसिंह शहर में इकहत्तर के मार्च से नवंबर तक बड़ी मस्जिद के इमाम साहब ने अपने हाथ से आदमियों को जिबह करके कुएँ में डाला था। इसी महीने कुएँ से अनगिनत लाशें निकालकर शहरवासी उनमें जाने-पहचाने चेहरे ढूँढ़ रहे हैं। मेरे रिश्तेदार ढूँढ़ रहे हैं युद्ध में मारे गए और अचानक गुम हो गए परिजनों को। पाकिस्तानी सैनिक रुपये-पैसे लूटकर, जाते-जाते हमारे घरों में आग लगा गए, मेरे पिता को पकड़कर बूट और बंदूक के कुंदे से मारा। दो चाचाओं को गोली मारकर रास्ते के किनारे फेंक गए। मेरे भाई की दाहिनी आँख निकाल ली। इसी महीने, मुक्ति संग्राम में सम्मिलित तीन मामाओं में से दो लौट आए हैं। सोलह दिनों बाद कैंप से मेरी इक्कीस वर्षीया ख़ाला लौटी है। पड़ोसी, जिन्होंने युद्ध किए, उनमें से किसी के हाथ नहीं तो किसी के पैर नहीं। फिर भी उनके स्वजन उनके लौटने की खुशी में पागल हो गए थे। वह महीना दिसंबर का ही था।

लेकिन मेरी ख़ाला का लौट आना, किसी ने नहीं चाहा था। मानो उसके न लौटने पर ही सबको खुशी होती। इतने दिनों तक मैं गर्व से अपने पिता, भाई, चाचा, मामा के बारे मे बताती रही हूँ, गर्व के साथ अपनी क्षति के बारे में कहा है लेकिन ख़ाला की बात कभी बोल नहीं पाई। आज मैं सारा निषेध तोड़ती हुई सगर्व कह रही हूँ, कैंप की अंधेरी कोठरी में मेरी ख़ाला को बंद कर, दस कामुक नर-पशुओं ने लगातार सोलह दिनों तक उनका बलात्कार किया।

हमारा समाज ऐसी किसी ख़ाला को लेकर गर्वित नहीं। बड़े-बड़े लोगों ने अख़बारों में, सभा-समितियों में बलात्कृत स्त्रियों के बारे में बड़ी-बड़ी बातें कही हैं,

वीरांगना की उपाधि देते हुए उदारता के नाम पर एक तरह का मज़ाक किया है।

लड़ाई से पैदा हुई सभी दरारें, बूट और बंदूक के कुंदों का नृशंस अत्याचार और मौत के खौफ़ तक को सभी ने स्वीकार किया, लेकिन 'बलात्कार' नामक दुर्घटना को किसी ने स्वीकार नहीं किया।

बाहर जब बलात्कार की शिकार हुई माँ-बहनों के सम्मान को लेकर राजनीतिक नेतागण चिल्ला रहे थे, उस समय असम्मान के हाथों खुद को बचाने के लिए मेरी ख़ाला ने 'सिलिंग फैन' से झूलकर फाँसी लगा ली। वह महीना भी दिसंबर का ही था।

7

मैं उस समय नौवीं कक्षा की छात्रा थी। तब मेरी ऐसी कोई उम्र नहीं थी कि मैं मैदान में खेलने न जा पाऊँ, किशोर-किशोरियों के अड्डे पर जहाँ ज़्यादातर हमउम्र ही रहते हैं, ज़ोर से हँसते हुए टेबुल न पीट सकूँ। उसी उम्र में अपनी एक सहपाठिनी के साथ प्रतिभा के दस छोर को लेकर उम्र से अधिक गंभीर चर्चा में डूब जाया करती थी। उस सहपाठिनी का नाम मैं नहीं बोलूँगी, क्यों? यह इस आलेख के अंत में बताऊँगी। उस समय यदि मैं रवींद्रनाथ पढ़कर ख़त्म करती थी तो वह शेक्सपीयर पढ़ लेती। किसी दिन फ़ारसी चित्रकला को लेकर किसी दिन जर्मन सिनेमा को लेकर, किसी दिन रूसी-साहित्य, विज्ञान के नए प्रयोग को लेकर चर्चा करती थी। पाठ्यपुस्तक के नीचे छिपाकर माणिक बंद्योपाध्याय, ज्यां पाल सार्त्र की पुस्तकों को पढ़ा है। पिताजी के पैरों की आहट पाते ही रसायन शास्त्र की पुस्तक का पेज़ उलटती रही हूँ। वह लड़की अक्सर मेरे कमरे में गणित के सवाल हल करने के बहाने आ जाया करती थी और हम दोनों सारी दोपहरी सुधीर दत्त और टी. एस. इलियट वगैरह पढ़ा करते थे।

वह स्कूल की पढ़ाई समाप्त करने के बाद अध्यापक पिता की बदली की नौकरी होने के कारण, दूसरे शहर में जाकर कॉलेज में भरती हो गई। तब से लंबे समय तक मैं अकेली रही। सुनने में आया कि वह कॉलेज पास करके विश्वविद्यालय में दाख़िल हुई है। उसका असाधारण व्यक्तित्व, परिष्कृत रुचि, प्रतिभा और अनिंद्य सौंदर्य था कि आज तक मैंने इतनी लड़कियाँ देखी हैं, पर उस जैसी नहीं देखी। एक दिन यह भी सूचना मिली कि उसने शादी कर ली है। मन-ही-मन मैं उस प्रेमी पुरुष के सौभाग्य से ईर्ष्या किए बिना नहीं रह पाई। क्योंकि वह पुरुष उसके इतना नज़दीक पहुँच सका, जहाँ से उसे संपूर्ण रूप से देखा, समझा और पाया जा सकता है।

मुझे एकेडेमिक परीक्षाओं से थोड़ी राहत मिल गई थी। घर का प्रतिबंध भी

थोड़ा ढीला पड़ा। माँ-पिताजी पहले की तरह निगाहें गड़ाए नहीं रहते थे। सो एक दिन उस लड़की का सुख देखने के लिए इस शहर से उस शहर जा पहुँची, उसके घर। घर यानी एक पक्की फ़र्श, चारों तरफ दीवार, ऊपर टीन की छत, एक बिस्तर, एक मेज़ और ज़मीन पर रखे कुछ बर्तन। यह सब देखने से पहले मैंने उस लड़की को देखा। उसका गोरा रंग काला पड़ गया या नहीं, आकर्षक आँखों के नीचे स्याह धब्बा पड़ा या नहीं, बाल बिना कंघी के उलझ तो नहीं गए, उसके शरीर का साज-सिंगार फीक़ा तो नहीं पड़ा, उसकी साड़ी सस्ती और गंदी तो नहीं, यह सब मेरे देखने की चीज़े नहीं थीं। या फिर एक समृद्ध परिवार से आकर उसके इस तरह के जीवनयापन से भी मैं कोई दुखी भी नहीं हुई। मेरी नज़र टेबुल पर पड़ी। दो मोमबत्तियाँ, पानी का एक जग और बांग्लादेश की एक डायरी के अलावा और कुछ नहीं था। मैंने पूछा, "तू पढ़ाई-लिखाई नहीं करती?"

"समय नहीं मिलता!"

"समय नहीं मिलता" ऐसा सुनाई पड़ा जैसे समय न मिलने का उसे कोई दुख भी नहीं है। और, समय मिलने पर भी वह उस काम को करेगी या नहीं, इस पर भी संदेह है।

पति क्या करता है?"

"एक दुकान लेने की कोशिश कर रहा है।"

"दुकान में क्या बेचेगा?"

"इलेक्ट्रॉनिक्स के सामान।"

मैं किसी भी तरह किशोरावस्था की उस मेधावी लड़की को इस माहौल के साथ मिला नहीं पा रही थी। उसने कहा, बग़ल की गली में एक अच्छा मकान देख रही हूँ। वह उस मकान और भाड़े के बारे में बातें करती रही। फिर कहा, किसी शुक्रवार को न्यू मार्केट जाएगी, कुछ काँच के बर्तन ख़रीदेगी।

मेधा का दुरुपयोग और प्रतिभा का पतन देखकर मैं लौट आयी। आने से पहले सोचा था कि पूछूँगी, तुम्हें रवींद्रनाथ याद हैं? जीवनानंद दास? लेकिन लज्जा के कारण इसलिए नहीं पूछ सकी कि यदि वह कहे ये सब पुराने दिनों क़ी बातें हैं, मुझे अब वह सब याद नहीं और फिर इस याद न रख पाने के लिए यदि उसके स्वर में कोई पीड़ा भी न हो तो! इसी डर से मैंने नहीं पूछा। इसके बाद एक साल बीत गया। सुनने में आया कि इलेक्ट्रॉनिक्स सामान की दुकान खोलने की बात करने वाला उसका पति रात में दारू पीकर आता है और उसे जी भरकर पीटता है। मैं महसूस कर रही थी कि उस लड़की के शरीर पर किसी की लात, किसी का जूता आकर पड़ रहा है, वह शराबी पति की उल्टी साफ़ कर रही है और काँच के बर्तनों का सपना देख रही है।

एक दिन यह भी सुनने में आया कि उस लड़की को घर से निकालकर उसके

पति ने दूसरी शादी कर ली। इसके पीछे कोई कारण नहीं है। दरअसल, यह किसी की ज़िंदगी को लेकर की गयी मौज़-मस्ती है। वह लड़का मौज़-मस्ती चाहता है, मौज़ उड़ा रहा है। मेरे बचपन की इस सहेली ने अपनी समूची प्रतिभा और वैभव को विसर्जित कर एक परिवार चाहा था लेकिन उसे यह भी नहीं मिला। रिश्तेदार आश्रय देते हैं आधार नहीं देते। स्वजन सांत्वना देते हैं, हृदय में ऊष्मा नहीं भर सकते। वे समाज की दुहाई देते हैं, परिवार की, बच्चे और भविष्य की बातें करते हैं, प्यार की बातें नहीं करते। मेधा और प्रतिभा के बारे में कुछ नहीं कहते। क्योंकि हमारे समाज में कला-साहित्य से लड़कियों की प्रतिभा का मूल्यांकन नहीं होता। घर-द्वार साफ़ करने, रोज़ाना कपड़ा फींचने, कपड़े तहाने, खाना बनाने के दौरान सही मसाले डालने में जो पारिवारिक प्रतिभा झलकती है, लोग उसे ही लड़कियों की प्रतिभा मानते हैं।

इसी बीच उस लड़की ने एक नौकरी कर ली। अच्छी कुर्सी, अच्छा वेतन, लेकिन चैन नहीं। दफ्तर के लोग उसकी बीती हुई ज़िंदगी को लेकर मज़ेदार कहानी बनाते। उसने किसी का कुछ नहीं बिगाड़ा, फिर भी सभी उसका मज़ाक उड़ाते और यह मज़ाक एक दिन खुलेआम करने लगे। एक अकेली लड़की अगर अकेला और निर्द्वंद्व जीवन जीती है तो समाज के 'भलेमानुस' को यह अच्छा नहीं लगता; वे मौक़े की तलाश में रहते हैं कि कुछ-न-कुछ ऐसा घटे कि वे चटखारे लें। इस देश में सहज निर्मल आनंद का इतना अभाव है कि लोग केवल मज़े की तलाश में रहते हैं और वह भी विकृत कुंठित मज़े की।

आख़िरकार उस लड़की ने फिर शादी की। बल्कि कहना चाहिए बाध्य हुई। उस आदमी के बीवी-बच्चे सब हैं, उसी के दफ्तर का किरानी। उसने किराये का एक घर ले रखा है। सप्ताह के तीन दिन यहाँ रहता है, बाक़ी दिन पहली बीवी के पास। वह आदमी सुबह गरमागरम भात खाकर, सिर में सरसों का तेल डालकर दफ़्तर जाता है। बाहर ही चाय-नाश्ता करके शाम को घर लौटता है। फिर रात का खाना खाने के बाद करीब घंटे भर झाड़ू के तिनके से दाँतों में फँसे मांस-मछली के टुकड़े कुरेदकर निकालता है और आख़िर में बीवी को लेकर सोने चला जाता है।

भौतिक विज्ञान विषय लेकर जिस लड़की ने विश्वविद्यालय की पढ़ाई की है, परीक्षा में अच्छा परिणाम लाने के कारण शिक्षक जिसे हमेशा उच्च शिक्षा के लिए प्रोत्साहित करते थे, वह मेधावी लड़की जिसने कभी मेरे बोध और विश्वास को समृद्ध किया, जिसके बारे में मुझे मालूम है कि इस शादी के बाद उसे कोई बुरा नहीं, पड़ोसी तिरछी नज़रों से नहीं देखा करते। निंदक निंदा नहीं करते। मानो एक जंजाल को रास्ते से उठाकर डस्टबिन में रख दिया गया है। इसलिए सब शांत हो गये हैं।

इसके बाद मैंने जान-बूझकर उस लड़की की ख़बर नहीं ली। एक दिन रास्ते में अचानक बहुत जाना-पहचाना चेहरा देखकर रुक गई। मैंने उसकी निर्लिप्त आँखों की तरफ़ देखा तो लगा ये दूसरी आँखें हैं। ये आँखें आदमी के घिनौने चेहरे को

पहचानती हैं। अपने शरीर को लेकर उसे असहज महसूस करते हुए देखा—वह संतान धारण किए हुए है। मैंने पूछा, "नौकरी कर रही हो न?"

"नहीं!" उसने बताया।

मैंने तब समझ लिया कि एक किरानी के घर में नौकरीपेशा स्त्री का व्यक्तित्व बड़ा बेमेल लगता है। इसलिए गृहस्वामी के आदेश और सामाजिक कटाक्ष को महत्त्व देते हुए नौकरी छोड़कर उस लड़की ने दांपत्य जीवन को ही अपना लिया।

एक बार लगा कि पूछूँ, क्या तुम्हारे लायक़ इस देश में कोई लड़का नहीं था? दरअसल कई थे, नहीं थे, ऐसा कौन कह सकता है? वे आए थे, अच्छी-अच्छी प्रेम की बातें कह गए, लेकिन किसी ने शादी की बात नहीं की। परित्यक्ता लड़की के साथ दिन भर अड्डेबाज़ी की जा सकती है, रेस्तराँ में चाय पी जा सकती है और भी बहुत कुछ किया जा सकता है लेकिन शादी नहीं की जा सकती। शादी के लिए वह जूठन जैसी लगती है। इससे अच्छा है एक अपढ़ और फूहड़ कुमारी कन्या के साथ शादी के मंडप में बैठना, लोग वाहवाही देंगे। इसीलिए 'योग्य वर' को लेकर मैंने कुछ नहीं पूछा।

वह लड़की अपने स्फीत शरीर के कारण लज्जावश जल्दी से चली गई। मैं खड़ी रह गई। फिर मैं बहुत अकेली महसूस करने लगी।

शुरू में मैंने उस लड़की का नाम नहीं बताना चाहा था। क्यों नहीं बताना चाहा था, इसलिए कि उस लड़की का नाम कुछ भी हो सकता है—दिलरुबा, शहाना, दिलारा, सुलताना, नमिता, परवीन, मारिया, श्यामली, चन्दना, फरीदा, शिप्रा, अर्चना कुछ भी?

उस लड़की को इसलिए किसी नाम से पुकारने की इच्छा नहीं हुई। क्योंकि जुलेखा, सूफ़िया, मार्गरिट, आयशा, हसीना, ममता और नसीमा जैसी लड़कियों से उस लड़की को मैंने अलग नहीं पाया।

8

1. महाभारत में एक श्लोक है—**न स्त्री स्वातंत्रमर्हतिः**। अर्थात् स्वतंत्रता पर नारी का कोई अधिकार नहीं है।

2. 'शृंगार' नाम की एक चीज़ है, जिसे लड़कियों को घोलकर पिलाने के लिए कुछ पत्रिकाओं ने मानो प्रण किया हुआ है। कौन कितनी महँगी प्रसाधन सामग्री का इस्तेमाल करता है, लड़कियों में इसकी ज़बरदस्त प्रतियोगिता चल रही है। गालों में लाली, आँखों में काजल, बालों को नए-नए ढंग से सँवारने की कला में लड़कियों को व्यस्त रखने के लिए आए दिन नए-नए तरीकों का आविष्कार हो रहा है। मानो

थोड़ा रंग न चढ़े या थोड़ा प्रलेप न लगे तो लड़कियाँ पर्याप्त नहीं, संपूर्ण नहीं। जितनी भी महिला पत्रिकाएँ निकलती हैं। उनमें से अधिकतर के संपादक पुरुष ही हैं। किस तरह से पाउडर लगाने, कितनी तरह से बाल सँवारने या जूड़ा बाँधने, किस कटिंग की चोली और कब किस रंग की साड़ी पहनने से लड़कियाँ मर्दों की नज़र में आकर्षक लगेंगी आदि पर वे ढेर-सारा उपदेश देते हैं। ये पत्रिकाएँ 'पति के प्रति—पत्नी के कर्त्तव्य' जैसे कुछ अश्लील किताबों के श्लील संस्करण के अलावा और कुछ नहीं।

3. 'नारी' के पर्यायवाची शब्दों में एक शब्द है—'भार्या'। भार्या का अर्थ है भरणीय। अर्थात् जिसको भार ढोना पड़ता है। 'भृत' और 'भार्या' शब्द की व्युत्पत्ति एक ही है।

मानसिक विकास से संबंधित किसी भी तरह की शिक्षा के लिए स्त्री पर रोक थी, इसीलिए रोटी-कपड़ा के लिए उसे पति पर ही निर्भर रहना पड़ता था। मध्य युग में विदेश में (पश्चिम में) पति को 'लॉर्ड' कहने का रिवाज़ था। पत्नी और नौकर गृहस्वामी को 'लॉर्ड' कहते थे। 'लॉर्ड' का अर्थ है—पेट भरने के लिए आदमी जिसके आश्रित रहता है।

4. 'ऑर्किड' एक ऐसा लता-पुष्प है, जो अन्य किसी पौधे का सहारा लेकर ज़िंदा रहता है। मैं उन लड़कियों को ऑर्किड कहना पसंद करती हूँ, जो शादी से पहले पिता की और शादी के बाद पति की पूँछ पकड़कर ज़िंदा रहना पसंद करती हैं। 'सुपर्णा गुप्त' एक दिन अचानक 'सुपर्णा चौधरी' बन जाती है। उसने घर बदला है, एक आश्रय से दूसरे आश्रय में गयी है, किसी का आश्रय लेकर ज़िंदा है, इस बात को वह अपने नाम से ही साबित कर देती है। मैं मान लेती हूँ सुपर्णा नाम की लड़की हर तरह से स्वावलंबी है। फिर भी उसके नाम में पिता और पति के उपनाम धारण करने की जो ललक है, वह वर्षों से चले आ रहे नारी शोषण का ही कुफल है। और बेवकूफ़ स्त्रियों ने उस प्रथा को मानकर साबित किया है कि शिक्षा किसी संस्कार को बदल नहीं सकती।

5. ढाका शहर में ट्रक भर कर गायों का झुंड ले जाना एक बहुत ही आम दृश्य है। एक दिन यह दृश्य देखकर मैंने अपनी एक सहेली से कहा था—इसी तरह एक बार हम सब स्कूल की लड़कियाँ ट्रक में लदकर पिकनिक पर गयी थीं।

यह सुनकर मेरी सहेली ने नाराज़ होकर कहा था—छिः, तुम लड़कियों की तुलना गाय से कर रही हो? मैंने कहा, क्यों नहीं कर सकती? एक कहावत तो है ही "भाग्यवान की बीवी मरती है और अभागे की गाय।" इसका अर्थ है संपत्ति के रूप में स्त्री का स्थान गाय से भी बदतर है क्योंकि गाय खरीदने में रुपये लगते हैं और नयी बहू लाने पर उल्टे रुपये मिलते हैं।

6. चिकित्सा शास्त्र में 'हिस्ट्री ऑफ एक्सपोज़र' नाम की एक चीज़ है। इसके तहत जानकारी हासिल करने के लिए रोगी से कुछ सवाल पूछने पड़ते हैं। बाहर

की लड़कियों के साथ मेलजोल है या नहीं--यह सवाल पूछने पर रोगी ऐसा हैरान होता है कि मानो यह पहली बार सुन रहा है। "छिः-छिः, कितनी शर्म की बात है", कहता हुआ वह पूरे झटके से सिर हिलाता हुआ नकार जाता है। नहीं, उसने कभी कोई बुरा काम नहीं किया। आख़िरकार इलाज़ कराने के कारण उसका वह सब नकारना अंत तक टिक नहीं पाता। फिर थोड़ी देर बाद चारों तरफ़ ताक-झाँक कर धीमी आवाज़ में कहता है, "हाँ, मेलजोल है।"

"घर में पत्नी है?"

"है।"

"तो?"

फिर कोई जवाब नहीं। रोगी खीसें निपोरकर बेआवाज़ हँसता है। इस तरह के रोगियों की उम्र बारह से बहत्तर साल के बीच होती है। इनमें छात्र, शिक्षक, व्यवसायी, बेराज़गार, मज़दूर, पुलिस, वकील, छोटी नौकरीपेशा, बड़े ओहदेदार, उद्योगपति और सरकारी कर्मचारी--कौन नहीं होते? ये नियमित रूप से वेश्यालयों में जाते हैं। ये वेश्या के शरीर से अपने शरीर में रोग के जीवाणु (ट्रिपोनेमा पेलीडाम) लाते हैं। ये सिफिलिस की बीमारी से आक्रांत हो जाते हैं। इस पर मुझे कोई एतराज़ नहीं है, मुझे तब एतराज़ होता है जब ये अपने पाप का बोझ अपनी बीवी पर डालते हैं। यानी उसे भी संक्रमित करते हैं। वे एक स्वस्थ नारी शरीर में अपनी विलासिता का ज़हर डाल देते हैं।

एक तीस वर्षीया लड़की के पति ने उसे संक्रमित किया और अब सिफिलिस से उसका स्नायु-तंत्र आक्रांत है। वह सुन्न शरीर लिए दुस्सह जीवन बिता रही है। रिश्तेदार, पड़ोसी और शुभचिंतक आकर कहते हैं, जिन्न के प्रभाव के कारण ही ऐसा हुआ है। फ़कीर और ओझा आकर दो-महीने तक जिन्न भगाने का खेल दिखा गए। सबको यही मालूम होता है कि अचानक जिन्न का प्रभाव पड़ने के कारण वह अस्वस्थ हो गई और दो महीने बाद एक दिन किसी को कुछ बताये बिना वह दुनिया छोड़ जाती है।

चारों तरफ़ ऐसी ही घटनाएँ घट रही हैं। किसी को मालूम नहीं कि आए दिन ऐसा क्यों हो रहा है? इतने मरे हुए बच्चे क्यों जन्म ले रहे हैं? क्यों इतने विकलांग बच्चों का जन्म हो रहा है, दरअसल इसका कारण सिफिलिस ही है। यह बहुत भयंकर बीमारी है। अपनी सुहागरात में एक पत्नी अपने पति से सिफिलिस रोग उपहार स्वरूप लेती है। रोगमुक्त होने के लिए समाज के 'भलेमानुस' सबसे छुपाकर पेनिसिलिन का इंजेक्शन ले रहे हैं।

हर सचेतन और सजग लड़की से मेरा अनुरोध है कि शादी से पहले लड़के के खून की (सेरोलॉजिकल टेस्ट : सिफिलिस के लिए) अवश्य जाँच करा लें। अगर रिपोर्ट नेगेटिव हुई तो बेखटके शादी करें और पोजिटिव हुई तो शादी न करें। उससे

कोई संपर्क स्थापित न करें।

7. उस दिन एक सज्जन ने अत्यंत गंभीर होकर मुझसे कहा, "आप लड़कियों का पक्ष लेकर इतना कुछ लिख रही हैं वह तो ठीक है लेकिन उनकी कमियों के बारे में भी कुछ लिखिए।"

"लड़कियों की कमियों का मतलब?" मैंने पूछा।

उन्होंने बड़े उत्साह से क़रीब दो घंटे तक मुझे लड़कियों की ग़लतियाँ समझायीं। मुझे तब याद आया कि मेरा एक छोटा भाई कीड़े-मकोड़े से खेलना बहुत पसंद करता था; एक दिन वह अपने पैर से कुचल-कुचल कर एक छिपकली मार रहा था और मुझसे कह रहा था, "देखो बुबू, छिपकली कितनी बदमाश है, पूँछ हिला रही है।"

जो कुचल कर मार रहा है, अपना अपराध भले ही उसे न मालूम हो, लेकिन जो पिस रही है वह तो जानती है कि छिपकली खुशी से पूँछ हिला रही है या पीड़ा से!

9

कई लोगों का सोचना है कि वैदिक युग में भारतवर्ष में नारी को यथोपयुक्त सम्मान या मर्यादा दी जाती थी? इस्लाम के आविर्भाव के बाद वह मर्यादा अचानक लुप्त हो गई। लेकिन मैं इसे मानने को तैयार नहीं। पुरातत्त्व, शिलालेख, ताम्रशासनादेश (ताँबे के पात्र पर लिखी गई राजाज्ञा) प्रथम युग के पुराण और बौद्ध साहित्य के साथ-साथ, वैदिक साहित्य ही वैदिक युग के सम्पूर्ण इतिहास को वहन करते हैं। संहिता, ब्राह्मण, आख्यानक, उपनिषद् और सूत्र-साहित्य ही (श्रुति, गृह्य, धर्मसूत्र) मुख्य रूप से वैदिक साहित्य है, ईशा पूर्व बारहवीं से ईसा की चौथी शताब्दी के बीच रचित साहित्य द्वारा समाज का जो चित्र उभरकर सामने आता है, उसमें नारी को कहीं भी 'मनुष्य' नहीं समझा गया है।

'ऐतरेय ब्राह्मण' उसी नारी को उत्तम समझता है जो पति को संतुष्ट करती है। पुत्र संतान को जन्म देती है एवं पति से बढ़-चढ़कर कभी कुछ नहीं कहती (3/24/27)। यानी जो नारी पति को संतुष्ट नहीं कर सकती, पुत्र संतान को जन्म नहीं देती एवं पति से बढ़-चढ़कर बोलती है, उसे अवश्य ही अधम कहा जाता रहा होगा। नारी उत्तम है या अधम, यह पुरुष की संतुष्टि पर निर्भर करता है।

'शतपथ ब्राह्मण' में लिखा हुआ है, "सुंदर पत्नी पति का प्रेम प्राप्त करती है" (9/6)। लेकिन जो पत्नी सुंदर नहीं है, वह अवश्य ही पति के प्रेम से वंचित रहती है। असुंदर पत्नी को पवित्र वैदिक साहित्य में भी क्षमा नहीं किया गया है। इस पक्षपातपूर्ण श्लोक को लोग काफ़ी श्रद्धा के साथ उच्चरित करते हैं।

'शतपथ ब्राह्मण' में नारी के दमन (अवरोध) की बात कही गई है, ऐसा न होने पर उसकी शक्ति क्षय होगी (14/1//1/31)। 'अवरोध' में रहने पर शक्ति वृद्धि होती है, क्या यह आश्चर्य की बात नहीं है? तो फिर अवरोधहीन पुरुष को शक्तिमान कैसे कह सकते हैं?

यज्ञ में एक दंड (लाठी) को दो वस्त्रों के टुकड़ों से लपेटा जाता है, इसीलिए पुरुष को दो पत्नी ग्रहण करने का अधिकार है। चूँकि एक कपड़े के टुकड़े को दो लाठियों में नहीं लपेटा जाता, इसलिए नारी को दो पति यानी द्विपतित्व की मनाही है (तैत्तिरीय संहिता, 6/6/4/3, तैत्तिरीय ब्राह्मण, 1/3/10/58)—यज्ञ के दंड (लाठी) और वस्त्र के टुकड़ों के साथ नारी-पुरुष का भला क्या संबंध है? फिर दंड और वस्त्र की संख्या के साथ पति-पत्नी की संख्या को ही क्यों जोड़ा जाता है? क्या इसके पीछे कोई तर्क है या ज़बरदस्ती ऐसा किया गया है? यहाँ तो शारीरिक शक्ति के जोर पर पुरुष पक्ष में समर्थन जुटाया गया है!

नारी कभी भी एक से ज़्यादा पति ग्रहण नहीं कर सकती। एक पति की यदि कई पत्नियाँ हों तब भी पत्नी के लिए एक ही पति यथेष्ट है (ऐतरेय ब्राह्मण, 35/5/2/47)। कई स्त्रियाँ तो रहेंगी ही, उस परपुरुष को वेश्यालय—पवित्रालय जाने की भी छूट है। लेकिन नारी के लिए 'पतित आलय' जाने की कोई रीति नहीं है। पतित का अर्थ है **पतित पुरुष**। पतिता का विपरीत शब्द।

'वशिष्ठ धर्मसूत्र' में लिखा है, **पिता रक्षति कौमारे, भ्राता रक्षति यौवने। रक्षति स्थविरे पुत्रा, न स्त्री स्वातंत्रमर्हति**। इसका अर्थ है कुमारी अवस्था में नारी की रक्षा पिता करेंगे, यौवन में पति और बुढ़ापे में पुत्र; नारी स्वतंत्रता के योग्य नहीं है (5/1-2, 2/1, 3, 44, 45)। पिता, पति और पुत्र के पिंजड़े में नारी को बंदी बनाए रखने का कौशल शास्त्रों को खूब अच्छी तरह आता है।

'शतपथ ब्राह्मण' में नारी को पुरुष की अनुगामिनी होने को कहा गया है (13/2/28)। 'बृहदारण्यक उपनिषद्' में है **पति वा अनु जाया**—यानी पत्नी पति के पश्चात् (1/9/2/14) पुरुष सामने, स्त्री पीछे, नारी "सबके पीछे, सबके नीचे, सर्वहाराओं के बीच।" आगे बढ़ने की योग्यता रहने के बावजूद शास्त्र की रस्सी उसे पीछे खींचकर रखती है। विवाह-अनुष्ठान में पति को कहना पड़ता है, आओ हम एक हो जाएँ, हमारी संतान—पुत्र हो, जिस संतान द्वारा संपत्ति वृद्धि हो। बाद में प्रार्थना की जाती है—पुत्र, पौत्र, दास, शिष्य, वस्त्र, कंबल, धातु, बहु भार्या, राजा, अन्न और सुरक्षा की (हिरण्यकेशी गृह्यसूत्र, 1/6/12/14)। नव वधू के सामने बहु भार्या (अनेक पत्नियों) की प्रार्थना करने से पति की सम्मान-हानि नहीं होती होगी लेकिन पत्नी की होती है। चूँकि पत्नी का सम्मान समाज में कोई अहमियत नहीं रखता, इसलिए बहु भार्या भी वर रूपी पुरुष के लिए आकांक्षित धन के रूप में विवेचित होती है।

आकांक्षित पुत्र, पौत्र, शिष्य, राजा सभी वंश, जीविका और सुरक्षा के लिए ज़रूरी हैं लेकिन भोग के लिए ज़रूरी हैं वस्त्र, कंबल, धातु, दास और बहु भार्या। वस्त्र-कंबल की तरह नारी भी व्यवहार्य 'वस्त्र' है।

स्त्री का पहला कर्त्तव्य है पुत्र-संतान को जन्म देना (आपस्तंब धर्मसूत्र, 1/10-51-52)। निःसंतान पत्नी को शादी के दस वर्ष बाद त्याग किया जा सकता है, जो स्त्री कन्या-संतान को जन्म देती है, उसे बारह वर्ष बाद, जिस स्त्री के बच्चे जीवित नहीं रहते, उसे पंद्रह वर्ष बाद और कलहपरायण यानी झगड़ालू स्त्री को तुरंत त्यागा जा सकता है। (बोधायन धर्मसूत्र, 2/4/6) और 'शतपथ ब्राह्मण' में भी है कि जो अपुत्रा पत्नी है, वह परित्यक्ता है (5/2/3/14) और पुत्र संतान के जन्म न होने पर पति फिर शादी करेगा (वशिष्ठ धर्मसूत्र, 28/2-3)।

पुत्र संतान की आवश्यकता पुरुष की वंश वृद्धि के साथ-साथ पुरुष तंत्र को बनाए रखने के लिए भी आवश्यक है। निःसंतान रहना, कन्या संतान को जन्म देना या मृत संतान को जन्म देना नारी के लिए एक ही तरह का अपराध है। इस जन्म और अजन्म के पाप से नारी समाज और परिवार की पतित्यक्ता होती है।

नारी होम-हवन नहीं कर सकती (आपस्तंब धर्मसूत्र, 2/7/15/17)। उपनयन संस्कार नारी का अधिकार नहीं है। ब्रह्मचर्य नारी के लिए निषिद्ध है। चूँकि वह निषिद्ध है इसलिए वेद का अध्ययन भी निषिद्ध है। अर्थात शिक्षा प्राप्त करने के रास्ते उसके लिए बंद हैं। सिर्फ़ पति को अपने रूप-गुण के ज़रिये मुग्ध करने और पुत्र-संतान की जननी होने में ही नारी की सार्थकता है। प्राचीन भारत में गणिकाएँ सर्वविद्या पारंगत थीं। पुरुषगण घर की मूर्ख पत्नियों को भी अपनी अय्याशी के काम में लगाते थे और शिक्षित गणिकाओं को भी। राष्ट्र ने पुरुष के भोग के लिए समस्त द्वार खोल रखा था।

'बृहदारण्यक उपनिषद्' में है कि यदि कोई स्त्री अपने पति की संभोग इच्छा को चरितार्थ करने में सहमत नहीं होती तो पति पहले उसे उपहार देकर खरीदने की कोशिश करेगा और यदि उससे काम न बने तो हाथ या लाठी से पीटकर उसे अपने वश में करेगा (6/4/7)। जैसा जी में आए, नारी को भोगने का अधिकार शास्त्र ने ही पुरुष को दिया है। पुरुष के लिए बहुपत्नी, उपपत्नी और गणिका संभोग की पूरी स्वतंत्रता का बार-बार उल्लेख किया गया है।

नारी के लिए दो तरह की वृत्ति समाज में स्वीकृत थी, पहली दासी-वृत्ति और दूसरी गणिका-वृत्ति। नारी की अपनी कोई संपत्ति नहीं थी। पिता या पति के धन पर भी उसका अधिकार स्वीकृत नहीं था।

किसी तरह की शिक्षा पाने, धन उपार्जन करने तथा उसे भोगने और यहाँ तक कि अपने शरीर को अवांछित संभोग से बचाने का अधिकार भी उसे स्वीकृत नहीं था। मैत्रेयणी संहिता, 3/6/3, 4/6, 4/7/4, 10/10/11 तैत्तिरीय संहिता,

6/5/8/2)।

नारी के लिए शिक्षा नहीं, धन नहीं यहाँ तक कि अपना शरीर भी नारी के लिए नहीं है। नारी का अपना कुछ भी पार्थिव या अपार्थिव नहीं हो सकता। नारी को निःस्व या कंगाल बना देने के लिए कई मंत्र बने हैं और लोग उन्हें बड़े उत्साह के साथ उच्चरित करते हैं।

'मैत्रेयणी संहिता' में कहा गया है कि नारी अशुभ है (3/8/3)। यज्ञ करते हुए किसी कुत्ते, शूद्र और नारी की तरफ़ मत देखो (शतपथ ब्राह्मण, 3/2/4/6)। आतिथ्य-उत्सव में, युद्ध में, यज्ञ में, उपहार, दान और दक्षिणा में गाय-स्वर्ण, अनाज-रथ-गज-अश्व के साथ-साथ नारी भी दी जाती थी। नारी को भोग्यवस्तु समझा जाता था। इसलिए यहाँ गाय और घोड़े के साथ-साथ नारी का उल्लेख करने में कोई नहीं हिचकिचाता। कुत्ता, शूद्र, नारी सभी अछूत हैं, सभी समाज के उत्पीड़ित, घृणित वस्तु हैं।

कन्या अभिशाप है (ऐतरेय ब्राह्मण, 6/3/7/13)। इसीलिए गर्भवती नारी के लिए एक करुणापूर्ण अनुष्ठान है—'पुंसवन'। इसमें मनौती की जाती है कि गर्भ की संतान पुत्र ही हो। नारी मिथ्याचारिणी, दुर्भाग्यस्वरूपिणी, सुरा और द्यूत-क्रीड़ा की तरह एक बर्तन मात्र है (मैत्रेयणी संहिता, 1/10/11, 3/6/3)। इसीलिए सर्वगुणसंपन्न श्रेष्ठ नारी भी अधम पुरुष से हीन है (तैत्तिरीय संहिता 6/5/8/2)।

वस्तुतः इन सारी बातों का सारांश यही है कि नारी नीच है, नारी अधम है, नारी मनुष्य ही नहीं है। 'शतपथ ब्राह्मण' में है कि पत्नी पति के बाद ही खाएगी क्योंकि 'भुक्तवाच्छिष्टं वयैव ददात्' अर्थात् खाना खाने के बाद जूठन पत्नी को देंगे(गृह्यसूत्र, 1/4/11)। शास्त्र में फटे-पुराने कपड़े दास (नौकर) को देने एवं जूठन स्त्री को देने का विधान किया गया है। घर के कुत्ते-बिल्ली और नारी एक ही तरह के जीव हैं इसीलिए जूठन देकर ही उनका पालन किया जाता है। आपस्तम्ब धर्मसूत्र (1/9/23/45) में कहा गया है कि काली चिड़िया, गिद्ध, नेवला, छछूंदर और कुत्ते की हत्या करने पर जो प्रायश्चित्त करना पड़ता है, नारी हत्या एवं शूद्र हत्या करने पर भी वही प्रायश्चित्त करना पड़ता है। यानी केवल एक दिन का कष्टदायक व्रत पालन करना पड़ेगा।

गिद्ध, नेवला, छछूंदर, कुत्ता, शूद्र और नारी के बीच शास्त्रों में कोई अंतर नहीं माना और कोई भेदभाव नहीं रखा। इसलिए समाज ने भी नहीं रखा। वैदिक भारत में नारी को मनुष्य के रूप में स्वीकृति नहीं दी गई थी। ईसा पूर्व बारहवीं शताब्दी के समाज ने नारी को जितना असम्मानित किया, तीन हज़ार वर्षों में आज भी, वर्तमान ईस्वी का समाज भिन्न-भिन्न तरह से, भिन्न-भिन्न दशा में, नारी को एक समान असम्मानित करता चला जा रहा है।

10

1. कवि असीम साहा बीच-बीच में आदिला बकुल की प्रशंसा करते रहते हैं। कहते हैं, आदिला अच्छा लिखती थी लेकिन अपने पति रफ़ीक आज़ाद से वह इतना प्यार करती है कि उसके लिए उसने अपना लिखना तक छोड़ दिया। असीम साहा आदिला के इस साहित्य-त्याग क़ी बात को बड़े चाव से कहते हैं। आदिला बकुल रफ़ीक आज़ाद से प्यार करती है, लेकिन इसके लिए लिखना बंद कर देना, और लिखना बंद कर देने से प्यार के बढ़ जाने का कोई संबंध हो सकता है, मुझे नहीं लगता।

दरअसल लड़कियों के 'त्याग' करने से लड़के बहुत खुश होते हैं। किसी लड़के के लिए यदि कोई लड़की अपने सारे रिश्तेदारों को छोड़ देती है, तो इसे देखकर लड़का फूला नहीं समाता। पति को पत्नी का गाना पसन्द नहीं है इसलिए यदि कोई लड़की अपने गाने के सभी रास्ते बंद कर लेती है तो वह पुरुष अत्यंत आह्लादित होता है।

जो लड़की नाचती है या चित्रकारी करती है, उसकी नाचना या चित्रांकन बंद करके पति महाशय बड़े गर्व के साथ कहते हैं कि शादी के बाद उन्होंने अपनी पत्नी का नृत्य या चित्रांकन बंद करा दिया है। पति लिखते हैं इसलिए आदिला के न लिखने में कवि असीम साहा प्यार की गहराई ढूँढ़ पाते हैं।

किसी लड़के के कारण यदि कोई लड़की आत्महत्या करती है तो वह लड़का चाहे मुँह से कितना ही शोक क्यों न जताये, मन-ही-मन नाखुश नहीं होता। लड़के जीविका की क्षमता, व्यक्तित्व और विभिन्न तरह की प्रतिभा से परिपूर्ण हों और लड़कियाँ अपनी प्रगति और प्रतिभा के सारे दरवाज़े बंद कर, निःस्व हो, उन पर निर्भर रहें यह समाज के अधिकतर लोगों की कामना है। इस एकतरफ़ा त्याग को समाज बहुत अहमियत देता है। क्योंकि उसके हाथ में बहुत-सारे काले कानून हैं, जिन्हें समय और मौका देखकर लड़कियों को नीचा दिखाने के लिए प्रयोग में लाया जाता है। पुरुष के हाथ में सामाजिक नीति और नियम के रूप में कुछ प्रतिष्ठित अन्याय और अत्याचार, कुछ वैमनस्य और प्रार्थक्य हैं, जिन्हें वह प्राचीनकाल से ढोता आ रहा है। उसके हाथ में है समाज की ओर से मिलने वाली खुली छूट।

अपर्णा सेन की फिल्म 'परमा' में परमा नाम की लड़की पारिवारिक यांत्रिक जीवन में पति और बच्चे को लेकर इस क़दर उलझ जाती है कि उसे याद ही नहीं रहता कि वह कभी अच्छा सितार बजाती थी, कविताएँ पढ़ती थी। परमा को अधेड़ उम्र में जब अपने सितार का मिज़राव मिलता है तब तक उसमें जंग लग चुका होता है। सास को दवा पिलाने, बच्चों का होमवर्क कराने के अलावा यदि वह कहीं निकलती है तो वह है ज़्यादा से ज़्यादा न्यू मार्केट, मीनू का घर या फिर शीला का फ्लैट। परमा का पति भी जानता है उसकी पहुँच वहीं तक है।

दरअसल लड़कियों की पहुँच को वहीं तक सीमित कर दिया गया है। यद्यपि पति अपनी उड़ान (पहुँच) के लिए लाल फीते की कोई सीमा रखने को तैयार नहीं। परमा का पति होटल के कमरे में अपनी पी. ए. को डिक्टेशन देने के बाद आदतन रात के खाने पर आमंत्रित करता है, जो सिर्फ़ खाद्य ग्रहण का आमंत्रण नहीं, बल्कि युवती के शरीर नामक खाद्य-पदार्थ का त्याग भी है।

लेकिन दूसरी तरफ़ परमा के किसी प्रेम में आबद्ध होते ही दोष आ जाता है। ग़ैर मर्द के उसके शरीर को स्पर्श करते ही वह नख-शिख तक अपवित्र हो जाती है। पारिवारिक सीमा के बाहर किसी को प्यार करने की स्वतंत्रता एक स्त्री को नहीं दी जाती। क्योंकि नारी सिर्फ़ अपने पति की गुलाम है। इस गुलामी को अपर्णा सेन ने नहीं स्वीकारा। इस फ़िल्म के ज़रिये उन्होंने समझाना चाहा है कि एक स्त्री अपने जीवन काल में किसी भी समय प्रेमाबद्ध हो सकती है और इसमें अपराध जैसी कोई बात नहीं है। ज़िंदगी हर किसी की अपनी है। जीवन की जड़ों से संग्रहित सत्य ही अपर्णा सेन की सर्वोच्च सत्य की प्राप्ति है—"कोई भी व्यक्ति किसी की व्यक्तिगत संपत्ति नहीं, सामाजिक संबंध तय हो जाने पर भी नहीं।" भला कितने लोग इस बात को स्वीकारते हैं!

एक लड़की बहुत अच्छा गाती थी। उसका गाना सुनकर एक लड़के का उससे प्यार हो जाता है। प्यार हो जाने पर जब शादी की नौबत आती है तो उस लड़के की पहली शर्त होती है कि लड़की शादी के बाद गाना नहीं गा सकती। अब यदि गाने का प्रसंग छिड़ता है तो लड़की सलज्ज भाव से बताती है—बाहर नहीं गाती, घर पर ही गाती हूँ। इसके बाद वह पति के कान में गाएगी और अंत में मन-ही-मन। लड़कियों की पहुँच घटते-घटते इतनी कम हो जाती है कि कुछ समय बाद रुके रहने से सिवा और कोई चारा ही नहीं रहता।

अनाकांक्षा में ही जिसका जन्म हुआ उसके लिए चारा रहेगा भी कैसे? प्रसव-कक्ष के बाहर इंतज़ार करते पुरुषों में सौ में से एक भी नहीं चाहता कि उसके बेटी हो। एक उच्चशिक्षित पुरुष भी 'एक स्वस्थ बच्चे' के बजाय किसी 'पुत्र संतान' को पाना ज़्यादा पसंद करता है। हमारे देश में, अस्पतालों के प्रसव-कक्ष में पतियों की उपस्थिति अनिवार्य होनी चाहिए ताकि नौ महीने तक स्त्री के शरीर में एक और शरीर को धारण करने और प्रसव करने की चरम वेदना को पति अपनी आँखों से देखकर कम-से-कम इतना महसूस कर सके कि जो पुत्र या पुत्री संतान को जन्म देती है और जन्म देने का पूरा जोखिम उठाती है, उसे इतनी सहजता से 'तलाक' नहीं कहा जा सकता। तलाक शब्द के उच्चारण करने में यदि कोई पुरुष एक स्त्री की पीड़ा के सौवें अंश का एक अंश भी अनुभव करे तो इतनी सहजता से तलाक शब्द का उच्चारण नहीं कर पाएगा।

2. बहुत-से लोग फ्रेडरिक एंगेल्स और लेनिन की किताबों का हवाला कर

समाज-व्यवस्था की आलोचना करते हुए कहते हैं कि समाजवाद के अलावा नारी-मुक्ति असंभव है। देश में जब तक समाजवाद नहीं आएगा, नारी-मुक्ति के लिए चीख़ने-चिल्लाने से कोई लाभ नहीं। इसीलिए नारी आंदोलन के अगुवा लोग कान में तेल डालकर सो रहे हैं। जब समाजवाद आकर दरवाजा खटखटाएगा, तब वे उठेंगे।

11

1. पति-पत्नी दोनों ही उच्च शिक्षित हैं। सुंदर, सजा-धजा परिवार, भव्य इमारत वाले घर में अत्याधुनिक उपकरण से लेकर छोटे-से-छोटे बर्तन तक करीने से रखे हुए हैं। बैठक से लेकर सोने के कमरे तक, सोने के कमरे से रसोई घर तक घूम-घूम कर देखा और हैरान रह गई। कीमती विदेशी सामान से सजे घर के कोने-कोने से ऐश्वर्य झलक रहा था! मुझे लगा, अभाव जैसी कोई चीज़ इस परिवार को शायद कभी छू नहीं पायी। मैं तब और ज़्यादा हैरान हुई जब देखा कि इतना कुछ है—इतने बर्तन, कीमती सोफ़ा, पलंग, ड्रेसिंग टेबुल, शो केस, डेकोरेशन पीस, परफ़्यूम, मेकअप बॉक्स, टी. वी., वी. सी. आर.। सिर्फ़ कमी है तो एक ही चीज़ की; सारा घर छान मारने के बाद भी मुझे एक ही किताब मिली। बस वही इकालौती किताब उस घर में है। किताब का नाम है—'आधुनिक पाक प्रणाली।' यह सोचते हुए मेरा दम घुटने लगता है कि दिन भर घर का कामकाज करके, खाना पकाकर जब कोई लड़की दोपहर को या शाम को बिस्तर पर लेटती है और उसे एक किताब पढ़ने की इच्छा होती है तो उसे पढ़ना पड़ेगा—पाक संबंधी वह पुस्तक। प्याज के बाद आलू या आलू के बाद प्याज!

लेकिन यह उसे बुरा नहीं लगता। आजकल शिक्षा लड़कियों को किताब-कॉपी से अधिक चमकदार सामान के प्रति आकर्षण पैदा करने में सहायता करती है। मैंने कई घरों को देखा है कि कुछ अंग्रेज़ी किताबों और सस्ते उपन्यासों से ताक भरकर बिरादरी में ऊपर दीखने की कोशिश करते हैं और वे कुछ मोटी-मोटी किताबों से अलमारी भरकर जितना पढ़ते हैं, उससे ज़्यादा दिखावा करते हैं।

लड़कियों की पढ़ाई-लिखाई अब तक जितनी नज़र आती है, उसमें अधिकांश ही अच्छी शादी के उद्देश्य से की जाती है। इसीलिए एक बार ठीक-ठाक शादी हो जाने पर लड़कियाँ पढ़ाई-लिखाई के पास फटकती भी नहीं। विदुषी लड़की से शादी करके पता नहीं कौन-से ज्ञान के झमेले में उलझना पड़े। इसलिए अतिरिक्त पढ़ाई-लिखाई में पति सहायता तो करता ही नहीं, बल्कि बेकार समय बर्बाद कर रही हो, कहकर हतोत्साहित भी करता है। वैसे इस देश के बाज़ार में फैले सस्ते उपन्यासों को पढ़ने से यह याद रखना बेहतर है कि 'चिकन-मसाले' के लिए कितना मसाला चाहिए।

2. सस्ते में चाहे और कुछ मिले या न मिले, लड़की मिल ही जाती है—रूपवती से लेकर मज़दूर औरत तक। गारमेंट्स फैक्टरी की निम्न आय की लड़कियाँ इस देश में बहुत सस्ते में मिल जाती हैं। अगर तौला जाए तो खस्सी के मांस से भी सस्ती कीमत पर।

3. नेल्सन मंडेला की रिहाई की माँग को लेकर दिनभर जो लड़का जुलूस में चिल्लाता रहा, वही लड़का जब घर लौटकर रूखे स्वर में अपनी माँ से कहता है, गोरी लड़की के अलावा और किसी से शादी नहीं करूँगा। लड़की शिक्षित है या नहीं, संस्कारवान है या नहीं, लड़की का आचार-विचार अच्छा है या नहीं आदि देखने से पहले लड़के और उनके अभिभावक देखते हैं कि लड़की की खाल सफेद है या नहीं। मनुष्य के शरीर के चमड़े का चरित्र वस्तुतः क्रोमोजोन के स्वभाव, प्राकृतिक परिवेश, पानी और खाद्य पर निर्भर करता है। इस देश के अधिकांश लोगों की त्वचा का रंग बादामी होता है। फिर भी एक लड़की के सौंदर्य का मानदंड उसके व्यक्तित्व से नहीं, बल्कि उसकी त्वचा की उज्ज्वलता से तय होता है। उसके नाक, आँख, होंठ की आकृति पर निर्भर करता है। बहुत छोटे स्तर पर भी वर्णभेद चलता है। सिर्फ़ अफ्रीका में ही नहीं, तृतीय विश्व के हर घर में गुप्त रूप से यह रंगभेद लागू है। एक हद तक लड़कियों की पोशाक की तरह! इसे साबुन-सोडा से फींचकर अगर सफ़ेद किया जा सकता तो कई लोगों को बहुत खुशी होती। पुराने कपड़ों को फेंकने में लोगों को कोई ग़म नहीं होता। नए कपड़ों की ओर सभी का आकर्षण होता है। ज़रूरत पड़ने पर इसे शरीर पर चढ़ाया जाता है। उस कपड़े की सिलाई जितनी बारीक बुनाई जितनी घनी, कुशल और सलीके की होगी, पहनने में उतना ही आराम रहेगा। इस्तेमाल में आने के बाद कपड़ा कपड़े की जगह पर और आदमी, आदमी की जगह। जिस तरह से कोई कपड़ा हैंगर में लटका रहता है, पतियों के घर स्त्रियाँ भी उसी तरह हैंगर में लटकी रहती हैं। इस्तेमाल होना ही जिनका मुख्य काम है।

4. कई परिवारों में मैंने पाया है कि पति यदि अपने रूमाल, जुराब, टाई, कफलिंग खुद-ब-खुद ढूँढ़ लेता है तो पत्नी बहुत नाखुश होती है क्योंकि पत्नी चाहती है कि पति को किसी-न-किसी काम में उसकी ज़रूरत पड़े। पत्नी के पास न रहने पर पति की स्वाभाविक चर्या में बाधा आए, पति का दैनिक जीवन अस्तव्यस्त हो जाए और पति को पत्नी का अभाव महसूस हो, इसीलिए जीवनयापन के हर क्षेत्र में पत्नी जान-बूझकर पति को अपने ऊपर निर्भर बनाना चाहती है।

पति यदि दैनिक ज़रूरतों को खुद-ब-खुद पूरा कर ले, यदि उसे नहाने-खाने, कपड़े-लत्ते, जूता-जुराब आदि के लिए पत्नी की ज़रूरत न पड़े तब तो वह स्त्री के लिए खतरा ही पैदा कर देगा; क्योंकि पति प्यार के लिए यदि पत्नी को पास न रखता हो तो कम-से-कम काम के ख़ातिर तो रखेगा। पास रहने के लिए, पति के घर पर आराम से रहने के लिए, पति को अपने ऊपर निर्भर बनाए रखना असहाय

लड़कियों की एक तरह की दुर्बल चतुराई है।

हमारे समाज में लड़कियों को इतना तुच्छ बनाकर रखा गया है कि अपने ही परिवार में उन्हें अभिनय करना पड़ता है। एक सुरक्षित आश्रय के लिए परिवार नामक मंच पर हर पल उसके अभिनय का इम्तहान चलता रहता है। परिणाम थोड़ा भी इधर-उधर होने पर लड़की का सब कुछ ख़त्म हो जाता है।

12

पुरुष के शरीर में 'प्रोस्टेड' नामक एक ग्रंथि रहती है। पचास से अधिक उम्र होने पर विशेषकर साठ-सत्तर वर्ष की उम्र में पुरुषों की प्रोस्टेड ग्रंथि आकार में बड़ी हो जाती है। यह ग्रंथि दो हारमोन की गतिविधियों का संचालन करती है। एक एंड्रोजेन, दूसरा एस्ट्रोजेन। उम्र के बढ़ने के साथ-साथ इंड्रोजेन हारमोन धीरे-धीरे घटता जाता है, लेकिन एस्ट्रोजेन उसी अनुपात में नहीं घटता। एस्ट्रोजेन हारमोन की अधिकता के कारण प्रोस्टेड ग्रंथि बड़ी हो जाती है। कुल मिलाकर एंड्रोजेन और एस्ट्रोजेन हारमोन के परिणाम में असमानता ही प्रोस्टेड ग्रंथि के बढ़ने का मुख्य कारण है। इस रोग का मुख्य लक्षण यह है कि जल्दी-जल्दी पेशाब लगेगी। पहले तो ऐसा रात में ही होगा लेकिन बाद में रात और दिन दोनों समय बार-बार दो-तीन बूँदे पेशाब होगी और एक तरह की असहजता महसूस होगी। ऊपर से पेशाब करते समय तेज़ जलन भी होगी। अपनी इच्छा से न तो पेशाब की जा सकती है और न ही रोकी जा सकती है। धीरे-धीरे जब किडनी आक्रांत हो जाती है, जब पेशाब रुक जाती है। ऐसे वक़्त में पेशाब आरंभ होने और बंद होने के समय थोड़ा खून भी आ सकता है।

प्रोस्टेड ग्रंथि के बड़े होने की शुरुआत में अचानक पुरुषों की कामोत्तेजना में वृद्धि होती है। हालाँकि इसका अंत स्थायी पुंसत्वहीनता में होता है। मज़े की बात यह है कि बूढ़े कुत्तों में भी प्रोस्टेड ग्रंथि के बड़े होने का लक्षण बखूबी देखा जा सकता है। प्रोस्टेड ऊपर की ओर चढ़ने के कारण कुत्ते की मल नली संकुचित होती है। फलस्वरूप मल नली हमेशा भरी-भरी-सी रहती है और बूढ़े कुत्ते मलत्याग की कोशिश करते रहते हैं। इससे बहुत दर्द होता है।

प्रोस्टेड का परिवर्धन या उसे ठीक करना मेरा विषय नहीं है। मेरा विषय है प्रोस्टेड के रोगग्रस्त हो जाने के कारण अचानक साठ-सत्तर वर्ष के बूढ़े पुरुष कामोद्दीपन के कारण शादी के लिए बेचैन हो जाते हैं। बहुत-से लोग ऐसे विवाह को न्यायसंगत ठहराने के लिए कई तर्क देते हैं। मसलन, बुढ़ापे में देखभाल के लिए किसी की ज़रूरत होगी या हमारे रसूलुल्लाह नबी यह उदाहरण छोड़ गए हैं।

शारीरिक अस्वस्थता के कारण कुछ समय के लिए कामोत्तेजना बढ़ती है तो वे किसी वृद्धा से नहीं बल्कि किशोरी से लेकर युवती लड़कियों से ही शादी की ललक प्रकट करते हैं। दुनिया में जितने भी बूढ़े रोगी ऐसी हालत में शादी करते हैं, क्षणिक कामोत्तेजना की समाप्ति होते ही वे पुंसत्वहीनता के शिकार हो जाते हैं, उस वक़्त उन बालिकाओं, किशोरियों और युवतियों के जीवन की क्या दुर्दशा होती है, इसे सभी जानते हैं।

कौन ऐसा है जिसे मालूम नहीं कि एक दरिद्र परिवार की लड़की को किसी समृद्ध के हाथों बेच दिया जाता है। अंततः वह लड़की जीवन का सारा दायित्व अदृष्ट के हाथों छोड़कर सिर्फ़ दो मुट्ठी भात और कपड़े के लिए कितनी असहायतापूर्वक जीवित रहती है।

हमारे देश में पीर का प्रकोप बहुत ज़्यादा है। 'पीर' एक फ़ारसी शब्द है, जिसका शब्दकोशीय अर्थ है वृद्ध व्यक्ति। इस देश में कई जाति के असाधु पुरुष हैं, इनमें पीर भी एक हैं। जहाँ तक मुझे जानकारी है, इकहत्तर में ऐसा कोई पीर नहीं रहा होगा जिसने स्वतंत्रता विरोधी काम न किया हो। देश के गली-कूचों में अचानक 'पीर' नामक परिचित मनुष्यों का आविर्भाव हुआ जिनका मुख्य पेशा असाधुता है। लंबे बाल-दाढ़ी, चोग़े की आड़ में अर्थ और नारी-लिप्सा ही पीर-चरित्र का प्रधान गुण है।

'पावना' के पीर ख्वाज़ा बाबा को लेकर कुछ वर्ष पहले पूरे देश में काफ़ी हलचल मची थी। स्त्रियों से संबधित उनकी बेज़ा हरकतों की ख़बर सभी जानते हैं। सुना है, वही ख़्वाजा बाबा जेल से छूटकर फिर अपने पीर-कारोबार में वापस जा रहे हैं। शिमुलिया के पीर मतिउर रहमान के बहुविवाह और लुच्चापन आज के पत्र-पत्रिकाओं के चर्चित विषय हैं। शरसिना का पीर मुक्ति युद्ध के विरोध में पूर्ण रूप से सक्रिय था। आज के अधिकतर पीर राजनीति की दलाली कर रहे हैं। अटरशी का पीर स्वतंत्र देश में बैठकर स्वतंत्रता के विरुद्ध ऊँची आवाज़ में बोल रहा है। धर्मान्ध लोगों से नज़राना लेकर राजधानी के संपन्न इलाके में विशाल अट्टालिका और उद्योग-कारखाने खड़े करना किसी भले आदमी के बस में नहीं। सुना है कि अटरशी के पीर की इज़ाज़त पाकर देश का मंत्री भी बना जा सकता है। 'पीर' कहने से अब किसी सिद्धसाधु या सच्चे मुस्लिम की मूर्ति आँखों के सामने नहीं आती। पीर कहने पर दुश्चरित्र, लुच्चा और झुंड-के-झुंड युवतियों से घिरे किसी लंपट और कामांध पुरुष का बोध होता है।

शिमुलिया के पीर मतिउर रहमान की चौथी बीवी की उम्र सिर्फ़ तेरह साल है। मतिउर रहमान की 'प्रोस्टेड' ग्रंथि बड़ी है या नहीं, मुझे नहीं मालूम। अश्लील हरकतों के लिए सभी की प्रोस्टेड ग्रंथि बड़ी ही होगी, यह जरूरी नहीं है। पुरुष होने के नाते धार्मिक और सामाजिक सुविधाओं की पूरी छूट प्राप्त हो जाने पर क्या

बीस-पच्चीस और क्या सत्तर की उम्र! इससे कोई फ़र्क नहीं पड़ता।

सभी की प्रोस्टेड ग्रंथि बड़ी नहीं होती। 'प्रोस्टेड' बड़ी न होने पर भी लुच्चापन चलता है। ऐसे लंपटों के लिए समाज के सारे दरवाज़े खुले हैं, स्त्री के साथ जी भरकर किया जाने वाला लुच्चापन इस देश में निंदनीय नहीं, बल्कि इससे तो मर्दों की मर्दानगी ही झलकती है।

13

यह चट्टगाम के आग्राबाद इलाके की घटना है। जनवरी के पखवाड़े की दोपहर धीरे-धीरे शाम की तरफ़ बढ़ रही है। यह इलाका मेरे लिए नया है। किसी भी नए इलाके में जाकर मैं तब तक बैठे-बैठे दिन नहीं काट सकती जब तक कि यह इलाका मेरे लिए पुराना न हो जाए। पुराना कहने से मेरा यह आशय नहीं है कि उस इलाके के प्रति मेरी दिलचस्पी ख़त्म हो गयी। ब्रह्मपुत्र को मैं जन्म से जानती हूँ। इतना जानती हूँ कि उसका एक-एक मोड़ मेरा परिचित है, उसके सारे स्रोत मेरे जाने-पहचाने हैं, तट के बालू पर उकेरी गईं सारी तस्वीरों को मैं पहचानती हूँ। फ़िर भी जो नदी मुझे सबसे ज़्यादा आकर्षित करती है वह ब्रह्मपुत्र ही है।

तब तक मैं आग्राबाद इलाके को पूरा घूमकर नहीं देख पायी थी। ऊपरी तौर पर जो भी देखा था, वह थे रास्ते के दोनों तरफ़ दो मंज़िले मकान, कुछ तिमंज़िले भी। मैंने जिस घड़ी का ज़िक्र किया है यानी तब तक शाम भी नहीं हो पायी थी। कुछ समय ऐसा होता है जब सुस्ती-सी छायी रहीती है, कहीं भी मन नहीं लगता या फिर सभी कुछ-न-कुछ करने के लिए कोई काम ढूँढ़ते रहते हैं। मैं भी वैसा ही कुछ ढूँढ़ रही थी। इतने में एक भयानक चीख़ सुनाई पड़ी। पहले तो मैं समझ नहीं पायी कि आदमी है या जानवर। कान खड़ा किए रहने पर पता चला कि नहीं कोई आदम जात ही है। किसी आदमी का ही स्वर है यह समझने के कुछ समय बाद पता चला कि यह तो नारीकंठ-स्वर है। मैं धीरे-धीरे उस ओर बढ़ने लगी।

शिक्षित मध्यवर्गीय परिवार होने का अर्थ ही होता है कि बैठक में एक सोफ़ा, क़ालीन, टेलीविज़न, दीवार पर दो-एक मढ़े हुए चित्र या फोटोग्राफ़ लगे होंगे। एक तरफ़ कुछ किताबें, काँच के बर्तन और पुरस्कार के शील्ड—मोनोग्राफ़ वगैरह से सजा एक शो केस होगा। कुछ मुसलमानों में एक नया शौक़ देखने को मिलता है, वह है मख़मल के कपड़े पर अंकित कावाशरीफ़ की तस्वीर मढ़वाकर रखना। जो जितना बड़ा क़ाबा टाँग सकेगा, समाज में उसकी उतनी ही इज़्ज़त बढ़ेगी। मैंने पाया कि वह कंठस्वर कमोबेश किसी शिक्षित मध्यवर्गीय परिवार से ही आ रहा था। आवाज़ का अनुसरण करते हुए मैं जिस घर में पहुँची, उसे देखकर मुझे ऐसा ही लगा। घर

का दरवाज़ा खुला हुआ था। वहाँ तीन-चार लोग थे जिन्हें देखकर लगा कि वे उस परिवार के कोई नहीं हैं बल्कि मेरी ही तरह जानकारी लेने आए हैं। उनकी संख्या मुझे उस चीख़ की तुलना में कम लगी। मानो ऐसा होता-ही-होता है। ऐसी घटना का घटना अस्वाभाविक नहीं है, और मेरे अलावा जो भी वहाँ मौजूद हैं वे शायद अक्सर उपस्थित हो जाते होंगे। उनका उदासीन चेहरा मुझे यह समझने में सहायता करता है कि जिस घटना को लेकर इतना शोर मचा, वह बहुत भयानक नहीं है।

आगंतुकों में उस घटना से अधिक मैं कहाँ रहती हूँ, कहाँ से आयी हूँ, क्या करती हूँ आदि जानने की दिलचस्पी कहीं अधिक थी। अपना संक्षिप्त परिचय देते हुए उस घटना के बारे में जितना जान पायी, इससे मुझे संतोष नहीं हुआ। जिसका कंठस्वर मुझे यहाँ तक खींच लाया था उसके साथ बात करने की मुझमें तीव्र इच्छा हो रही थी। लेकिन माहौल ने साथ नहीं दिया। मैं यह सोचकर वहाँ से लौट आयी कि उस चीख़ती-चिल्लाती स्त्री से एक दिन ज़रूर बात करूँगी।

दूसरे ही दिन उससे बात हुई। उस लड़की की उम्र अट्ठारह वर्ष से अधिक नहीं होगी। इस उम्र में बग़ल वाले मकान में घूमने-फिरने आयी हुई लड़की से घुल-मिल जाना बहुत सहज होता है। उसके घर पर उस वक़्त लड़की के अलावा और कोई नहीं था। उसका पति सरकारी मुलाज़िम था। लौटने में उसे अक्सर रात हो जाया करती है। लड़की के साथ इस शहर, बंदरगाह, किराया, स्कूल-कॉलेज, पढ़ाई-लिखाई आदि के बारे में चर्चा करते हुए कल की घटना पर आ गई। लड़की बेझिझक अपनी देह में उभरे ज़ख़्मों के एक-एक निशान दिखाती गई।

मैंने उस घटना की तह तक जाना चाहा। अट्ठारह वर्ष की उम्र और एक नया परिचय, इन दोनों की दुविधा और संकोच से बाहर निकलकर उस लड़की ने मुझसे जो कुछ बताया, वह इस प्रकार है—जब वह स्कूली पढ़ाई पूरी करके कॉलेज जाने ही वाली थी, तब परिवार वालों ने अपनी पसंद से उसकी शादी कर दी। शादी के बाद से उसका पति चौबीस घंटे में पाँच-छह बार शारीरिक सुख चाहता है। लेकिन लड़की को इतनी बार यह अच्छा नहीं लगता। शुरू-शुरू में पति की संतुष्टि के लिए वह अपना शरीर पसार देती थी, जबड़े भींचकर अपने ऊपर किए गए उस अत्याचार को सहती थी।

अब उसके यौनांग में काफ़ी दर्द होता है। इसलिए वह बाधा दिए बिना नहीं रह पाती। वह रोकती है इसलिए उस पर तेज़ हमला किया जाता है। बिजली के पुराने तार को लपेट कर पति देव चाबुक़ के तौर पर इसका इस्तेमाल करते हैं और अपना आदेश मानने के लिए मजबूर करते हैं। फिर भी कभी-कभी वह अड़ जाती है, फुफकारती है, चिल्लाती है, रोती है।

मैंने पूछा, "क्या तुम्हारी बिल्कुल इच्छा नहीं होती?" लड़की लजाकर साड़ी का पल्लू उँगलियों में लपेटती हुई कहती है, "क्यों नहीं होगी? होती है। जब मेरे

साथ वह प्यार से बोलता है, तब होती है।"

लड़की की आँखों से कैशोर्य की सरलता झलकती है। "लेकिन उसके धमकाने या मारने पर मुझे वैसी इच्छा नहीं होती।"

"तुम्हें मारता क्यों है?"

"उसके बुलाने पर नहीं जाती न, इसीलिए!"

"अच्छा!"

"मारने पर तुम्हें गुस्सा नहीं आता? यहाँ से चले जाने का मन नहीं करता?"

"क्यों जाऊँगी? पीटने की बात तो हदीस में लिखी है।"

"किसने कही तुमसे यह बात?"

"मेरे पति ने।"

"तुम्हारे पति ने सही नहीं कहा। किसी भी हदीस में औरत को पीटने की बात नहीं लिखी गई है।"

लड़की के विश्वास की दीवार पर एक काला दाग़ पड़ गया। मेरा चेहरा देखती हुई बोली, "लेकिन सब तो यही कहते हैं!"

"वे ग़लत कहते हैं, झूठ कहते हैं रतन!"

उस लड़की का नाम है रतन। आख़िरकार मैं रतन को समझाने में सफल हो गई कि वे लोग झूठ बोलते हैं। ऐसा वे इसलिए कहते हैं क्योंकि तुम्हारी शिक्षा अधूरी है, तुम कमाऊ नहीं, तुम स्वतंत्र नहीं। तुम्हारा पति तुम्हें ठग रहा है, समाज तुम्हें ठग रहा है, देश तुम्हें ठग रहा है। घर बैठे खाना पकाकर पति की रसना और बिस्तर पर उसकी वासना की तृप्ति के सिवा तुम्हारा और कोई मूल्यवान काम नहीं है। अगर वह पीट-पीटकर तुम्हारी हड्डी-पसली तोड़ दे, तब भी अधिकतर लोग, जो किसी कुत्ते को मारते हुए देखने पर जताने लगते हैं, वे किसी पत्नी को पति के हाथों पिटते देख पलटकर भी नहीं देखते।

इस घटना के दो दिन बाद जब मैं वापस लौट रही थी, तब मेरी बहुत इच्छा हुई कि रतन से मिलती चलूँ। वह सरकारी छुट्टी का दिन था। सुबह जब मैंने रतन के घर का दरवाज़ा खटखटाया तो उसके पति ने ही दरवाज़ा खोला। ज्योंही मैंने अपना परिचय दिया, उसकी त्योरियाँ चढ़ गईं। वह अंदर गया। अंदर के कमरे में दोनों की आवाज़ धीरे-धीरे ऊँची हुई, फिर नीचे उतरी। मैं बाहर इंतजार करती रही। भीतर के कमरे में एक समझौता होने के बाद पहले मेरे सामने रतन आकर खड़ी हुई, पीछे-पीछे उसका पति। मैं रतन के पति को देखती हुई सोच रही थी—वही जीभ जिससे वह अपनी पत्नी के लिए फूहड़ गालियाँ उच्चारित करता है, वही हाथ, जिनसे वही पत्नी के शरीर पर निर्मम आघात करता है। मैंने देखा और मन-ही-मन उस जीभ और उस हाथ की तरफ़ अपनी तीव्र घृणा उछाल दी। मैं अवाक् हुई कि मेरे सामने जो पुरुष खड़ा है, एक दोपहर अपनी पत्नी को रुलाकर उसने लोगों को इकट्ठा

कर लिया था। मैं हैरान हो गई कि इस व्यक्ति को समाज के सभी लोग एक सज्जन व्यक्ति के रूप में मानने को बाध्य हैं। क्योंकि उसके बाल ज़रूरत से ज़्यादा बड़े नहीं, गालों पर दाढ़ी नहीं, उसके कपड़े गंदे नहीं, वह जुमे की नमाज़ अता करता है। लोगों के साथ हँसकर बोलता है।

मैं रतन से बोली, "आज जा रही हूँ।" रतन एक फीकी हँसी हँसी। उसका पति सामने आया। इधर-उधर चहलक़दमी करते हुए बोला, "आप उस दिन रतन से जो भी कहकर गयी थीं, वह ठीक नहीं था। लोगों को इस तरह की ग़लत शिक्षा मत दीजिएगा।"

"ग़लत सीख?"

"यही हदीस की बात न मानने की सीख।"

वह भला आदमी सोफ़े पर बैठा। उसने मुझे भी बैठने को कहा। फिर उखड़े स्वर में बोला, "आप शायद हदीस-कुरान नहीं पढ़ती हैं।"

इसके बाद वह आदमी तेजी से अंदर गया। लौटा तो उसके हाथ में चार-पाँच मोटी-मोटी किताबें थीं। और होंठों पर एक विजयी मुस्कान—जो एक बार होंठों पर आ जाए तो बमुश्किल उतरती है। इन किताबों को पढ़ने से आप सब समझ जाएँगी। आप इस तरह की ऊटपटाँग बातें करके लोगों को मत बहकाइये। आपके लिए भी तो आखेरात जैसी कोई चीज़ है। यह देखिए—इतना कहकर कुछ रेखांकित पंक्तियाँ उसने पढ़ीं; अगर शौहर संगम करने की इच्छा से स्त्री को बुलाता है। तो वह तुरंत उसके सामने हाज़िर हो जाएगी। भले ही वह रसोई के काम में लगी हो—तो भी। मुस्लिम हदीस। सिर्फ़ इतना ही नहीं। वह फिर पढ़ने लगा, जब कोई शौहर अपनी बीवी को बिस्तर पर बुलाता है और वह उसे अस्वीकार करती है और अगर शौहर गुस्से में सारी रात बिताए तो सुबह न होने तक फ़रिश्ते उस औरत को शाप देते रहते हैं। यह भी मुस्लिम हदीस में है। अब तिरमीजी हदीस सुनिए—"जो स्त्री बेशर्मीभरा काम करती है, उसे अपने बिस्तर से त्याग दो और ऐसी स्त्री की सामान्य तौर पर कुछ पिटाई भी करो।"

मुझे यक़ीन नहीं आया। मैंने उन किताबों को हाथ में लेकर देखा, जो कुछ भी रतन के पति ने पढ़कर सुनाया, वह वहाँ साफ़ अक्षरों में लिखा हुआ था। फिर भी मुझे विश्वास नहीं हुआ कि इस सभ्य युग में भी मुद्रित अक्षरों में नारी के प्रति इस तरह के अविचार, ऐसी मर्यादाहीनता का प्रचार हो रहा है, और इस तरह के अन्याय को समाज आदरपूर्वक ग्रहण करता है। समाज के सज्जन व्यक्ति चरम और परम निष्ठा के साथ, सारी धार्मिक बर्बरता का भी पालन करते हैं।

14

युग-युग से पुरुषों के लिए नारी रहस्यमयी रही है। इस रहस्य की आड़ में रक्त-मांस की जो नारी है, वह दरअसल कैसी है? कलकत्ता से प्रकाशित होने वाली बांग्ला पत्रिका 'सानंदा' (25 जनवरी, 1990) के आवरण पर छपी नारी की तस्वीर और कुछ सवाल कम-से-कम यह समझने में सहायता करते हैं कि रक्त-मांस की नारी का जैसा भी वर्णन किया गया हो, वह चाहे और कुछ हो या न हो, स्त्री को लेकर वे कोई घटिया मज़ाक नहीं करते।

नारी शरीर, शरीर को लेकर स्त्री का उद्वेग, दुश्चिंता, शारीरिक समस्या का समाधान—यह सब उस आवरण-कथा के मूल विषय थे। उस अंक की नारी से संबंधित प्रत्येक रचना शिक्षाप्रद और अत्यंत उपयोगी थी। उस अंक में काव्य और समाज में महिला कवियों का क्या स्थान है, इस पर विशेष निबंध प्रकाशित थे। इसके अलावा और जो कुछ रहता है, वह भी था। जैसे फ़ैशन, धारावाहिक कथा, विचार-वितर्क, खेल, पकवान, बाबू-बीवी संवाद, संस्कृति आदि।

'सानंदा' के इस अंक को बांग्लादेश में घुसने की अनुमति नहीं मिली। इस अंक पर पाबन्दी क्यों लगायी गयी थी, किस रचना से अश्लीलता की बू मिलती थी, जब इसकी छानबीन करने लगी तो मैं जो कुछ जान पायी उससे मैं हैरान रह गई। नारी शरीर से संबंधित चित्र और चर्चा से इस देश के जाँचकर्ता, जिन पर पत्र-पत्रिकाओं की भली-बुरी चीज़ों पर ध्यान रखने का दायित्व सौंपा गया था—बहुत नाखुश थे। इसीलिए उस पत्रिका को इस देश में घुसने की अनुमति नहीं मिली। हालाँकि इससे पहले प्रकाशित 'पुरुष अंक' को इस देश में प्रवेश के लिए किसी भी प्रकार के विरोध का समाना नहीं करना पड़ा था।

स्त्री-शरीर का गठन, शारीरिक विकास का पहला चरण, फिर वयःसंधि, ऋतुस्राव, यौन-प्रक्रिया, गर्भाधान, गर्भधारण, वयःबुद्धि, रजःनिवृत्ति। रजःनिवृत्ति के बाद की समस्या और उसकी चिकित्सा, वार्धक्य। वार्धक्य के बाहरी लक्षण, मानसिक तनाव आदि की चर्चा यदि प्रतिबंधित हो सकती है तो विज्ञान प्रतिबंधित होगा, चिकित्सा प्रतिबंधित होगी, नारी जीवन प्रतिबंधित होगा।

स्त्री से संबंधित विभिन्न तरह की रसीली सामग्री, व्यंग्य, कौतुक, अश्लीलता, संभोग संबंधी गंदे पत्र-पत्रिकाएँ इस देश में काफ़ी लोकप्रिय हैं। क़तार में सजाई हुई 'अभिसारिका', 'जलसा', 'कामना', 'वासना', 'यौन मधु', 'प्रेमतरंग', 'रस का हलवा', आदि सामग्री इस देश में काफ़ी लोकप्रिय हैं। हमारे देश में श्लील-अश्लील की जाँच करने वाले इस तरह की बीमार लोकप्रियता के विरुद्ध कोई आवाज़ नहीं उठाते।

वे आवाज़ें ऊँची करते हैं स्वस्थ और सुंदर के विरुद्ध, ज्ञान और रुचि के विरुद्ध, जीवन और शिल्प के विरुद्ध। स्त्री के बारे में वैज्ञानिक ढंग से शिक्षा और

चिकित्सा को लेकर यदि सभी जागरूक हो जाएँ तो शायद हमारे मसीहों का नुकसान हो। तब तक जो लोग यह मानते आए हैं कि नारी-शरीर हाड़-मांस से कमज़ोर और नाजुक है, वे मानसिक रूप से सबल न हो जाएँ। किस तरह से डिंबाणु के क्रोमोजोम (वर्णकोत्पादक) शुक्राणु के 'एक्स' क्रोमोजोम से मिलकर पुरुष भ्रूण का निर्माण करते हैं, यह जानकर यदि वे स्त्री के बाँझ होने और लड़कियाँ-लड़का पैदा होने की जवाबदेही अपने कंधे पर न लें तो कुसंस्कार, असम्मान और अत्याचार का क्या होगा? संतान और वह भी लड़के के लिए 'शाह जलाल' से लेकर 'मोईनुद्दीन' तक यदि दौड़-धूप न करनी पड़े तो सारे देश में फैले मज़ार-कारोबार का क्या होगा? तावीज़ और पानी-पढ़ा की अगर ज़रूरत ही न पड़ी तो राजनैतिक पीर-व्यवसाय का क्या होगा?

अधिकतर स्त्रियाँ यह सोचती हैं कि रजःनिवृत्ति यौन मिलन में बाधक है, वे यदि जान लें कि रजः-निवृत्ति के बाद किसी स्त्री में सिर्फ़ बाँझपन ही आता है उसकी यौन-क्षमता खत्म नहीं होती, तो उन्हें प्रचंड मानसिक दबाव से मुक्ति मिल जाएगी। लेकिन जिस समाज में स्त्री की शारीरिक मुक्ति संभव नहीं, वह समाज भला नारी को मानसिक मुक्ति क्यों देगा?

ऐसी कई स्त्रियाँ हैं जिन्हें मालूम है कि यौन-प्रक्रिया में नारी के अंतिम संभोग का कोई रास्ता नहीं है। वे सिर्फ़ पुरुष के उपयोग के लिए ही बनी हैं। वे यदि 'सानंदा' के इस अंक के जरिये स्त्री के चरम सुख के विषय में सचेत या जानकार हो जाएँ तो कुछ मर्दों के संकट में पड़ने की आशंका है। और तभी 'सानंदा' को छूट देने वाले कर्ता-धर्ता को भी कम ख़तरा नहीं होगा।

इस अंक में स्त्री के बारे में विशिष्ट व्यक्तियों ने टिप्पणी की है। सत्यजित राय का कहना है, लड़कियों के बारे में मेरे अवचेतन मन में एक विश्वास है कि वे मूल रूप में ज़्यादा सच्ची और ख़री होती हैं। वीर संघवी ने कहा है, पुरुषों को बड़ा अहंकार है कि वे सर्वज्ञाता हैं। यहाँ तक कि वे नारी की भी नस-नस पहचानते हैं। इसलिए वे उदारता दिखाकर जताना चाहते हैं कि वे स्त्रियों को बहुत प्यार करते हैं, उनकी देखभाल करते हैं, वे ही स्त्रियों के रक्षक हैं। काश...वे जान पाते कि दरअसल वे बहुत ज़्यादा कुछ नहीं जानते और स्त्री को सबसे कम पहचानते हैं।

लड़कियाँ खाना बनायेंगी, संतान धारण करेंगी। कविता लिखना स्त्री का काम नहीं। समाज के क़रीब-क़रीब सभी लोगों के मन में यह धारणा है कि जो कविता लिखता है या जिसने लिखा है, अपने क्षोभ और विश्वास से जुड़ी बातें ही लिखी हैं या लिखता है। कवि यदि पुरुष हुआ तो कहा जाएगा वह थोड़ा शर्मीला है और स्त्री होने पर कहा जाएगा थोड़ी बेशरम है। स्त्री का शरीर हमेशा से उसके लिए सामाजिक अड़चन का कारण बना है। इसीलिए मध्ययुगीन भारतवर्ष में कवित्रियाँ थीं तपस्विनी। वे सभी कोशिश करती रहीं कि नारी देह को किसी भी उपाय से लाँघ कर एक नाम लिंगहीन व्यक्तित्व अर्जित कर दिया जाए। पुरुष को तो लिंगचिह्न

ख़त्म कर कलाकार होने की स्वतंत्रता अर्जित करनी नहीं पड़ती? तो फिर हम स्त्रियाँ ही नारीत्व के परिचय के साथ क़लम नहीं थामें?

लिखा गया है—पुरुष दोस्त चाहते हैं कि मैं चाय-नाश्ता बनाऊँ, पानी का गिलास बढ़ा दूँ। वे मेरी चाय और सुरक्षित चेहरे की तारीफ़ करें लेकिन प्रति-कविता या उत्तर-आधुनिक कविता में हिस्सा लेना मुझे शोभा नहीं देगा। चुनाव-परिणाम, प्रकृति के बारे में दिया गया अभिमत या कविता के साथ आडियो विजुअल के बारे में कोई बात वे मेरे मुँह से सुनने के लिए राज़ी नहीं होंगे।

लिखा जाता है—मुझे लगता है मैं वही लड़की हूँ, चार हज़ार साल पहले जिसके हाथ से वेद छीन लिया गया था। संस्कृत के बदले प्राकृत बोलने को बाध्य किया गया था। धिक्कार है उन पूर्वजों को, जिन्होंने एक लड़की को गृहबंदिनी वधू बना दिया तो दूसरी को बना दिया नगरवधू। एक को देवदासी और दूसरी को सेवादासी।

स्तन की बीमारी होने पर आनंदा में इसकी जाँच पद्धति और नियमावली को देखकर जिन्होंने 'छिः-छिः' किया है, मैं दावे के साथ कह सकती हूँ कि वहाँ मौजूद नारी के स्तन की ओर वे तिरछी नज़रों से देखकर तृष्णार्त हुए होंगे।

15

1. इक्कीस फरवरी की शाम को बांग्ला अकादमी के गेट पर हर साल चुपचाप कुछ अश्लील घटनाएँ घटती रहती हैं। ऐसी बात नहीं कि अकादमी के संचालक को इसकी जानकारी नहीं, लेकिन इसे रोकने के लिए उनकी ओर से कोई पहल नहीं की जाती है।

मुख्य रूप से वे लोग गेट पर भीड़ लगाते हैं, उन्हें देखकर लगता है कि वे अंदर जा रहे हैं या बाहर निकल रहे हैं, लेकिन वास्तव में वे घुसते भी नहीं हैं और निकलते भी नहीं। वे सिर्फ़ गेट के पास ही भीड़ लगाए रहते हैं। अचानक एक धक्के के साथ सभी एक-दूसरे के ऊपर गिरने लगते हैं, फिर खड़े हो जाते हैं। भीड़ के दबाव और तनाव से छिटककर जो किनारे गिर जाता है, वह उस यात्रा में बच निकलता है। लेकिन इससे अगर कोई बच नहीं पाता तो वे हैं स्त्रियाँ। कुछ लड़कों का, जिनकी संख्या दिन-ब-दिन बढ़ती जा रही है, इस भीड़ के पीछे एक स्पष्ट उद्देश्य रहता है। मुझे कहने में कोई हिचक नहीं है कि अगर कोई लड़की उस भीड़ में पड़ जाती है तो उसकी तरफ़ अनगिनत हाथ तेज़ी से बढ़ जाते हैं और उसके स्तन, उदर, जाँघ और नितंब पर जो पंजे पड़ते हैं वे न सिर्फ़ उन्हें शारीरिक रूप से, बल्कि मानसिक रूप से असहज कर देते हैं।

उस दिन ऐसी ही हालत में इक्कीस-बाईस वर्ष की एक लड़की भीड़ में से निकल आयी। बदन पर कपड़ा नहीं, ब्लाउज फटा हुआ। उसे देखकर लग रहा था, मानो वह अभी-अभी बलात्कार का शिकार होकर लड़खड़ाते क़दमों से चली आ रही है। उसे देखकर मैं सिहर उठी। यदि यही इक्कीस फरवरी की संध्या है, यदि यही भाषा आंदोलन के शहीदों के प्रति श्रद्धा ज्ञापित करना है, तो जो इस भीड़ में यौन आनंद लेने के बाद भले मानुष की तरह शामिल हो जाते हैं, किताबें देखते हैं, ख़रीदते हैं, गाना गाते हैं–"मेरे भाई के खून से रँगा"...धिक्कार है उन बंगालियों को। धिक्कार है...इक्कीस फरवरी के इस गान के मुँह पर।

शायद ही ऐसी कोई लड़की हो जो भीड़ से होकर इस मेले में गई हो और उसके 'स्त्री अंगों' पर कोई स्पर्श न पड़ा हो। काफ़ी लड़कियों को भीड़ के डर से मैंने वापस लौट जाते देखा है। वे वापस चली गईं। क्योंकि उनको मालूम है, यहाँ किस तरह की असभ्य हरकतें की जाती हैं। जो भीड़ से होकर जाती हैं, उनमें कुछ तो क्षोभ से फट पड़ती हैं, कोई लज्जा से सिर झुकाकर जाती है। मानो सारी ग्लानि उसी की है। मानो 'स्त्री अंग' धारण करना उनके लिए पाप है। मानो इसी तरह नारी जन्म का प्रायश्चित्त होता है। इक्कीस फरवरी की चेतना से उद्दीप्त पुरुष इसी तरह अपनी सहयात्री नारी का स्वागत करते हैं।

पिछले कई वर्षों से इस बात को लेकर संयोजकों से शिकायत की जा रही है। लेकिन इस मामले को कोई तूल नहीं देता। यदि किसी लड़की को इसके प्रतिरोध और प्रतिकार का दायित्व दिया जाए, तब भी इस समस्या का कोई समाधान नहीं हो सकता। क्योंकि भीड़ में किसी की पहचान नहीं हो सकती कि ऐसे लोग कौन हैं? फिर एक लड़की पर कम-से-कम बीस-तीस पुरुषों का आक्रमण होता है। अकेले किसी व्यक्ति द्वारा इस आक्रमण का प्रतिरोध संभव नहीं है।

यदि अकादमी संयोजक इस विशेष दिन का दायित्व नहीं ले सकते तो सभी स्त्रियाँ एकजुट होकर घोषित करें कि फरवरी के पुस्तक मेले में नहीं जाएँगी। वे शिकार नहीं हुईं, ऐसा कहकर अगर यदि कोई स्त्री पीछे हट जाती है तो उस जैसी अभागन शायद और कोई नहीं होगी, क्योंकि उसके भी उत्पीड़ित होने का समय आ रहा है। जिस समाज में नारी को सम्मानित करने का रिवाज़ नहीं, उस समाज की सारी दुर्नीति को ढोकर और चाहे कुछ भी हो, नैतिकता की आशा नहीं की जा सकती।

2. बांग्लादेश टेलीविज़न के रजतजयंती समारोह के एक कार्यक्रम में ढाका कॉलेज में बांग्ला विभाग के प्रोफेसर और 'विश्व साहित्य केंद्र' के संचालक अब्दुल्लाह अबू सईद ने अभिनेता अफ़ज़ल हुसैन से पूछा, "क्या आपको मालूम है कि आपके लिए बांग्लादेश की युवतियाँ एकांत में गहरी साँस छोड़ती रहती हैं?" इस तरह के

फूहड़ सवाल सुनकर अफ़ज़ल हुसैन हँसते-हँसते बोले, "एकांत में उन युवतियों की गहरी उसाँस के बदले उनके सामने आने पर उनके यानी अफ़ज़ल के आस-पास तो एक भूकंप ही आ जाता।" स्त्री से संबंधित इस तरह का घटिया मज़ाक किसी अभिनेता, चित्रशिल्पी, नाटककार, कथाकार और कला की अनेक शाखाओं से घनिष्ठ संपर्क रखने वाले व्यक्ति को शोभा नहीं देता। एक कलाकार यदि स्त्री को रंग-रस के बहाने इस्तेमाल में लाये, अगर कलाकार स्त्री को एक मानवी के रूप में श्रद्धा करने, सम्मान देने में सक्षम नहीं है तो मैं उसकी कला और उसके कलाकार के रूप में प्रतिष्ठित होने के प्रति आशंका व्यक्त करती हूँ।

16

मैं देख रही हूँ कि इधर कुछ महिलाएँ शरीर के ऊपरी हिस्से के लिए दो से ढाई गज़ लंबा कशीदे कढ़े कपड़े का व्यवहार करती हैं। काफी हद तक दुपट्टे की तरह लेकिन यह दुपट्टा नहीं है। कई लोगों से पूछने पर पता चला कि इस वस्त्र खंड को बुरके के बदले इस्तेमाल किया जाता है। शहर में इस तरह के वस्त्र खंड का चलन दिन-ब-दिन बढ़ता जा रहा है। इसे 'शहरी बुरका' कहा जा सकता है। अब भी गाँवों में ऊपर से नीचे तक ढँके हुए बुरके का ही रिवाज़ है।

इस कपड़े से शरीर का जो हिस्सा ढँका जा सकता है, शायद वह साड़ी से भी ढँका जा सकता है। इसलिए यह एक अतिरिक्त आवरण के अलावा और कुछ नहीं। कोई भी अतिरिक्त वस्त्र विलासिता ही है। जिस देश की अधिकतर स्त्रियाँ वस्त्रहीनता की मारी हों, उस देश में कपड़े के ऊपर कपड़ा तो आँखों में चुभता ही है। इससे असमंजस और ज़्यादा स्पष्ट हो उठता है। धर्म, समाज और राष्ट्र कहीं से भी स्त्रियों को उचित मर्यादा नहीं मिली। धर्म ने ही स्त्री के मनुष्य होने के बावजूद स्त्री-पुरुष में सबसे ज़्यादा विरोध और भेदभाव पैदा किया है। 'सूरा आहजाबे' में लिखा है—"हे स्त्रियो, तुम लोग अपने घरों में रहो और सज-सँवर कर, घर से बाहर निकलकर अपना हुस्न और पहरावा ग़ैर मर्द के सामने प्रदर्शित मत करो।" यानी वैसे रहो जैसे अंधकार युग की स्त्रियाँ रहती थीं।

घर से बाहर निकलने का मतलब ग़ैर मर्द के सामने सौंदर्य और वेशभूषा का प्रदर्शन करना नहीं है। जिस चीज़ को ढँककर रखा जाता है, उसके प्रति आकर्षण अधिक होता है। यह सच मनुष्य के जीवन में तरह-तरह से दिखाई देता है।

जिस वस्तु को प्रतिबंधित किया जाता है, उसके प्रति अनदिखी ढँकी हुई चीज़ के प्रति, गुप्त और गोपनीय सत्य के प्रति मनुष्य के तीव्र आकर्षण को रोक पाने

में कोई भी धर्म अब तक सफल नहीं हुआ। मनुष्य विमोचन करता है, उन्मुक्त करता है, मिट्टी, जल, आकाश, और स्वयं मनुष्य को। मनुष्य का स्वभाव ही है क्रमशः गहराई और गहनता में प्रवेश करना। स्वभाव से ही मनुष्य किसी तरह के बंधन और आवरण से क्रमशः मुक्त होता जाता है।

सौंदर्य केवल स्त्री शरीर में ही नहां, पुरुष शरीर में भी होता है। तो फिर इसे ढँकने की प्रथा सिर्फ़ स्त्री के लिए ही क्यों है? पुरुष की वेशभूषा पर भी स्त्री की दृष्टि पड़ती है (विपरीत लिंग के प्रति नारी-पुरुष का आकर्षण शरीर विज्ञान के अनुसार बराबर होता है) तो फिर अपने आपको ढाँकना पुरुषों के लिए भी अनिवार्य होना चाहिए। मनुष्य की हिंसा के कारण जब मनुष्य ही खुद को छिपाकर रखना चाहता है, तब उस युग को बिना किसी दुविधा के 'अंधकार युग' कहा जा सकता है। अँधेरा छँट जाने पर मनुष्य ही मनुष्य का दोस्त होता है। पुरुष और स्त्री के साहचर्य से जीवन सुंदर और प्रेमपूर्ण हो उठता है। और तब जिस प्रकार पुरुष के सर्वांग के लिए पर्दे की ज़रूरत नहीं होती, वैसे ही स्त्री के लिए भी नहीं रह जाती।

यह अरब देशों की बर्बरता का युग नहीं है। अँधेरा छँट गया है। विज्ञान के आलोकित युग में सभ्यता के शीर्ष पर मनुष्य आगे बढ़ रहा है। अब मनुष्य का बेवजह ढँके-तुपे रहना उचित नहीं। पर्दा करने यानी ढँकने का अर्थ है शरीर के प्रति जागरूकता, सचेतनता, सतर्कता और शरीर को आकर्षक बनाना। शरीर से कहीं ज़्यादा महत्त्वपूर्ण आदमी का कामकाज और ज़रूरी है—अंग-प्रत्यंग से झलकता व्यक्तित्व।

ग़ैर मर्द में यदि बुरी प्रवृत्तियाँ रहें तो पर्दा करके उसे रोका नहीं जा सकता। इन प्रवृत्तियों को दूर करने के लिए दूसरे तरीके अपनाने होंगे। पर्दा प्रथा से दुनिया में कहीं भी अपहरण, बलात्कार और नारी हत्या नहीं रोकी जा सकी है। पुरुष के यौन उन्माद का सारा दायित्व स्त्री को ही वहन करना होगा। नारी-शरीर में धारण करना होगा धार्मिक वस्त्रादि, जो मनुष्य के कल्याण के लिए बनी कोई आधुनिक व्यवस्था नहीं है।

तिरमीजी हदीस शरीफ़ में लिखा है, "स्त्री-जाति एक गोपनीय वस्तु है। जब वह पर्दे के बाहर आती है तो शैतान उसे पुरुष की नज़रों में मनोमुग्धकारी रूप में दिखाता है।"

स्त्री-जाति भी मनुष्य है। जैसे पुरुष मनुष्य है, वैसे ही। स्त्री यदि मुग्ध करने वाली होती है तो उसे मनोमुग्धकारी रूप में दिखाने के लिए शैतान की ज़रूरत नहीं होती। पुरुष में यदि चरित्रदोष है तो स्त्री का पर्दा रहे या न रहे, वह स्त्री पर हमला करेगा-ही-करेगा। दोष पुरुष का ही है, शैतान का नहीं। दोषी पुरुष का कोई अधिकार नहीं बनता कि वह स्त्री की बेपर्दगी पर हाय-हाय करे।

मनुष्य के शिक्षित न होने पर, समाज और राष्ट्र के सुसंस्कृत न होने पर कुचक्री, दकियानूस और कट्टरपंथी धर्म के नाम पर मनुष्य को सिर्फ़ पीछे धकेलते जाएँगे।

आगे नहीं। मनुष्य सभ्य हुआ है, वस्त्र का प्रयोग कर रहा है। इसी वस्त्र के अच्छे और बुरे दोनों तरह के प्रभाव होते हैं। अतिरिक्त और बेदजह कोई भी प्रयोग हितकारी नहीं होता। एक तरफ बढ़ने पर दूसरी तरफ़ घटता जाता है। एक तरफ़ यदि वस्त्र की अधिकता होगी तो दूसरी तरफ़ वस्त्रहीनता। एक तरफ़ अगर अनाज की प्रचुरता है तो दूसरी तरफ़ भूख। एक तरफ़ भव्य इमारत है तो दूसरी तरफ़ झोंपड़पट्टी, शरणार्थियों से भरे प्लेटफार्म और फुटपाथ।

वैषम्य बढ़ा है। इसलिए क्योंकि धर्म में वैषम्य है। समाज और राष्ट्र-व्यवस्था इस वैपम्य के विरुद्ध कुछ नहीं कहते। अगर अन्याय की जड़ में पानी डाला जाएगा तो कोई ताकत नहीं कि वह मर जाए।

17

1. झोंपड़पट्टी की लड़की है वह। उम्र से ज़्यादा बड़ी लगती है। पता नहीं क्यों, दुगुनी उम्र के एक आदमी ने लड़की को पहले एक झटके से खींचा। फिर गर्दन पकड़कर धक्का मारा। वह झोंपड़ी की दीवार पर मुँह के बल जा गिरी। गिरते ही तुरंत उसकी कमर पर दो लात पड़े। फिर झोंटा पकड़कर उसे घर के अंदर ले गया वह आदमी। यह उसका पति था।

उस घटना को देखकर मैं हैरान नहीं हुई। इसलिए नहीं हुई क्योंकि एक चिकित्सक के नाते और देश की प्रथम श्रेणी की नागरिक होने के बावजूद क्या मैं इस तरह से उत्पीड़ित नहीं होती हूँ? गर्दन पकड़कर मुझे भी धकेल दिया जाता है, मैं भी औंधे मुँह जा गिरती हूँ, मेरा भी माथा फूटकर खून बहता है। सरकारी काग़ज़ों के मुताबिक मैं प्रथम श्रेणी की एक मुलाज़िम हूँ। पर इससे क्या होता है, मैं हूँ तो एक लड़की ही न!

झोंपड़पट्टी की इस लड़की के लिए जो विवाह-कानून है, वही मेरे लिए भी है। उस लड़की का पति जिस प्रकार जब मन चाहे 'तलाक-तलाक' कह सकता है, उसी प्रकार मेरे पति के साथ भी यह सहूलियत है। मेरा शौहर भी एक-एक कर घर में चार बीवियाँ रखने के मजहबी कानून के तहत यह शौक़ पूरा कर सकता है।

मैं नहीं कर सकती। बस्ती की वह लड़की जिस तरह एक जून खाना पाने के लिए और साल भर बदन ढँकने के लिए दो कपड़ों की ख़ातिर मिट्टी से चिपकी रहती है, बच्चों को कीट-पतंगों की तरह बढ़ने देती है, मैं भी उससे अलग कहा हूँ? मुझमें समाज की लाज है, मध्यम वर्गीय संस्कार है। मैं भी दाँत-से-दाँत दबाये परिवार नामक कुछ बर्तनों और खाट-अलमारी के दायरे में पड़ी रहती हूँ।

बस्ती की उस लड़की का डर से नीला पड़ गया चेहरा देखकर मैं भी तकलीफ़ से नीली पड़ गई। मेरी कमर पर भी आ पड़े मर्दों द्वारा बनाए गए कानूनी लात। मेरे और किसी संपन्न लड़की के बीच, शिक्षित और अशिक्षित के बीच, बस्ती की उस लड़की और मेरे बीच कोई बुनियादी फ़र्क़ नहीं है।

शौहर या पति का अर्थ है प्रभु। किसी भी स्तर की लड़की के लिए पति उसका प्रभु है। उसकी अर्धांगिनी होने पर भी पति उसका अर्धांग नहीं है। शब्दकोश में 'अर्धांगिनी', 'सहधर्मिणी' जैसे शब्दों का कोई पुंलिंग शब्द नहीं है। इंग्लैड के एक बुद्धिजीवी स्टुअर्ट मिल (1806-73) ने अपनी 'द सबजेक्शन ऑफ़ वुमेन' (1869) नामक पुस्तक में लिखा है, "आज के युग में विवाह ही एकमात्र ऐसा क्षेत्र है जहाँ दास-प्रथा अब भी मौजूद है। हमारे विवाह-कानून के माध्यम से पुरुषगण एक मनुष्य के ऊपर पूरा अधिकार प्राप्त करते हैं। हासिल करते हैं मालिकाना हक़ और हुकूमत। हासिल करते हैं तलाक और बहुविवाह जैसी अश्लीलता की पूरी छूट।"

2. पितृकुल में जन्म लेकर जिन्हें ससुरकुल में जीवन बिताना है, उत्तराधिकार सूत्र से यदि उन्हें संपत्ति का हिस्सा मिले तो दोनों ओर का हिस्सा पाकर उनका प्राप्य कहीं ज्यादा हो जाएगा; इसलिए आपत्ति की जाती है। नतीज़तन दोनों ही जगहों पर उनका दावा नहीं टिकता। उनकी हालत तो ऐसी होती है जैसे धोबी का कुत्ता न घर का, न घाट का।

'मैत्रेयिणी संहिता' (4.6.4) में कहा गया है, "कन्या के जन्म लेने पर सभी हेय दृष्टि से देखते हैं, वह अवहेलना की पात्रा है। लेकिन पुत्र अवहेलित होने की वस्तु नहीं। इसीलिए कन्या को उत्तराधिकार प्राप्त नहीं है, पुत्र को है। बेटी पराये घर जाती है इसलिए वह तुच्छ है, अकिंचन है।"

'तैन्तेरीय संहिता' (6.5.8.27) में कहा गया है, "नारी द्वारा ग्राह्य हो रहा है यह सोम जिसे सह नहीं पाये। इसलिए घृत को बज्राघात से मारे। जब वह शक्तिहीन हुआ तब उन्होंने ग्रहण किया। इसीलिए नारी 'निरीन्द्रिय' अर्थात् शक्तिहीना हैं, वे निम्न स्तर से भी निम्न हैं इसलिए वे उत्तराधिकार हीन भी हैं यानी किसी अधिकार के अयोग्य हैं।"

आचार्यों के मतानुसार, "कन्या का दान-विक्रय-त्याग किया जा सकता है लेकिन पुत्र का दान-विक्रय-त्याग नहीं किया जा सकता। इसीलिए पुत्र उत्तराधिकारी बन सकता है, पुत्री नहीं।

बांग्लादेश मुस्लिम पारिवारिक क़ानून 1961 (जिसे मज़हबी क़ानून के तौर पर लागू किया गया है) के अनुसार एक लड़की को पिता की संपत्ति का जो अंश प्राप्त होता है, वह पुत्र को प्राप्त होने वाली संपत्ति का आधा होता है। एक ही माता-पिता की संतानों में यदि कानून में ऐसी विषमता हो तो जीवन के हर क्षेत्र में वैषम्य का होना अस्वाभाविक नहीं है।

पति की संपत्ति में से स्त्री के लिए 1/8 अंश प्राप्य है, संतान की संपत्ति में 1/6 अंश और पिता की संपत्ति में बेटी होने के नाते बेटे का आधा। जो लोग कहते हैं कि लड़कियों को पिता और पति दोनों की संपत्ति प्राप्त होने से अधिक लाभ होगा, वे ग़लत कहते हैं। क्योंकि एक परिवार में यदि माँ, दो पुत्र और दो पुत्रियाँ हैं तो माँ को पूरी संपत्ति का 1/8 अंश प्राप्त होता है। यानी सोलह आने में दो आना। बाक़ी बचे चौदह आने को तीन हिस्से में बाँटा जाता है क्योंकि दो भाइयों के दो हिस्से और दो बहनों का एक हिस्सा। प्रत्येक भाई को 4/6 आने और प्रत्येक बहन को 2-3 आने इसके बाद एक बहन को उसके पति की संपत्ति में से दो आना मिलने पर भी किसी भी तरह उसकी संपत्ति उसके भाई के बराबर नहीं होती।

इस देश में लड़कियों द्वारा संपत्ति का हिस्सा माँगने को अच्छी नज़र से नहीं देखा जाता। अंततः यह होता है कि पिता, पति, पुत्र किसी भी संपत्ति से नारी प्रतिष्ठित नहीं हो पाती।

पिता के घर रहते हुए पति के घर जाने के लिए निरंतर प्रशिक्षण चलता रहता है। और पति के घर पर पति के मुँह से एक शब्द के तीन बार उच्चरित होते ही उसका घर टूट जाता है। उसके लिए माता और पति दोनों में से किसी का भी घर विश्वास योग्य नहीं है। जन्म के बाद से ही इस विसर्जित जीवन में नारी को न तो समान उत्तराधिकार प्राप्त होता है और न ही विवाह-कानून में सामाजिक समता।

अर्थनीति के सभी क्षेत्रों में नारी का पूरा-पूरा योगदान होने के बावजूद परिवार, समाज और राष्ट्रीय जीवन में नारी को दूसरे दर्ज़े के नागरिक के रूप में दर्ज़ किए जाने का मुख्य कारण है—संपत्ति में नारी के अधिकार की विषमता। जो भी थोड़ा-बहुत अधिकार है उसे सामाजिक संस्कारों की अड़चन के क़ारण अर्जित करना कठिन है, और समान अधिकार प्राप्त होने पर भी नारी को समाज की इस स्थिति में अपनी संपत्ति ग्रहण करने एवं उसका उपयोग करने में कहाँ तक सहूलियत मिलेगी, मिलेगी भी या नहीं, इस बात में पर्याप्त संदेह है।

18

1. सत्यजित राय की जितनी भी फ़िल्में मैंने देखी हैं उनमें 'पथेर पांचाली' जैसी अच्छी कोई भी नहीं लगी। हालाँकि सत्यजित राय का कहना है कि इस फ़िल्म में अनेक तकनीकी खामियाँ रह गयी हैं और बाद की फ़िल्मों में अपनी इन त्रुटियों को उन्होंने सुधार लिया है। फिर भी यह फ़िल्म मुझे आकर्षित करती है। मैं 'पथेर पांचाली' फ़िल्म को बार-बार देखती हूँ। भारतीय सिनेमा में सत्यजित राय के अलावा और

भी कुछ फ़िल्मकार हैं जिनका काम मुझे मुग्ध करता है, आलोड़ित एवं उद्वेलित करता है। उनमें श्याम बेनेगल, रवीन्द्र धर्मराज, मुजफ्फर अली, मृणाल सेन, गौतम घोष, गोविंद निहालानी, उत्पलेंदु चक्रवर्ती, ऋत्विक घटक, बुद्धदेव दासगुप्त, गिरीश कासरवल्ली, अदुर गोपालकृष्णन और गिरीश कार्नाड हैं।

शूद्रक रचित संस्कृत नाटक 'मृच्छकटिकम्' के आधार पर गिरीश कार्नाड ने 'उत्सव' नामक एक फ़िल्म का निर्माण किया है। प्राचीन संस्कृत साहित्य में स्त्री को प्रेम के वातावरण के अलावा अन्य किसी भी तरह से नहीं देखा गया। वह भी एक स्वतंत्र सत्ता है, पारिवारिक भूमिका के अलावा वह भी एक नागरिक है, उसमें भी अपने सुख-दुख, स्वप्न और व्यर्थता का बोध हो सकता है—संस्कृत-साहित्य में यह चेतना ही नहीं है। लेकिन शूद्रक (यद्यपि 'मृच्छकटिकम्' के रचयिता शूद्रक ही हैं या नहीं, इस बात को लेकर मतभेद है, वसंतसेना के चरित्र में एक अन्य उद्भावना भी करते हैं—वह सिर्फ़ प्रेमिका नहीं है, वह प्रभु नागरिक, गृहस्वामिनी और सखी भी है। अन्य प्राचीन साहित्य में प्रेमिका के अलावा दूसरी भूमिकाओं में भी नारी को देखा जाता है, जैसे ग्रीक नाटकों में। लेकिन यह बात भी सही है कि चाहे अन्य किसी भूमिका में ही नारी क्यों न आयी हो, वह पुरुष की परिकल्पना से पूर्वनिरूपित एक दायरा भर है। और उसी दायरे में स्त्री का संचरण है। संस्कृत साहित्य में पहले ही एकमात्र वातावरण के अंतर्गत गुप्त प्रणय, दूती, संकेतस्थल और अंतःपुर के कुंज-कानन में उसका विचरण है। लेकिन 'मृच्छकटिकम् नाटक में नारी सत्ता को अन्य दिशा की भी स्वीकृति मिली है, सिर्फ़ कायाकेंद्रित नायिका की यांत्रिक भूमिका में, महज़ उपयोग वस्तु के रूप में वह दिखाई नहीं देती।

गिरीश कार्नाड ने 'उत्सव' के अंतिम दृश्य में दिखाया है कि नायिका वसंतसेना पुनः अपनी गणिका वृत्ति में वापस लौट जाती है। दुश्चरित्र संस्थानक को अपने द्वार पर गिर जाने पर वसंतसेना उठाकर उसे अपने घर ले जाती है। लेकिन 'मृच्छकटिकम्' नाटक में तो एक राजा वसंतसेना के साथ विवाह करता है। गिरीश कार्नाड ने मूल नाटक के अंश में परिवर्तन क्यों किया है, पता नहीं। शायद इस वज़ह से कि किसी गणिका से एक राजा का विवाह होने के बजाय पुरानी गणिकावृत्ति में उसका लौट जाना ज़्यादा तर्कसंगत है। सामान्यतः जैसा घटता है, गिरीश कार्नाड ने वैसा ही किया। गणिका वसंतसेना को समाज में ऊपर उठाया। लेकिन जिस सामाजिक परिवेश में 'मृच्छकटिकम्' रचा गया था, उसमें नागरी के रूप-गुण और वैभवसंपन्न वसंतसेना से राजा आर्यकर का विवाह करना कोई अस्वाभाविक घटना नहीं थी। प्रसिद्ध नाटककार-फ़िल्मकार गिरीश कार्नाड ने वसंतसेना की सामाजिक अवस्था में कोई प्रगति न दिखाकर सुधीजनों से वाहवाही ज़रूर पायी है, लेकिन मैं समझती हूँ नाटक के प्रति गिरीश कार्नाड को विश्वस्त रहना ज़रूरी था।

2. 'संसारी' होने से तात्पर्य है गार्हस्थ्य कर्म करना, सांसारिक धर्म का पालन

करना। यह काम पुरुष कभी पूरा नहीं करता। घर सँभालती है नारी। एक नारी एक पुरुष का घर सँभालती है। यानी साथ निभाती है। लेकिन एक पुरुष कभी एक नारी का साथ नहीं निभाता।

पुरुष हालाँकि नारी की ही तरह घर में खाता-पीता और सोता है। लेकिन 'गृहस्थी चलाने' जैसी बात नारी के साथ ही बँधी हुई है। हमारे शब्दकोशों में नारी को नीचा दिखाने की प्रवृत्ति प्रचलित है। 'शादी' नामक घटना पुरुष और नारी दोनों के जीवन में ही घटित होती है। दोनों ही एक नये जीवन में प्रवेश करते हैं। लेकिन उस घटना में दोनों के लिए व्यवहृत होने वाले क्रिया पद भिन्न हैं। लड़की 'शादी के लिए बैठती है', लड़का 'शादी करता है।' यानी जो बैठता है, वह निष्क्रिय है और जो करता है, वह 'कर्ता' है। इसलिए 'गृहकर्ता' शब्द पुरुष के लिए है। और गृहस्थी सँभालना शब्द से खाना पकाना, घर-बार सँवारना, धूल साफ़ करना, बच्चे पालना वगैरह का बोध होता है। किसी भी तरह का कोई तर्क किये बिना ये काम स्त्रियों के ज़िम्मे सौंप दिये गये हैं। चाहे कोई स्त्री आर्थिक दृष्टि से स्वावलंबी हो या ज्ञान, बुद्धि विद्या, व्यक्तित्व में पुरुष से ज़्यादा क्यों न हो? इस धरती पर पुरुष ने अपनी स्वार्थ सिद्धि के लिए कुछ 'कथन' तैयार किए हैं। उनमें से कुछ को 'धर्म' और कुछ को 'नियम' का रूप दे दिया गया है।

3. पिछले 28 मार्च को देश के दैनिक अख़बारों में बांग्लादेश सरकार की ओर से एक ज़रूरी विज्ञप्ति छपायी गयी थी। विज्ञप्ति इस प्रकार थी, ''महिलाओं के सामाजिक और धार्मिक मूल्यबोध का प्रवाह जारी रखने के लिए बांग्लादेश में बनने वाली सभी साड़ियों की चौड़ाई 1.22 मीटर (48 इंच) और लंबाई 5.54 मीटर (6 गज़) होनी चाहिए, सभी उत्पादकों को सात दिनों के अंदर इसी नाप को सुनिश्चित करना होगा। इस आदेश का उल्लंघन करने वाले व्यक्तियों को उपयुक्त दंड दिया जाएगा।''

इससे यह मानना पड़ेगा कि इतने दिनों तक महिलाओं का धार्मिक और सामाजिक मूल्यबोध प्रवाहित नहीं था। इसलिए साड़ी की चौड़ाई बढ़ाकर उस मूल्यबोध को बनाये रखा जाएगा। एक स्त्री किस नाप की, कैसे प्रिंट की साड़ी पहनेगी, यह उसकी व्यक्तिगत ज़रूरत, रुचि और आर्थिक सामर्थ्य पर निर्भर करता है। इस तरह सरकार द्वारा इंच-टेप लेकर धर्म के नाप पर नाप-तोल तय करना अशोभन तो है ही, अवैध भी है। उत्पादक बाज़ार की माँग के अनुसार विभिन्न माप की साड़ियाँ बनाते हैं। मैं खुद बारह हाथ से कम नाप की साड़ी नहीं पहन सकती। इसका मतलब यह नहीं है कि मैं किसी धार्मिक मूल्यबोध के वशीभूत होकर बारह हाथ की साड़ी पहनती हूँ। यह तो मेरी अपनी पसंदगी की बात है। ठीक इसी तरह गाँव की तथा शहर की ग़रीब परिवार की स्त्रियाँ जो घर और बाहर दोनों जगह परिश्रम करती हैं साड़ी को एक बार लपेटकर पहनती हैं। उनके लिए बारह हाथ की साड़ी न सुविधाजनक होगी, न अपनाने लायक। वे महिलाएँ दस हाथ की साड़ी में ही स्वयं

को ज्यादा सुविधाजनक महसूस करती हैं।

इस दरिद्र देश में अधिकांश नारियाँ एक साड़ी के तीन टुकड़े करके पहनती हैं। कोई-कोई तो भीगी हुई साड़ी को बदन पर ही सुखाती हैं। कोई घर-घर जाकर फटे-पुराने कपड़ों की भीख माँगती हैं ताकि लज्जा का निवारण कर सकें। उनके लिए साड़ी 45" और 48" अरज की है या 5 मीटर और 5.54 मीटर की, कोई अंतर नहीं पड़ता।

आख़िरकार सरकार ने धर्म को लड़कियों की साड़ी की लंबाई और चौड़ाई के बीच लाकर खड़ा किया है। इस तरह सरकार स्वयं धर्म को सबसे अधिक अपदस्थ कर रही है।

19

दुनिया में पाकिस्तान नामक एक राष्ट्र है। यहाँ पाकिस्तान की भौगोलिक सीमा, क्षेत्रफल, व्यास, परिवेश, जनसंख्या, जलवायु आदि मेरे लिखने की विषयवस्तु नहीं है। मेरा विषय सरकार द्वारा बनाये कुछ कानून और अध्यादेश हैं। जिसके जरिये पाकिस्तान की महिलाओं को दूसरी श्रेणी के नागरिक का दर्ज़ा दिया गया है।

सन् 1979 की 22 फरवरी को पाकिरतान में हुदूद अध्यादेश लाया गया। इस अध्यादेश में चोरी, नशाखोरी, व्यभिचार, बलात्कार और झूठी गवाही आदि अपराधों को शामिल किया गया। प्रचलित ब्रिटिश कानून के मुताबिक व्यभिचार मनुष्य का 'व्यक्तिगत अपराध' है, लेकिन इस अध्यादेश के कारण व्यभिचार को 'राष्ट्र के विरुद्ध अपराध' के बतौर गिना जाता है।

व्यभिचार, विवाहपूर्ण यौन अपराध, बलात्कार और पतिता वृत्ति को 'जेना' कहा जाता है। यानी परस्पर वैवाहिक संबंध न होने के बावजूद नर-नारी के बीच यौन संबंध घटित होने पर 'जेना' होता है। यह अध्यादेश व्यभिचार और यौन अपराध के बीच कोई अंतर नहीं करता।

जेना का सबसे बड़ा दंड 'हद' है। विवाहित व्यक्ति के लिए पत्थर मार-मारकर मौत मृत्यु और अविवाहितों के लिए 'एक सौ बेंत'। 'हद' के लिए चार मुसलमान पुरुषों की गवाही जरूरी है। नारी या मुसलमान के अलावा किसी की गवाही के द्वारा 'हद' का दंड नहीं दिया जा सकता। बलात्कारी व्यक्ति को सज़ा देने के लिए चार मुसलमान पुरुषों की गवाही रखने का अर्थ है अपराधी की रक्षा करना और उसके शिकार व्यक्ति को न्याय दिलाने से वंचित करना।

यह बहुत ही अस्वाभाविक है कि कोई मर्द चार मर्दों के सामने बलात्कार करे और वे उसकी गवाही दें। चार स्त्रियों के सामने एक स्त्री के बलात्कार की घटना

घट सकती है लेकिन स्त्री की गवाही से सबसे कठिन सजा 'हद' लागू नहीं। इसलिए क़ानून नियम के अनुसार बलात्कारी व्यक्ति सज़ा से बच जाएगा।

नारी के गर्भधारण करने पर उस पर व्यभिचार का आरोप थोपा जाता है। लेकिन जिस पुरुष के द्वारा गर्भाधान होता है, वह बच निकलता है, जारज संतान को जन्म देने के जुर्म में नारी को बेंत की मार, जेल, जुर्माने वगैरह की सज़ा दी जाती है, लेकिन किसी पुरुष को जारज का जन्मदाता होने के अपराध में सज़ा नहीं दी जाती। क्योंकि गर्भधारण करने जैसा प्रत्यक्ष और स्पष्ट सबूत वहाँ नहीं मिल पाता।

यह हदूद अध्यादेश 'व्यभिचार' और 'बलात्कार' के बीच एक तरह की भ्रांति पैदा करता है। परिणामस्वरूप कोई स्त्री यदि आगे बढ़कर बलात्कार की शिकायत दर्ज़ कराए तो खुद ही व्यभिचार की सज़ा भोगेगी। और, बलात्कारी सबूत के अभाव में छूट जाएगा।

पाकिस्तान की 'इस्लामी' मतादर्श परिषद् ने सन् 1980 के दिसंबर महीने में 'किसास' और 'दियात' कानूनों की सूची पेश की है। चाहे या अनचाहे की गई हत्या, शारीरिक हानि और गर्भपात आदि के समस्त पहलुओं को इन क़ानूनों के अंतर्गत रखा गया है।

क़ानून के अनुच्छेद 25 (ख) में कहा गया है, क़ातिल-ए-ख़ता (अनचाहे किया गया खून) के अपराध की शिकार अगर औरत है तो उसे 'दियात' की सज़ा मिलेगी और यदि मर्द हुआ तो उसकी सज़ा आधी होगी। इस तरह शारीरिक क्षति के लिए सभी तरह की शारीरिक हानि के मामले में एक क्षतिग्रस्त विकलांग नारी को क्षतिपूर्ति पुरुष से आधी मिलेगी। दूसरी तरफ कोई औरत हत्या या क़त्ल या शारीरिक क्षति पहुँचाने जैसे जुर्म में अपराधी पायी जाए तो उसकी सज़ा एक मर्द के बराबर ही होगी।

क़ानून की नज़रों में एक शिक्षित और रोज़गारशुदा नारी एक अशिक्षित और बेरोज़गार पुरुष से कम मूल्यवान है।

'किसास' इस कानून का एक और अनुच्छेद है। इस अनुच्छेद की धारा-10 में किसास की सज़ा के लिए क़त्ल को प्रमाणित करने के लिए दो मुसलमानों मर्दों की गवाही की ज़रूरत पड़ती है। 'ताजिर' या कम सज़ा के लिए स्त्री की गवाही को स्वीकार किया जा सकता है। इस कानून के तहत नारी के सामने हत्या होने पर खूनी को सज़ा नहीं होती। दंडनीय अपराधों में ग़ैर-मुसलमानों की गवाही को स्वीकार नहीं किया जा सकता। इस तरह सर्वोच्च सज़ा के लिए किसी स्त्री या गैर मुसलमान की गवाही स्वीकार नहीं की जाती है। इस क़ानून की 96वीं और 97वीं धारा में, किसी भी परिस्थिति में, इस कत-ए-हमल (गर्भपात) को अवैध घोषित किया गया है। जिसकी सज़ा सात साल का कारावास है। जो गर्भपात कराता है और जो करता है, दोनों को सज़ा भुगतनी पड़ती है। दुनिया के दूसरे देशों में प्रचलित कठोर क़ानून भी किसी स्त्री को शारीरिक हानि होने की आशंका रहने पर गर्भपात का

समर्थन करते हैं। लेकिन पाकिस्तान का क़िसास क़ानून ऐसा नहीं करता। यह क़ानून बलात्कार की शिकार किसी स्त्री को भी नहीं बख़्शता।

सन् 1984 के 3 जून को एक और अध्यादेश जारी हुआ। दक्षिण पंजाब के नवाबपुर शहर की एक घटना के खिलाफ़ आंदोलन किए जाने के परिणामस्वरूप अपराध अध्यादेश नामक एक अध्यादेश बनाया गया। नवाबपुर के एक ज़मींदार ने अपनी लड़की के साथ प्रेम करने वाले एक मिस्त्री को उसके घर पर पीट-पीटकर मार डाला। मिस्त्री के घर पर मिस्त्री के कत्ल की गवाह स्त्रियों को नंगा करके घर से बाहर उसी हालत में रास्ते पर मार्च करने के लिए बाध्य किया गया।

ज़मींदार की इस क्रूरता के ख़िलाफ नारी संगठन द्वारा लंबे समय तक आंदोलन किए जाने पर इसके एक सप्ताह बाद अध्यादेश जारी किया गया। अध्यादेश में कहा गया कि स्त्री को मारने या उसके ख़िलाफ़ शक्ति-प्रयोग करने, उसे नग्न करने तथा उसी हालत में लोगों के सामने लाने की सज़ा होगी मौत या आजीवन कारावास। लेकिन नारी को घर के अंदर पीटने, नंगी करने, बलात्कार करने या हत्या करने पर यह अध्यादेश लागू नहीं होगा। यानी सिर्फ़ खुलेआम ऐसा करने पर ही यह आदेश लागू होगा।

सन् 1983 के 10 जून को जनरल जिया ने अंसारी कमीशन का गठन किया। कमीशन की रिपोर्ट के अनुसार राष्ट्रप्रमुख के कार्यालय को स्त्रियों के लिए प्रतिबंधित घोषित किया गया। द्वितीय अध्यादेश के पाँचवें अनुच्छेद में कहा गया है कि एक मर्द के लिए अमीर होना उचित है। लेकिन कमीशन के अनुसार, नारी का अमीर होना ग़ैर इस्लामिक है।

द्वितीय अध्याय के दूसरे अनुच्छेद की मजलिस-ए-सूरा (निर्वाचित परिषद्) महिलाओं की सदस्यता से संबंधित है। इसमें कहा गया है कि सूरा के सभी पुरुषों के लिए जिन योग्यताओं का होना ज़रूरी है, सभी स्त्रियों के लिए उन अनिवार्य योग्यताओं के अलावा यह भी ज़रूरी है कि उनकी उम्र पचास साल से कम न हो।

साथ ही पति के जीवित रहते उस स्त्री को सदस्यता के लिए पति की लिखित अनुमति की आवश्यकता होगी। इन शर्तों के पूरा होने के बाद ही कोई नारी साधारण सदस्य पद के निर्वाचन योग्य मानी जाएगी। इस कमीशन का उद्देश्य है नारी द्वारा स्वयं निर्णय लेने के अधिकार को अस्वीकार करना और पति-पत्नी के बीच परावलंबन को तरजीह देना।

पाकिस्तान नामक राष्ट्र इन क़ानूनों और अध्यादेशों को धारण कर अब तक धरती पर टिका हुआ है। हम लोग सुन रहे हैं, देख रहे हैं और घृणा से थूक भी रहे हैं। इससे उनको क्या फ़र्क पड़ता है। जो क़ानून बनते हैं और अध्यादेश जारी करते हैं, वे इतनी ऊँचाई पर बैठे लोग हैं कि आम लोगों के विरोध-प्रतिवाद की उन्हें रत्ती भर परवाह नहीं।

20

1. मैं बहुत अच्छी तरह जानती हूँ कि मनुष्य दरअसल बहुत अकेला होता है। वह एक देश, एक समाज, एक पड़ोसी और एक घर को साथ लेकर मिल-जुलकर, जी-जान से ज़िंदा रहने की कोशिश करता रहता है। क्योंकि, वह डरता है। दुनिया की सभी चीज़ों से डरता है। इसलिए पिता, पितामह, परपितामह की शृंखला से जकड़ा रहता है। संतान का हाथ जकड़कर रखता है। डरता है, कहीं वह दलच्युत न हो जाए। लेकिन एकांत मनुष्य बहुत अकेला है, इसलिए और ज्यादा अकेला होना नहीं चाहता।

जब मेरी उम्र दस साल थी, दाएँ हाथ में एक बेंत और बाएँ हाथ में अंग्रेजी ग्रामर की किताब लेकर मेरे पिता रोज मुझे पढ़ाने बैठाते थे। पिताजी बड़े जतन के साथ 'टेन्स' सिखाते थे। समझने में थोड़ी देर होते ही पीठ पर बेंत पड़ती थी—पटापट। रात में, बिस्तर पर पड़ी आधी रात तक मैं रोती रहती थी। और पिताजी को कितना सरापती थी। अब बीच-बीच में मेरी पीठ सहलाने की इच्छा होती है। उस बेंत के मिट चुके दाग़ का स्पर्श करके आशीर्वाद के स्वाद का आनंद लेने की इच्छा होती है। बचपन के उस डरावनी बेंत की एक-एक मार में कितना प्यार था, यह मैंने तब भले ही नहीं समझा था लेकिन आज अच्छी तरह समझ सकती हूँ। घर-बाहर सभी जगह मेरे पिता का काफ़ी रुतबा था, दिन में कम-से-कम बत्तीस बार पिताजी मुझसे कहते थे—'छात्रानाम्' अध्ययनम् तपः।' सर्दी हो, गर्मी हो या बरसात हो, भोर में उठकर पिताजी ठंडे पानी से स्नान करके चमचमाते जूते के साथ घर से निकल पड़ते थे। लौटने का कोई निश्चित वक़्त नहीं था। किसी-किसी दिन दोपहर में घुटने धूल में सनी, आँगन में मैं गोल-मोल घेरा बनाकर 'इक्का-दुक्का' खेलती रहती थी कि पिताजी अचानक दोपहर में आ टपकते और अपने जूते से 'इक्का-दुक्का' के निशान मिटाकर खेल बिगाड़ देते थे। किसी दिन रसोईघर में माँ के बग़ल में जाकर बैठने पर पिताजी डाँटकर उठा देते थे। अगर माँ यह कहती, "बैठकर खाना पकाना सीख रही है तो सीखे!" पिताजी आँखें लाल कर कहते—'छात्रानाम् अध्ययनम् तपः'। पढ़ाई-लिखाई के सिवाय खेल, नींद, अड्डेबाज़ी या घूमने की अनुमति मुझे नहीं मिलती थी। नहाने-खाने के अलावा बाक़ी समय पढ़ाई-लिखाई। यहाँ तक कि शौच के लिए भी पिताजी बहुत कम वक़्त बर्बाद करने की बात कहते थे। रात के समय पिताजी का अपना बनाया हुआ नियम चलता था। अपने गद्दे के नीचे बड़े जतन से रखी हुई बेंत ले आते थे और कहते थे—किताब ले आओ। पिताजी का बहुत प्रिय विषय था अंग्रेज़ी ग्रामर। पाठ याद न करने पर, कोई-कोई रात 'आधी रात' में बदल जाती थी। नींद से आँखें छोटी हो जाती थीं, शरीर ढीला पड़ने लगता था। फिर भी सोने की इज़ाज़त नहीं मिलती थी। किसी-किसी दिन जब बहुत अच्छी तरह पाठ दोहरा कर बोल पाती थी तो पिताजी अपने साथ खाना खिलाने बैठाते

थे। मछली या मांस का सबसे बड़ा टुकड़ा थाली में डाल देते थे। दूसरे दिन मुझे जल्दी छुट्टी मिल जाती थी।

अब पिताजी का वह पहले जैसा रुतबा नहीं रहा। वे नौकरी से सेवानिवृत्त हो चुके थे। चुपचाप अकेले कमरे में पड़े रहते हैं। पिताजी जैसे डरावने व्यक्ति भी बहुत अकेले पड़ गये हैं।

मेरी माँ अकेली है। किसी ने मेरी माँ को समझाया कि धर्म-कर्म में ध्यान देने पर अपार शांति मिलेगी। माँ इसी ग़लत धारणा के तहत आधी रात को तहाज्जुद की नमाज पढ़ती है। अंतिम प्रहर में झूम-झूमकर गाती हुई "फेबीआइ में आला-ए-राबुका" पढ़ती है। माँ भी बहुत अकेली है।

मेरी एक प्यारी-सी छोटी बहन थी। वह जब भी कुछ कहती थी, सारा घर हँस पड़ता था। वह जब भी डोलती-थिरकती थी, सारा घर 'रिन-रिन' कर बज उठता था। वह इतना सुंदर गाना गाती थी कि ऐसा कोई दिन नहीं जब उसका गाना सुनकर मेरी आँखों से आँसू न टपका हो। मेरी उस बहन के लिए बड़े-बड़े घरों से रिश्ते आते थे। लेकिन पिताजी तैयार नहीं होते थे, कहते–"**छात्रानाम् अध्ययनम् तपः।**"

लेकिन अब मेरी वह बहन गाना नहीं गाती। मेरी वह सुंदर बहन अब बड़े जतन से कपड़े तहाती रहती है, धूप में बड़ियाँ सुखाती है। दिन भर खाना पकाती है। शाम होते ही कानों में सोने के गहने डाल पति के साथ बाहर घूमने जाती है। फिर भी मेरी बहन बहुत अकेली है।

मैं भी अब बचपन की तरह टेंस की गलतियाँ नहीं करती। मुझे बहुत लिखना पड़ता है, फिर इसे पढ़ते-पढ़ते रात पार हो जाती है। बचपन की तरह अब आँखों में नींद उमड़कर नहीं आती।

पिताजी कहते थे, 'बड़े बनो'। जितनी ही बड़ी होती जाती, पिताजी कहते और बड़े बनो। 'और बड़ा' मैं बन नहीं पाई। साल में दो बार (त्योहार के समय) पिताजी के सामने खड़े होने पर अब तक पिताजी 'और बड़ा' बनने को कहते हैं। मैं और बड़ा नहीं बन पाऊँगी, जानती हूँ। फिर भी पिताजी के पहले वाले रोबदार चेहरे के सामने खड़े होने पर मैं भी नरम पड़ जाती हूँ। कहती हूँ, 'बनूँगी।' और कब बनूँगी। 'तस्वीह' फेरते-फेरते माँ की उँगलियों में छाले पड़ गये हैं। माँ मुझे देखते ही सीने से लगाकर कहती है, "तुम जहाँ रहती हो, सुखी तो हो न?" यह सुनकर मुझे ज़ोर से रुलाई आती है। मन-ही-मन कहती हूँ, सभी सुखी नहीं होते माँ! आँसू छिपाते हुए मैं इस तरह ज़ोर से हँस पड़ती हूँ कि माँ कुछ समझ नहीं पाती। अगर समझ जाए तब तो ख़ैर नहीं! सारी रात सो नहीं पाएगी और तरह-तरह की नमाजें पढ़ती रहेगी।

2. इस समाज में लड़कियों को ज़िंदा रहने के लिए एक मर्द की ज़रूरत पड़ती है। कुछ लतरें ऐसी होती हैं जो दूसरे पेड़ का सहारा लेकर ज़िंदा रहती हैं। कुछ

कमज़ोर पौधों को बाँस के टुकड़ों के सहारे खड़ा रखना पड़ता है। हमारा समाज लड़कियों को ऐसी ही लतरों या कमज़ोर पौधों की तरह समझता है, जो आश्रय या सहारे के बिना ज़िंदा नहीं रह सकतीं।

दरअसल ज़िंदा तो रह सकती हैं। ये पौधे भी पीपल की तरह बढ़ सकते हैं। लेकिन मिट्टी नहीं है। वैसी उर्वर मिट्टी नहीं है जिसमें मनचाहे ढंग से बढ़ा जा सके। जो मिट्टी है भी, उसमें कंकड़-पत्थर ही ज़्यादा हैं, पानी नहीं है खाद नहीं है, इसलिए इसमें पौधे बड़े नहीं होते।

इसी तरह मैं भी नहीं बढ़ पा रही हूँ। मुझे अपने चारों ओर खींचे हुए इस छोटे-से दायरे के अंदर रह-रहकर ऐसी घुटन-सी होने लगती है कि पूरे शहर में सात चक्कर लगाने के बावजूद यह शहर एक छोटी-सी माचिस की डिबिया की तरह लगने लगता है, और कभी-कभी यह देश भी।

मेरे एक ममेरे भाई ने जेल से चिट्ठी लिखी है, वह वहाँ अच्छा है। इधर मेरे चारों तरफ़ कोई दीवार नहीं है, फिर भी मैं एक अदृश्य दीवार का अनुभव करती हूँ। जब मैं घर से बाहर निकलती हूँ, तब मैं कितनी भी दूर चली जाती हूँ। मैं भला कितनी दूर जा भी सकती हूँ, इसकी एक सामाजिक दीवार मेरे चारों तरफ़ रहती है। यह दीवार जेल की दीवार से बहुत ऊँची है। जेल के क़ैदी उन दीवारों को फाँदकर भाग सकते हैं। लेकिन मैं अपनी सामाजिक दीवार को उलँघ कर कहीं नहीं जा सकती।

बीच-बीच में इच्छा होती है कि इस दीवार की जाँच-परख करूँ। देखूँ कि यह अवैध लोहे और अश्लील कंकड़ों से कितनी मजबूत हुई है। एक बार देखने की इच्छा होती है कि यह टूटती भी है, या नहीं। दुनिया की हर चीज़ टूटती ही है। सारे नियम बदलते हैं।

दूर स्थित एक शहर में मेरे पिता मेरी चिंता में रात भर सो नहीं पाते। माँ मेरे छोटे-से कमरे को बड़े जतन से सँवार कर रखती है और रोती रहती है। ब्रह्मपुत्र के तट पर जिस बहन के साथ जीवन का बहुत लंबा समय बीता है, वह भी छिप-छिपकर आँसू बहाती रहती है।

आँसू इसलिए बहाती है, क्योंकि वे यह नहीं समझ पातीं कि मैं इतनी अकेली क्यों हूँ या कि इतने दुख क्यों झेल रही हूँ! मैं कहती हूँ, क्या कोई भी बात पहले से तय रहती है। मेरे मामा जी ने जब अपने बेटे को बड़ी उम्मीद के साथ कॉलेज में दाख़िल कराया था, तब क्या उन्हें मालूम था कि कॉलेज पास करने से पहले ही बेटे को आजीवन कारावास हो जाएगा?

3. जीवन के अधिकांश समय में लड़कियों के अभिभावक बदलते रहते हैं। इसके बाद भी लड़कियों का एक दूसरा जीवन रहता है, जहाँ उसका और कोई नहीं। वह अकेली है। धर्म उसके विरुद्ध है, पुरुष-तंत्र की सभी नियमावलियाँ उसके विरुद्ध हैं, वह अकेली है। वह निरंतर एक विपरीत परिवेश में अमानविक जीवनयापन को

नीति और नियति समझकर मान लेती है।

असल में वह अकेली है। वह खुद के साथ युद्ध करके ज़िंदा रहती है। कुछ लड़कियाँ इस एकाकीपन का अनुभव करती हैं, और कुछ तो यह भी नहीं कर पातीं।

21

शारीरिक सौंदर्य मुझे भी कभी आकर्षित नहीं करता। मैं समझती हूँ एक लड़की का सौंदर्य उसके व्यक्तित्व में है। फिर भी मैं उस लड़की को एकटक निहारती रही। लंबी, त्वचा बेहद मुलायम और गोरी कि लगता है, उँगली से छूते ही खून जम जाएगा। काली गहरी आँखें पान के पत्ते जैसी कोमल। उसकी चोटी देखकर अंदाज़ लगाया कि वह आज की गूँथी हुई नहीं है, कल की बँधी होगी। वह नीले रंग की सूती साड़ी पहनी हुई थी। मेरे इस तरह एकटक निहारते रहने से वह लड़की ज़रा हिचकिचा रही थी। बोली, "कई दिनों से सोच रही थी, आपके पास आऊँगी।"

मैंने उसे बैठने के लिए कहा। वह लड़की अपना पर्स टेबुल पर रखते हुए बैठ गई। बोली, "मुझे कुछ कहना है।" जितनी ही बार उसकी आँखें मेरी आँखों से मिलतीं वह आँखें झुका लेती। कहाँ से वह अपनी बात शुरू करे, समझ नहीं पा रही है। यह देखकर मैंने ही उसे सहज करने के लिहाज़ से पूछा, मुझे मालूम है कि कुछ आंतरिक जिज्ञासाएँ मनुष्य को जल्दी से क़रीब लाने में सहायता करती हैं।

आपका नाम ही तो अभी तक नहीं जान पाई। "क्या नाम है आपका?"

"नीता!"

"बचपन कहाँ बीता?"

"नेत्र कोना में।"

वाह! आप तो अपनी ही हैं। मेरा घर भी मयमनसिंह में है। "क्या आपकी पढ़ाई-लिखाई भी वहीं हुई है?"

"हाँ!"

"एस. एस. सी. किस साल में किया?"

"अस्सी में!"

लड़की की उम्र पच्चीस वर्ष है। फिर मेरी नज़र उसके उलझे हुए बाल और साड़ी पर गई। किशोरावस्था का प्रसंग आदमी को बड़ा नरम कर देता है। नेत्र कोना शहर, शहर के स्कूल-कॉलेज, प्रेस क्लब, पार्क, नदी, मैदान जैसा मैंने कभी देखा था, वैसी ही चर्चा करने लगी। वह लड़की भी धीरे-धीरे अपने बचपन में लौट आई। माँ-बाप की गोद से घर के आँगन में क़दम रखा। मैंने जिस मैदान को देखा था,

उसके बारे में बातें हुईं। जहाँ नीता पूरी शाम गोल्लछूट (एक तरह का खेल) खेलती थी। मैंने उस नदी की चर्चा की, जिस रास्ते से होकर नीता बालों में स्कार्फ बाँधे स्कूल जाया करती थी। अब नीता मेरी आँखों में देखकर बात कर पा रही है।

"फिर?"

"फिर शादी के बाद ढाका चली आयी।"

"यहाँ कितने दिनों से हो?"

"पाँच सालों से।"

"पति क्या करते हैं?"

"बी. ए. डी. सी. में नौकरी करते हैं।"

मैं समझ गई कि कोई आर्थिक संकट नहीं है। पति जो कमाता है और उस कमाई से पत्नी को जो दान करता है, उससे खाने-पीने और पहनने-ओढ़ने में कोई असुविधा नहीं होती। उसकी समस्या कुछ और है।

अचानक उस लड़की ने कहा, "मैं चलती हूँ। फिर एक दिन आऊँगी।"

दूसरे दिन दरवाज़े पर फिर दस्तक हुई। नीता आई थी। आँखें देखकर समझ गई की उन आँखों से काफ़ी आँसू बह चुके हैं। वह पंद्रह मिनट तक चुप रहने के बाद बोली, "मुझे पेट-दर्द होता रहता है।"

"पेट में कहाँ?"

उसने दाहिने हाथ से पेट का निचला हिस्सा दिखाया।

"कब से है यह दर्द?"

"काफ़ी दिनों से।"

"दर्द कब होता है?"

"रात में।"

"दिन में नहीं होता?"

"हाँ, कभी-कभी दिन में भी होता है।"

मैंने लड़की को लेटने के लिए कहा। पेट दबाया। रोगी के दर्द की बात कहने पर भी डॉक्टर को अपनी जाँच के अलावा उनकी बातों पर यकीन नहीं करना चाहिए।

असल में नीता को कोई पेट-दर्द नहीं है।

मैंने पूछा, "तुम्हें और क्या-क्या परेशानी है?"

नीता ने कहा, "बस यही दर्द!"

पूछा, "नींद नहीं आती है?"

"नहीं!"

मैंने नींद की कुछ दवा लिख दी। नीता चली गई। दूसरे दिन फिर आई। बोली, "दर्द है।" इसी तरह वह हर शाम आने लगी। आकर कहती, "दर्द है।" मैं समझ गई नीता का दर्द उसके शरीर में नहीं, कहीं और है। मैंने उसे चाय पीने को कहा।

नेत्र कोन की चर्चा की। नीता के उदास चेहरे को देखकर मुझे बहुत दया आ रही थी। नीता कुछ कहना चाहती है। दर्द नहीं है, लेकिन रोज़ कहती है बहुत दर्द है, रात में सो नहीं पाती। यह उसके मन का रोग है।

नीता इस तरह बोलती है, ऐसे देखती है, मानो उसके साथ कहीं कुछ अच्छा लगने जैसी बात ही नहीं है। बचपन की बातों से अचानक वह कुछ समय के लिए यादों में डूब जाती है। फिर अतल उदासी के साथ लौट आती है। मैंने कहा, "अच्छा नीता, तुम्हें सचमुच क्या हुआ है बताओ?"

"पेट का दर्द अच्छा कर दीजिए।"

"नियमित रूप से दवा ले रही हो?"

"जी हाँ!"

नीता ने उस दिन भी कुछ नहीं बताया। लेकिन अगले दिन बोली, "शादी के महीना भर बाद ही मुझे पेट रह गया। मेरे पति रफ़ीक़ ने कहा, अभी तक ठीक से घर ही नहीं बसाया, दो-चार दिन 'फ्री' होकर घूमे-फिरे भी नहीं। अभी बच्चा-वच्चा नहीं चाहिए। मैंने उसे काफ़ी मना किया, मैं बहुत डर रही थी। फिर भी वह जबरन मुझे क्लिनिक ले गया। मैं खूब रोई, लेकिन रफ़ीक़ ने मेरी एक नहीं सुनी और मेरा 'एम. आर.' करा दिया।"

इतना कहकर नीता रोने लगी। मैंने उसे रोने से नहीं रोका। वह रोती रही। 'एम. आर.' करवाया है, भला इससे एक लड़की क्यों रोएगी? मैं हैरान हुई। नीता को समझने में मुझे मुश्किल हो रही थी। बोली, "इसमें क्या हुआ? एम. आर. तो बहुत लोग करवाते हैं!"

"मुझे बच्चे की बहुत इच्छा है!"

"इसमें परेशानी की क्या बात है? तुम फिर से 'प्रेगनेंट' होंगी।"

"नहीं। अब नहीं होऊँगी।"

नीता रोती रही। रोते-रोते बोली, "डॉक्टर ने कहा है।"

मेरा अंतर काँप उठा। नीता ने पर्स खोलकर डॉक्टरी जाँच के कुछ काग़ज़ात मुझे दिए। नीता की सभी तरह की जाँच जा चुकी है। एम. आर. की ही समस्या है। नीता की बच्चेदानी, बच्चा-धारण करने की क्षमता खो चुकी है।

नीता बेतहाशा रोती रही। मैंने नीता के हाथ-में-हाथ रखा। जी मैं आ रहा था कि मैं भी रोऊँ। मैं सारी रात सो नहीं पायी।

नीता रोती रही। पिछले चार सालों से उसे पता है कि उसको अब बच्चा नहीं होगा। पति ने छह महीने तक दिलासा दिया था। कहा था, विदेश जाऊँगा, अच्छे डॉक्टर को दिखाऊँगा।

अब और नहीं कहता। पति की माँ और बहन आकर 'च्च...च्च' कर दुःख जता जाती हैं। उनकी आँखों में 'दूसरा स्वप्न' मँडराता है। पति भी उस स्वप्न-नदी

में तैरना चाहता है।

मेरी हथेली भी भीग जाती है, नीता के आँसुओं से। नीता मुझे बहुत अपना समझ रही है, इसलिए रोज़ आकर बैठती है। मुझे कुछ कहना चाहिए। रफ़ीक़ के रिश्तेदार एक बाँझ लड़की के साथ शादी होने के कारण रफ़ीक़ के नसीब को कोसते हैं। दूसरी शादी की बात कहते हैं। मैं जानती हूँ, नीता एक दिन आकर मुझसे रफ़ीक़ की दूसरी शादी के बारे में भी कहेगी।

यह सुंदर लड़की, मगरा के पार से एक नदी स्रोतस्विनी का स्वप्न लिए इस शहर में एक घर बसा सके—ऐसी कोई सांत्वना उसे नहीं दे सकती।

22

1. 'स्त्रैण' शब्द का अर्थ है स्त्री का आज्ञाकारी, स्त्रीरत। अर्थात् जो पुरुष स्त्री द्वारा शासित या स्त्री का बाध्य हो, उस पुरुष को 'स्त्रैण' या मौगड़ा कहा जाता है। इसी तरह 'पतिपारायण' शब्द का अर्थ है पति की एकांत अनुरक्ता, और एक क़दम आगे बढ़ने पर 'पतिव्रता', जिसका अर्थ है पति-सेवा को पुण्यव्रत के रूप में जिस लड़की ने ग्रहण किया है।

'पत्नी-सेवा' को पुण्यव्रत के रूप में ग्रहण करने का रिवाज़ मानव समाज में नहीं है। शायद इसीलिए 'पत्नीव्रता' जैसा कोई शब्द शब्दकोश में नहीं है।

जिस लड़की को समाज 'पतिपारायण' या 'पतिव्रता' की संज्ञा देता है, उसे सभी बहुत अच्छा कहते हैं, लेकिन जो लड़का 'स्त्रैण' है उसे कोई अच्छी नज़र से नहीं देखता बल्कि तिरछी नज़र से देखकर लोग उसका उपहास करते हैं।

'पतिपारायण' के रूप में एक स्त्री को जितनी मर्यादा मिलती है, 'स्त्रैण' के रूप में किसी पुरुष को ठीक उतना ही तिरस्कार मिलता है।

2. 'सूरा निसार' के पाँचवें पारे (अध्याय) में लिखा है, "पुरुष नारी का अभिभावक (शासक) है, क्योंकि अल्लाह ने एक पर दूसरे को श्रेष्ठता प्रदान की है और पुरुष उन्हें धन-संपदा प्रदान करता है। इसलिए साध्वी स्त्रियाँ आज्ञाकारिणी होती हैं और लोकचक्षु के अंतराल में, अल्लाह की हिफाज़त में अपने सतीत्व और पति के अन्य अधिकारों की सिफारिश करती हैं। स्त्रियों में जिनको अवहेलना की आशंका हो, उनको चाहिए कि सदुपदेश दें, समझाएँ और इस पर भी यदि बात न बने तो उनके साथ संभोग छोड़ दें और पीटें।"

चूँकि मर्द उन पर रुपये-पैसे ख़र्च करता है इसलिए कहा गया है औरतें उनकी वफ़ादार रहें। ऐसी स्थिति में यदि औरत कमाऊ हो और रुपये-पैसे ख़र्च करती हो तो शौहर के लिए भी उचित होगा वह बीवी का वफ़ादार रहे। लेकिन इस तरह की

वाणी किसी धर्मग्रंथ में नहीं है। इसलिए स्त्रियों को धन व्यय करने के बावजूद पति की आज्ञाकारिणी होकर ही रहना पड़ता है। क्योंकि 'विधान' (नियम) यही है। एक बार किसी विधान के बन जाने पर तो उसका खंडन नहीं किया जा सकता।

3. घर में बहू को लड़की हुई है, सुनकर प्रसूति गृह के बाहर इंतज़ार कर रही वृद्धा मुँह घुमाकर चली गई। लेकिन उसी घर में जब उसकी गाय बछिया को जन्म देती है, तब वही वृद्धा कहती है, "भगवान ने इतने दिनों बाद हमारी सुन ली।" उस वक़्त कितनी खुश होती है वह!

अपर्णा सेन की फ़िल्म 'सती' में यह दृश्य देखकर मैं सिर से पैर तक सिहर उठी थी। लड़की जाति के जन्म लेने पर परिवार के लोग दुखी होते हैं लेकिन मादा जानवर के जन्म लेने पर खुशी से फूले नहीं समाते। इसका अर्थ है परिवार में पशुओं से भी लड़की जात की कम कीमत है।

4. मेरी स्कूल की एक सहेली पढ़ाई ख़त्म कर नौकरी कर रही है। ढाका में उसका ऐसा कोई नहीं है जिसके घर रहकर वह नौकरी कर सके। आख़िरकार उसे कामकाजी लड़कियों के होस्टल में ही आश्रय लेना पड़ा। मेरी यह दोस्त छुट्टियों में मुझसे मिलने आ जाया करती थी। एक दिन मेरे अभिभावक ने मौक़ा देखकर मुझसे कहा, "इस लड़की का यहाँ इतना आना-जाना ठीक नहीं।"

मैंने पूछा—"क्यों?"

उन्होंने कहा, "लड़की ठीक नहीं है!"

मैंने फिर पूछा, "कैसे?"

जवाब में कहा गया, "उन होस्टलों में अच्छी लड़कियाँ नहीं रहती हैं।"

एक लड़की अच्छी है या बुरी, इसका अंदाजा लोग बहुत जल्द लगा लेते हैं। जिस प्रकार बाज़ार में सब्ज़ी खरीदते समय खड़े-खड़े ही कहा जा सकता है, सब्ज़ी अच्छी है या बुरी। लड़कियाँ जब पराश्रयी लता की तरह अभिभावक रूपी पेड़ को जकड़े रहती हैं और इसी व्यवस्था को समाज बेहतर एवं स्वस्थ व्यवस्था के रूप में क़रार देता है, उस वक़्त मेरी बचपन की इस सहेली ने अपने बाप की मौत के बाद अम्मा और अपने भरण-पोषण का बीड़ा खुद ही उठाया है।

कितनी लड़कियों का स्नायु-बल इतना मज़बूत है? मैं जानती हूँ बहुत कम ही लड़कियाँ दूर के रिश्तेदारों का बोझ बनकर रहने के बदले कई प्रतिकूल परिस्थितियाँ पार करती हुई अपने पैरों तले की ज़मीन को मज़बूत कर सकती हैं।

चूँकि वह लड़की किसी अभिभावक नामक तथाकथित छतरी के नीचे नहीं बैठी, इसलिए पाँच सालों से जो लड़का उससे प्यार करता था, शादी का ज़िक्र छिड़ते ही इधर-उधर की बातें कहकर टाल गया। उस लड़की ने किसी की अनुकंपा, अनुग्रह के लिए हाथ नहीं फैलाया, इसलिए मुझे बड़ा गर्व है।

मेरी इस सहेली को पुलिस ने गर्दन पकड़कर होस्टल से निकाल दिया। इस

अनशन करती हुई लड़की को लोगों के सामने पीटा। अगर क़ौम यदि इन लड़कियों को गर्दन पकड़कर धक्का देगा, तो समाज क्यों नहीं देगा?

5. हाल की ही बात है। मैं एक दिन 'धानमंडी' की एक क्लिनिक से 'नया पल्टन' अकेले लौट रही थी। क्लिनिक का काम ख़त्म करते हुए साढ़े आठ बज गए। इतना-सा रास्ता पार होने में मेरे रिक्शे के सामने मेरा रास्ता रोके या धीमी रफ़्तार के साथ चल रहे थे—छह रिक्शे, तीन गाड़ियाँ, दो स्कूटर और चार मोटर साइकिलें। मैं कम-से-कम पंद्रह भूखी निगाहों से खुद को बचाते हुए अपने गंतव्य पर पहुँची।

मैं जानती हूँ, मेरा पथ समतल नहीं है। मुझे पत्थर हटा-हटाकर चलना होगा। सिर्फ़ मुझे ही क्यों, हर लड़की को ही।

23

मेडिकल कॉलेज में हबीबुल्लाह नाम का मेरा एक दोस्त था—'तू-तुम' स्तर का दोस्त। शक्ल-सूरत से सुदर्शन। हम दोनों कक्षा, कैंटीन, वार्ड और कारिडोर में जब पास-पास चलते थे तो दूसरे छात्र पूछते—"दोस्ती है या और कुछ!"

वे सोचते थे एक युवक और एक युवती दिन-रात एक साथ चल रहे हैं, बातें कर रहे हैं, पढ़ रहे हैं, उनके बीच प्रेम नहीं हो, ऐसा हो ही नहीं सकता। हम लोग पाँच सालों तक एक साथ पढ़े। इन सालों के दौरान हबीबुल्लाह ने कभी मेरी उँगलियाँ तक स्पर्श करने का लोभ नहीं किया।

मैं मदिरा के साथ जिस तरह अड्डेबाज़ी करती थी, हालिदा के साथ जिस तरह घूमती थी, सम्फिताज के जैसा मज़ाक़ करती थी, हबीबुल्लाह के साथ भी वैसा करती थी। डालिया जिस तरह मेरे घर आती थी, खाना खाती थी, हबीबुल्लाह भी उसी तरह आता था, खाना खाता था।

मुझे बड़ा गर्व होता था। इच्छा होती थी सभी की आँखों में उँगली डालकर दिखा दूँ—लड़के और लड़की में भी दोस्ती होती है।

पाँच साल के बाद एक दिन हबीबुल्लाह ने मुझे पहली बार चिट्ठी लिखी। चिट्ठी की बातें कुछ इस तरह थीं कि हम दोनों तो इतने दिनों तक सिर्फ़ दोस्त ही थे, हम दोनों एक-दूसरे को इतना प्यार करते हैं कि किसी भी तरह का अलगाव हमें बड़ा कष्ट देगा। एक मात्र शादी ही हमारी दोस्ती को अटूट रख सकती है। क्या तुम बहुत नाराज़ होओगी अगर मैं तुमसे शादी की बात करूँ?

मुझे याद है, उस दिन मैं सारी रात रोती रही। रोयी इसलिए कि मुझे सिर्फ़ लग रहा था, जिन लोगों के सामने मैंने पाँच सालों से दोस्ती का अर्थ कुछ और

तरह से रखा था, जिन लोगों ने आख़िरकार यह माना था कि 'प्लेटोनिक लव' नाम की भी कोई चीज़ है, उनके सामने मैं किस हद तक हार गई। हबीबुल्लाह के ऊपर मुझे बहुत गुस्सा आया।

उस सुदर्शन और मेधावी हबीबुल्लाह की रह-रहकर मुझे याद आती है। माँ बीच-बीच में कहती है, "हबीब को लौटाकर तुमने बहुत ग़लती की।" शायद माँ ठीक ही कहती है। फिर भी मैंने जिसे नहीं चाहा, जिसका स्वप्न नहीं देखा, उसे मैंने ज़िंदगी में नहीं अपनाया। लेकिन बहुत समय तक न मानने के बाद अंततः मुझे मानना ही पड़ा कि लड़के और लड़की में दोस्ती नहीं हो सकती। इसके भी काफ़ी समय बाद अब मैं निश्चित हूँ कि लड़कों और लड़कियों में दरअसल कोई स्थायी संपर्क हो ही नहीं सकता। रिश्ता एक तरह का संस्कार मात्र है।

पिता अपने बेटे को जिस नज़रिये से देखते हैं, बेटी को उस नज़रिये से नहीं देखते। जिस अतिथि से कोई लाभ नहीं, उसकी क़दर भला कितने दिनों तक होती है। पुत्री के साथ पिता का संपर्क सामाजिक हानि-लाभ से जुड़ा है। बेटी ज़रा-सा घूँघट उठाएगी तो मुहल्ले वाले पिता को बदनाम करेंगे। बेटी ज़रा तेज़ क़दम बढ़ा कर सांस्कृतिक चर्चा करेगी तो मुहल्ले वाले उसे निर्लज्ज लड़की कहकर टीका-टिप्पणी करेंगे। बेटी किसी से प्यार करेगी तो बाप समाज में मुँह नहीं दिखा पाएगा। बाप-बेटी का रिश्ता होता है दिखावटी प्यार का, जो कभी आंतरिक होता ही नहीं।

पति-पत्नी का जो रिश्ता है वह बहुत हद तक लॉटरी की तरह है। लोग भाग्य के भरोसे आँख मूँदकर जिस तरह जुआ खेलने उतरते हैं, एक लड़की के लिए पति नामक चीज़ भी उसी तरह है। सुहागरात से ही उसे जुए का फल मिलने लगता है। पति पियक्कड़ है या नहीं, परस्त्रीगामी है या निष्ठावान, पति मितव्ययी है या ख़र्चीला, पति का मिज़ाज़ गरम है या नरम। इस बारे में थोड़ी-बहुत अत्यल्प धारणा या बिना किसी धारणा के एक लड़की एक जीवन से दूसरे जीवन की तरफ़ पैर बढ़ाती है। पति-पत्नी का यह संपर्क सबसे ज़्यादा अनिश्चित होता है।

भाई-बहन का संपर्क बाल्यकाल के आवेग में जब तक जीवित रहता है, तब तक के लिए ही। जिस तरह बचपन में गुड्डा-गुड्डी से खेलने पर उसके प्रति ममता जन्म लेती है। किशोरावस्था के किसी सहपाठी या स्कूल-घर के लिए जिस तरह से एक ललक पैदा होती है, उसी तरह बहन के लिए भी भाई के मन में स्नेह पैदा होता है।

मध्यमवर्गीय परिवार के भाइयों में बहन से अधिक उसके हिस्से के ज़मीन के प्रति माया रहती है। और हर माँ बेटे को ही ज़्यादा जकड़े रखना चाहती है। बेटी की थाली में नहीं, हमेशा बेटे की थाली में बड़ा और अधिक हिस्सा पड़ता है। उसी पुत्र को माँ से बढ़कर जगत् के दूसरे मोह ही ज़्यादा आकर्षित करते हैं। बेटा जितना बड़ा होता जाता है, माँ-बेटे का संपर्क उतना ही सामान्य और सौजन्यताबोध

में बदलता जाता है।

बंधुत्व जैसे संबंध का तो सवाल ही नहीं उठता। पाश्चात्य देशों में यौन-संपर्क के विषय में कोई रिज़र्वेशन नहीं है। इसलिए दोस्ती के बीच आने वाली 'मुख्य बाधा' भी नहीं है। हमारे देश में, बहुतांश में जहाँ लड़के-लड़कियों के मेलजोल को अब तक एक 'निंदा पूर्ण काम' माना जाता है, वहाँ दो-तीन कॉलेजों-विश्वविद्यालयों के घेरे के बीच लड़के-लड़कियों को एक साथ चलते-फिरते देखकर 'दोस्ती' का नाम दे दिया जा सकता है। दोस्ती उतनी सहज चीज़ नहीं है। क्योंकि शिक्षा संस्थानों के बाहर हमारा जो समाज है, वह धर्मांधता, हज़ारों वर्षों से चले आ रहे कुसंस्कार, अशिक्षा, कुशिक्षा आदि से लबालब है। इस समाज से निकलकर कोई युवक-युवती पास-पास चलते हुए भीतर के यौन बोध को संयत कर पाए, यह संभव नहीं होता।

इस देश की पूरी शिक्षा का मान इतना ऊँचा नहीं है कि मानसिकता ऊँची होगी। इस देश की सांस्कृतिक चेतना भी उतनी सशक्त नहीं कि उसमें कोई परिष्कार या सुरुचि आएगी। लड़के-लड़कियों को लेकर जहाँ पूरे समाज में अशालीनता और अश्लीलता के संकेत हैं, वहाँ सिर्फ़ कुछ ही जगहों की शालीनता की दुहाई देकर पूरे समाज के अंदरूनी घाव को ठीक नहीं किया जा सकता। दोस्ती का परिणाम शादी न होने पर लोग "छिः-छिः" करते हैं। ऐसी स्थिति में लड़के के लिए न सही, लड़की के लिए परिणाम अशुभ होता है। दोस्ती जैसा अंततः कुछ भी नहीं रहता।

मुझे पता है, हबीबुल्लाह के साथ शादी होने पर मेरा एक सुंदर परिवार बसता। ऐसा न होकर फ़ायदा भी कुछ नहीं हुआ। कई लोग कहते हैं, तुम दोनों कितने अच्छे दोस्त थे। रूहुल जिस तरह इकबाल की थी, आरजू जिस तरह मार्शल की थी, रिजवान जिस प्रकार टीपू की थी, इस तरह कौन कहता है कि रानू जैसे हबीबा की थी या मणि जैसे लिली का था? कोई नहीं कहता। बल्कि बीच-बीच में मेरी और हबीबुल्लाह की दोस्ती को लेकर एक तरह का मज़ाक किया करते हैं—'व्यर्थ प्रेम' का उलाहना देकर।

विज्ञान ने हमें कितना प्रगतिशील बनाया है, नहीं जानती, लेकिन अवैज्ञानिक भी कम नहीं बनाया। इस देश की शिक्षा हमें कितना संस्कार मुक्त कर पायी, नहीं जानती, लेकिन अशिक्षित भी कम नहीं बनाती।

24

मेरी छोटी बहन को साज-शृंगार से बड़ा लगाव है। उस दिन उसने एक नयी साड़ी पहनी इसके बाद लाल बिंदिया, दोनों हाथों में सोने के कंगन, कान और गले में कई तरह के गहने डाले थे। लोगों का कहना था, हम दोनों बहनों के आपस में

बातें करने पर चारों दिशाओं में सैकड़ों अलौकिक तानपूरे एक साथ बज उठते हैं। हमारे हँसने पर दुनिया के तमाम शिशु एक साथ हँस उठते हैं। वृक्ष हिलोरें लेने लगते हैं और डाल-डाल पर, पात-पात पर बुलबुल नाच उठती हैं।

उस दिन हम दोनों बहनें धानमंडी से ग्रीन रोड की तरफ़ रिक्शे से आ रही थीं। उस वक़्त घड़ी में दिन के साढ़े बारह बज रहे थे। वैशाख की तेज़ धूप वाली दुपहरिया में रिक्शे का पाल तानकर हम दोनों बैठे थे (रिक्शे के 'हुड' को 'पाल' कहना मैं ज़्यादा पसंद करती हूँ)।

अचानक, एकदम अचानक हमारे रिक्शे के सामने एक लड़का आकर हाथ उठाये खड़ा हो गया। उसकी उम्र बाईस-तेईस से ज़्यादा नहीं होगी। हाथ उठाने का मतलब रिक्शा रोकने से था। कुछ लड़के चंदा इकट्ठा करने के लिए इसी तरह बीच सड़क पर रिक्शा रोक लेते हैं। कहते हैं, फुटबॉल मैच है--चंदा दीजिए, मुहर्रम होगा, चंदा दीजिए, या फिर मस्जिद बनेगी, मिलाद पढ़ी जाएगी, चंदा दीजिए। हमने सोचा, चंदा माँगने के लिए हमारा रिक्शा रोका गया है।

लेकिन जिस लड़के को हमसे चंदा माँगना चाहिए था, जिसको हमसे विनम्र निवेदन करना था, हम दोनों ने देखा कि उसके हाथ में छह इंच लंबा एक छुरा है। वह छुरा जो रसोईघर की सब्ज़ी की टोकरी में असहाय अवस्था में पड़ा रहता है, वही जब रास्ते में किसी के हाथ में चमक उठता है तो कितना भयानक हो जाता है, मुझे उसी समय पता चला। रास्ता रोका था एक लड़के ने, लेकिन वैसा ही एक दूसरा छुरा लिए उसी उम्र का एक और लड़का दौड़कर हमें लूटने आ गया। उस वक़्त हमारे पास यह सोचने का मौका नहीं था कि वह लड़का कहाँ खड़ा था या कहाँ से दौड़कर आया? क्योंकि उनके मुँह से देशी शराब की तेज़ महक के साथ-साथ गालियों की बौछार छूट रही थी। हम दोनों अपने रुपये-पैसे, घड़ी वगैरह जो भी सामान थे, उन्हें खोलने-निकालने में व्यस्त हो गये। मेरी आँखों के सामने उन्होंने मेरी छोटी बहन के इतने शौकीन बने एक-एक गहनों को उतरवा लिया।

ऐसा नहीं था कि उस वक़्त रास्ते में कोई राहगीर न आ-जा रहा हो। लोग भी आ-जा रहे थे और गाड़ियाँ भी। वह जगह कोई सँकरी गली नहीं थी कि जहाँ कौवों के अलावा कोई दिखाई न दे रहा हो। धानमंडी से ग्रीन रोड़ जाने का रास्ता बहुत ज़्यादा भीड़-भाड़ भरा न होने के बावजूद निर्जन भी नहीं था। जिस वक़्त हमारे साथ यह घटना घट रही थी, हमारे आस-पास अलग-अलग उम्र के कम-से-कम बारह मर्द खड़े थे।

वे दोनों लड़के सामने खड़े एक स्कूटर पर चढ़कर तेज़ी से भाग गए। मैं हैरान रह गई। उन दो अभागे लड़कों के लिए नहीं, रास्ते में चुपचाप खड़े उन बारह मर्दों के लिए। उन लोगों ने वहाँ खड़े-खड़े इस नाटक का महज़ आनंद लिया और कुछ नहीं। आजकल शायद कोई आदमी किसी की ज़रूरत के वक़्त आगे नहीं आता।

उस भरी दुपहरिया में यदि दर्जन भर मर्दों के सामने वे दोनों आकर हमसे कहते, "चल, स्कूटर पर बैठ," मैं जानती हूँ, उस छुरे के सामने मुझे एक आज्ञाकारी बालिका की तरह उनके स्कूटर पर बैठना पड़ता। और, स्कूटर सबकी आँखों के सामने से तेज़ी से चल देता। कोई कुछ नहीं कहता।

अगर रास्ते के सैकड़ों लोगों के सामने वे दोनों कहते, "चल, कपड़े उतार!" और खुले आम हमारी चरम बेंइज़्ज़ती करते तो कौन आता हमें बचाने, विरोध करने? कोई नहीं।

इतने सारे ज़िंदा लोग उस दिन खड़े-खड़े मज़ा लेते रहे, लेकिन कोई आगे नहीं आया। कोई आगे आता भी नहीं है। स्त्री को लेकर घर-बाहर जहाँ भी घटनाएँ घटती हैं, उन सब में मज़ा लिया जाता है। कोई मज़ा लेता है, कोई मज़ा करता है। स्त्री से जुड़ी दुर्घटनाएँ मनुष्य को जितना आनंद देती हैं, संभवतः और कोई घटना उतना आनंद नहीं दे पाती।

कोई मुँह से 'आह! ओह!' करता है, कोई चिल्ला-चिल्ला कर दावा करता है कुछ करने का। दरअसल, सभी मज़ा लेते हैं। पत्र-पत्रिका वाले हत्या और बलात्कार की ख़बरें छापकर जितना आनंद पाते हैं, उतना और किसी चीज़ में नहीं पाते। अधिकांश पाठक नारी-अपहरण और अत्याचार का 'आँखों देखा हाल' पढ़कर जितना आनंद पाते हैं, उतना और किसी विषय में नहीं पाते।

उस दिन रास्ते में हमारी दुर्दशा देखकर रास्ते के लोगों ने सिर्फ़ ताली ही नहीं बजायी थी। वह ताली भी आज नहीं तो कल, बज ही जाएगी। अब तक बलात्कार चोरी-छिपे होता रहा है, दो-चार दिन बाद खुले आम रास्ते में होगा। आज जो लोग लुक-छिपकर एसिड़ बल्ब मारते हैं, कल से खुलेआम मारेंगे। आज क़त्ल एकांत अँधेरे में होता है, कुछ दिनों बाद खुलेआम दिन दहाड़े होगा। आज दशक खड़े-खड़े मज़ा लेते हैं! कल से वे मारे खुशी के सीटी बजाएँगे।

25

1. इस शहर में मैं एक घर खोज रही हूँ। रात में सोने के लिए एक घर। इस शहर के एक अस्पताल में नौ से पाँच बजे तक काम करने के बाद मेरे पैर जब थक कर एक गंतव्यस्थल पर जाना चाहते हैं, मेरा थका हुआ शरीर जब एक आश्रय चाहता है तब मुझे इधर-से-उधर बेचैन होकर एक घर ढूँढ़ना पड़ता है। ऐसा घर जिसमें भूत-भविष्य के बारे में न सोचकर ऐसा कुछ कर सकूँ जिसकी मुझे इच्छा होती है। जैसे मैं खुले बदन नहा सकूँ, गला खोलकर गाना गा सकूँ, या फिर खुद की बनायी हुई चाय की चुस्की लेती हुई एक अच्छी-सी कविता लिख सकूँ। लेकिन अब मुझे

सारे शहर में बैठने के लिए, किसी से बातें करने के लिए एक जगह ढूँढ़नी पड़ती है। अब तक मेरी जान-पहचान का ऐसा कोई व्यक्ति नहीं, जिसे मैंने एक घर ढूँढ़ने के लिए न कहा हो। मैं इतने कम वेतन वाली नौकरी करती हूँ कि मेरे लिए दो-तीन कमरे वाला मकान, जिसमें एक बैठने का, एक सोने का, एक खाने का कमरा हो, लेना संभव नहीं। हालाँकि बचपन से ही मैं अपने सपने में एक मकान सजाती आयी हूँ, बहुत सुंदर एक मकान।

मैंने कुल पच्चीस लोगों को एक मकान ढूँढ़ने के लिए कहा था। उनमें से बीस तो मुझसे दोबारा मिले ही नहीं। पाँच लोगों ने बताया, आजकल किराया काफ़ी बढ़ गया है, या फिर आजकल अमुक मुहल्ले में चोर-उचक्कों की तादाद बहुत बढ़ गई है।

उस दिन मैं खुद कम-से-कम छह घरों में गयी। सभी ने पूछा, परिवार में सदस्य कितने हैं। मैंने बताया, "मैं और मेरे साथ ग्यारह वर्ष की एक लड़की मिली है, जो मेरे सामान सहेज कर रखती है। मैं किसी झमेले से पूरी तरह मुक्त हूँ।" मकान मालिकों को खुश होना चाहिए था। लेकिन वे खुश नहीं हुए। मानो उन्हें और कुछ चाहिए। उन्हें एक और व्यक्ति चाहिए। बिना झमेले वाला एक किरायेदार उन्हें नहीं चाहिए। दरअसल, उन्हें एक मर्द चाहिए। चाहे हमारे साथ कोई जैसा-तैसा मर्द ही क्यों न हो, मकान मालिक खुश हो जाएँगे। अगर किसी मर्द की मुझे ज़रूरत न हो, अगर किसी मर्द द्वारा मेरे स्नायु उत्पीड़ित हों तो? चाहे मुझे ज़रूरत न भी हो, मकान मालिकों को एक मर्दाना आदमी की ज़रूरत है, समाज के बड़े-बड़े लोगों को ज़रूरत है।

इस ढाका शहर में मुझे 'यह घर-वह घर' घूमकर दिन बिताने पड़ते हैं। मेरा कोई अपना घर नहीं जहाँ मैं दिल खोलकर हँस पाऊँ, जिस घर में मेरे पिताजी आकर मुझे पास बैठाकर बीती हुई बातें सुना पाएँ, जहाँ मेरी बहन मुझसे लिपटकर गा पाए—"यह जो तुम्हारा प्रेम, आहा हृदय हरण!" जिस घर में मेरा भाई आकर अचानक कहे, "आज सारा दिन तुम्हारे घर पर ही आराम करूँगा, आज मेरी तबीयत ठीक नहीं!"

वर्जिनिया वुल्फ की 'ए रूम ऑफ वन्स ऑन' (A room of one's own) पुस्तक पढ़ते-पढ़ते मेरी रात बीत गई। उसमें लिखा है, "नारी समाज के पीछे हटने की प्रवृत्ति एवं अक्षमता के लिए उत्तरदायी हैं सामाजिक और आर्थिक प्रतिबंध। महिला लेखिका को लेखक के रूप में स्वीकृति पाने के लिए अवश्य ही पुरुष शासित समाज में शक्तिशाली पुरुष के शोषण, कुसंस्कार और आर्थिक स्वार्थपरता के तरह-तरह के दुर्निवार प्रतिबंधों का अतिक्रमण करना होगा। कम-से-कम ऐसा अपना एक घर ही नारी को इस स्थिति से मुक्त करा पाएगा—इस घर की चाबी उसके हाथ में रहेगी और घर की चारदीवारों के बीच रहेगी उसकी पूर्ण स्वतंत्रता। उसके (सहोदर) भाइयों को जिस तरह घर में विचरण करने की पूरी आज़ादी है, उसे भी उतनी ही छूट रहेगी।"

2. उस दिन एक समारोह में मेरे बगल में एक महिला आकर बैठी। मेरे साथ उसका परिचय नहीं था। उसने मेरे साथ परिचय करने का आग्रह व्यक्त किया। परिचय के लिए स्वाभाविक रूप से कुछ बातचीत करने की ज़रूरत पड़ती है। उसने मुझसे कुछ सवाल पूछा। जैसे—आपके पति का नाम क्या है? आपके पति क्या करते हैं? पति का 'सरनेम' क्या है? पति का घर कहा है? पति के कितने भाई-बहन हैं? भाई लोग क्या करते हैं? बहन की शादी हुई है या नहीं? उनके कितने बच्चे हैं, और कोई कहीं पढ़ता है या कुछ काम करता है तो कहाँ? बहनोई लोग कौन कहाँ काम करते हैं? ससुर कहाँ काम करते हैं? पति की तरक्की की कोई उम्मीद है या नहीं? पति के चाचा लोग कौन, कहाँ, क्या काम करते हैं? पति के मामा लोग कहाँ रहते हैं? पति के खाला और फूफा लोग शादी के बाद कहाँ और कैसे हैं? पति की मासिक आय कितनी है? पति इस समारोह में क्यों नहीं आए? कहीं और कोई काम है? पति की सेहत अच्छी है या बुरी? पति आम तौर पर क्या खाना पसंद करते हैं? क्या पति दोपहर में सोते हैं, पति रात में कितनी देर तक जागते रहते हैं? पति का मिज़ाज कैसा है? पति किस तरह का गीत-संगीत पसंद करते हैं? क्या पति टी. वी. का कोई प्रोग्राम देखना पसंद करते हैं? पति आमतौर पर कैसी पोशाक पहनते हैं?

करीब डेढ़ घंटे तक उसके ढेर सारे सवालों का जवाब देने के बाद वह संतुष्ट हुई कि उसके साथ मेरा परिचय हुआ। पाठकगण, मेरा यकीन मानिए मैं एक भी बात झूठ नहीं कर रही—उस महिला ने मुझसे एक बार भी नहीं पूछा कि मैं कौन हूँ, मेरा घर कहाँ है, मेरे माँ-बाप कौन हैं, मैं क्या काम करती हूँ, मेरा नाम क्या है। जिस महिला ने मेरे साथ डेढ़ घंटे तक बातचीत की, वह मेरा नाम तक नहीं जानती। फिर भी वह बड़ी संतुष्ट हुई कि मेरे साथ उसने अपना 'परिचय-पर्व' पूरा कर लिया।

"पति धर्म, पति कर्म, सारात्सार पति।
पति बिना रमणी की नहीं और गति॥
पति-आज्ञा सती के लिए वेद-समान।
पति के तुष्ट होने पर तुष्ट होगा भगवान॥"

बंगाली परिवारों में घर की दीवार पर 'सती की सार कथा' जैसे चित्र बड़े जतन से टँगे रहते थे। स्त्रियाँ रंगीन धागे से लिखकर रखती थीं—

"पुरुष तमाल-तरु प्रेम अधिकारी,
उसकी आश्रिता माधवी-लता नारी।"

दुनिया लगातार घूम रही है, फिर भी "पति प्राण, पति मान, पति ही भूषण"

जैसे शब्द-अलंकरण कब से स्त्री के मस्तिष्क के कोष में बैठा दिए गए हैं जो अब तक अमिट हैं।

"रमणी की पति बिना गति नहीं।
पति के बारे में बताऊँ विशेष ही॥
पति जो कहे तुम वही करोगी।
परम जतन से पति की सेवा करोगी॥
पति के खाने पर खाओगी, अन्यथा नहीं।
पति के सोने पर सोओगी, अन्यथा नहीं॥"

इस तरह के हितोपदेश लड़कियाँ धर्म की वाणी की तरह याद करती थीं। नतमस्तक होकर कहती थीं, "पति की महिमा का क्या मैं वर्णन कर सकती हूँ। भागीरथी श्री नहीं कर सकतीं, मैं तो क्षुद्र नारी हूँ।" नारी खुद मानती है कि वह क्षुद्र है। नारी इस बात पर आँख मूँदकर विश्वास करती है कि वह क्षुद्र है। उस ज़माने की स्त्रियाँ जो पतिभक्त और पतिव्रता होने का पालन करती थीं, इस ज़माने की स्त्रियाँ भी उनसे कुछ कम नहीं हैं। कितने संस्कारों को तोड़कर बदल दिया जाता है, लेकिन नारी से संबंधित जड़ संस्कारों का विस्तार और विकास हुआ है, विनाश नहीं। 'स्वामी' शब्द का अर्थ प्रभु, मुनीब, अधिपति, मालिक आदि है। स्वामी शब्द का बांग्ला भाषा में जितने दिनों तक प्रयोग होगा, पुरुष उतने दिनों तक उन्हीं कारणों से कर्ता, प्रभु, मुनीब, या मालिक बने रहेंगे। बेगम रुक्य्या ने तर्क दिया था—'दासी' शब्द से कई श्रीमतियाँ आपत्ति कर सकती हैं। लेकिन पूछा, स्वामी शब्द का क्या अर्थ है? दानकर्ता यानी दान करने वाले को 'दाता' कहने से जिस तरह ग्रहणकर्ता को 'ग्रहीता' कहना पड़ता है, उसी तरह एक को "स्वामी, प्रभु, ईश्वर, कहने से दूसरे को 'दासी' न कहकर और क्या कह सकते हैं?"

मनुष्य को दो चक्के वाली गाड़ी से तुलना करके रुकय्या ने 'अर्धांगिनी' शीर्षक अपने लेख में लिखा है, "जिस गाड़ी का एक पहिया बड़ा (पति) और एक पहिया छोटा (पत्नी) होता है, वह गाड़ी ज़्यादा दूर तक चल नहीं सकती—वह सिर्फ़ एक ही स्थान पर (घर के कोने में) घूमती रहती है।"

इस देश में वंश का आकलन पैतृक परिचय के आधार पर होता है। पैतृक परिचय ही समाज का महत्त्वपूर्ण उपादान है इसलिए नारी के सतीत्व पर कड़ी निगरानी रखी गई है। और यही कारण है कि 'यौन शुचिता' (पवित्रता) पुरुष के लिए ज़रूरी न होने पर भी स्त्रियों के लिए आवश्यक है। इन तर्कों के आधार पर समाज के धूर्त व्यक्ति तरह-तरह की सुविधाएँ ले रहे हैं। जो सुविधाएँ ले रहे हैं, वे सब 'स्वामी' दल के अंतर्गत हैं।

धर्म न उन्हें स्वेच्छाचारी बनाया है। आदिम समाज से लेकर आधुनिक समाज

तक ने उन्हें व्यापक सुविधा प्रदान की है। क्योंकि इन सबके रचयिता और निर्माता 'स्वामी द्रल' में शामिल पुरुष हैं। इस्लाम ने उन्हें चार शादियाँ करने की अनुमति प्रदान की है। अनिता नाम की एक लड़की ने उस दिन पाकिस्तान में लड़कियों की चार शादी की बात कही थी। जिसे सुनकर 'स्वामी दल' में शामिल पुरुष चौंक उठे थे। क्योंकि स्वरचित आसन कहीं उलट न जाए।

सिर्फ़ 'इस जन्म' के लिए ही नहीं, 'उस जन्म' के लिए भी उन्होंने अपना बंदोबस्त करके रखा है। सत्तर परियों से घिरा जीवन सिर्फ़ वही भोग सकते हैं, और लड़कियों के भाग्य में इसी जन्म का पति मिलेगा। किसी भी सचेत व्यक्ति के लिए इस तरह का पक्षपात अत्यंत पीड़ादायक है। लेकिन लोग सचेत नहीं, अवसरवादी और स्वार्थी हैं। मनुष्य का स्नायुतंत्र अभी शुभ काम से ज़्यादा अशुभ काम में ही विकसित होता है। और कुछ मनुष्य जिन्हें 'मेये मानुष' (औरत जात) ही कहना लोग ज़्यादा पसंद करते हैं, वे सिर्फ़ तालियाँ ही पीटते हैं। सबसे नीचे, सबसे पीछे, सर्वहारा की पंक्ति में खड़े होकर ताली बजाना और जो जैसा कहता है वैसा मान लेना ही उनका काम है।

दरअसल वे स्त्रियाँ मनुष्य ही नहीं हैं। वे भोग्य सामग्री हैं। मनुष्य के लिए "स्त्री, संतान, ढेर सारा सोना-चाँदी और नस्ली घोड़ों के समूह, गाय-बैल एवं खेत-खलियान के प्रति आसक्ति आकर्षक रहे हैं। यह सब इस जन्म की भोग्य वस्तुएँ हैं।" यह मेरा कहना नहीं है। यह बात सूरा अल इमरान की चौदहवीं आयत का कथन है। आयत में उल्लिखित मनुष्य—जो कभी स्त्री नहीं—पुरुष है, स्त्री उनकी भोग्यवस्तु है। स्त्री सिर्फ़ भोग्यवस्तु ही नहीं, 'अनाज का खेत' भी है—"तुम्हारी स्त्रियाँ तुम्हारे अनाज का खेत हैं इसलिए तुम अपने खेत में जैसे चाहो, जा सकते हो।"

(सूरा बकारा, 223वीं आयत)

इधर बांग्लादेश में एक तरफ़ इस्लाम का दबदबा चलता है तो दूसरी तरफ़ नारी मुक्ति आन्दोलन। कई लोगों का कहना है कि दोनों में कोई अंतर नहीं है। उनका कहना है, इस्लाम में स्त्री को जितना सम्मान दिया गया है, उतना अन्य किसी धर्म में नहीं दिया गया। 'सूरा निसार' की 34वीं आयत में है, "पुरुष, नारी का कर्ता यानी स्वामी या शासक है क्योंकि अल्लाह ने एक को दूसरे पर श्रेष्ठत्व प्रदान किया है और पुरुष उन पर धन-दौलत ख़र्च करता है। इसलिए साध्वी स्त्रियाँ बाध्य हैं और वे लोगों की नज़र की आड़ में, पति की गैरहाजिरी में सतीत्व और पति के दूसरे सभी अधिकारों की हिफ़ाज़त करती हैं। जिन स्त्रियों के अबाधित या अनियंत्रित होने की आशंका हो, उन्हें सदुपदेश दें, फिर उनकी सहशय्या का त्याग करें और उन्हें पीटें। संभवतः उनके सम्मान की मात्रा का इसी से अंदाज़ लग जाता है।

धर्म के कारोबारी लोगों ने 'शौहर के क़दमों तले औरत का बहिश्त' नामक किताब बेचकर बहुत लाभ कमाया है। हमारे अधपढ़े मर्द अपनी बीवियों को प्यार

से ऐसी किताबों का तोहफ़ा देते हैं—'पति के प्रति स्त्री का कर्तव्य' आदि-आदि। शिक्षित पुरुष वैसे हाथों-हाथ कुछ नहीं देते लेकिन मन-ही-मन देते हैं। और उनका वह देना हाथ से देने से कहीं ज़्यादा ख़तरनाक है। हमारे देश की अधिकांश महिलाएँ दृष्टिहीनता की शिकार हैं। इसका बड़ा कारण है—घर की महिलाएँ पुरुषों को खाना खिलाने के बाद जो बचता है, वह खाती हैं। इससे उनका पेट तो नहीं भरता, जी ज़रूर भरता है।

पति का जूठन खाने वाला संस्कार बंगाली समाज के लिए कोई नयी बात नहीं। ईसा पूर्व बारहवीं शताब्दी का जो सामाजिक चित्र वैदिक साहित्य वहन करता है, उसमें देखा जाता है—**'भुक्ताउच्छिष्टं वधैव ददात्।'** अर्थात् भोजन खाकर स्त्री को जूठन देना (गृह्यसूत्र 1/4/11)। फटे हुए जूते—कपड़े नौकर को देने और बची-खुची जूठन स्त्री को देने का विधान शास्त्र में रखा गया है।

हमारे देश के अधिकांश व्यक्ति अशिक्षित हैं। और यह बात स्वीकार्य है कि अशिक्षित मनुष्य अच्छे-बुरे की सीख धर्म से लेता है। और जहाँ हमारा धर्म नारी जाति के खिलाफ़ तलवार उठाए हुए है, वहाँ नारी की आज़ादी को लेकर लिखना-पढ़ना पुरुष पाठकों के लिए ख़ाली वक़्त की मज़ेदार खुराक के सिवा और कुछ भी नहीं।

27

पिछले साल के आख़िर में मैं कलकत्ता गयी थी। सुबह के दस बजे रास्ते में चल रही थी और हैरान होकर देख रही थी—इतना ख़ाली-ख़ाली तो कलकत्ता शहर इससे पहले कभी नहीं लगा! जिसे देखकर मुझे ऐसा लग रहा था मानो पूरा शहर कहीं दावत खाने गया हो। बाद में तारापद राय के घर जाकर पता चला कि रविवार की सुबह कलकत्ता कलकत्ते में ही रहता है, लेकिन घर से बाहर नहीं निकलता, क्योंकि दूरदर्शन पर अभी 'महाभारत' दिखाया जाता है। पूरे शहर की चर्चा तब शिखर पर पहुँचेगी जब द्रौपदी का वस्त्र हरण होगा। सारे युवक चुपचाप गोपन में रूपा गांगुली की काया को देखने के इंतज़ार में हैं। वस्त्र हरण की सुर्खियाँ पत्र-पत्रिकाओं में चर्चा के शिखर पर हैं।

एंटेना ऊँचा करके अपने देश में बैठकर भी मैंने कुछ दिनों तक 'रामायण' सीरियल देखा था। मैं अगर कुछ देखती हूँ तो शुरू से अंत तक देखे बिना मुझे चैन नहीं आता। रामायण की विभिन्न घटनाओं में सीता कहती है, "हे नरव्याघ्र, तुम्हें छोड़कर मुझे स्वर्ग की भी कामना नहीं (2/27/21)। राम, तुम्हारे विरह में मुझे प्राण त्यागना होगा (2/28/5)। आपके परित्याग करने से मेरी मृत्यु अच्छी (2/30/20)।" क्या यह सिर्फ़ प्रेम है? प्रेम में अंधी बनी सीता का स्वर्ग त्याग? प्रेम के अथाह जल

में डूबकर यदि कोई मृत्यु की बात कहे तो बुरा नहीं लगता। लेकिन सीता के ऊपर पतिव्रता धर्म का आरोप लगाकर ब्राह्मण जब कहता है–'पति ही परम देवता' (2/19/16); "इस जन्म और परलोक में हमेशा पति ही नारी की एक मात्र गति है" (2/27/6); वह प्रासाद के ऊपर, विमान में, आकाश में जहाँ भी हो, पति की पदछाया में ही विशिष्ट स्थान पाती है (2/27/9)। तब अवश्य ही उसे और जो भी कहा जाए, प्रेम कहने में खटकता है।

सीता, कौशल्या से कहती है–तंत्रीहीन वीणा नहीं बजती। चक्रहीन रथ नहीं होता। पतिहीना नारी सौ पुत्रों की जननी होकर भी सुख नहीं पाती (2/39/29)। सीता, राम से भी कहती है–नारी की एक गति है पति, दूसरा पुत्र, तीसरा रिश्तेदार, चौथी उसकी कोई गति नहीं है (2/61/24)।

स्त्री के लिए पति नामक वस्तु बहुत मूल्यवान है। अर्थात् पुरुष नामक वस्तु बहुत मूल्यवान है। पुरुष यदि वृक्ष है तो नारी उसके साथ लिपटी परजीवी लता। वृक्ष के सहारे के बिना जिस प्रकार लता नहीं बच सकती उसी प्रकार पुरुष के आश्रय के बिना नारी का जीना असंभव है।

लंबे समय तक स्त्री-विरह झेलने के बाद राम ने सीता से कहा–मैंने युद्ध करके जो जयलाभ किया है, वह तुम्हारे लिए नहीं (6/115/15), अपने प्रसिद्ध वंश के कलंक को मिटाने के लिए (6/115/16)। राम ने और भी कहा–जाओ वैदेही, तुम मुक्त हो। जो करना था, वह मैंने किया। मुझे पति रूप में पाकर तुम जराग्रस्त न होओ, इसीलिए मैंने राक्षस की हत्या की। मेरे जैसा धर्मबुद्धि संपन्न व्यक्ति दूसरे के हाथ में गयी नारी को एक क्षण के लिए भी कैसे ग्रहण कर पाएगा? तुम सच्चरित्र हो या दुश्चरित्र तुम्हें आज मैं भोग नहीं कर सकता मैथिली! तुम उस घी की तरह हो, जिसे कुत्ते ने चाट लिया है(रामायण 3/275/10-13)।

राम ने, इस तरह बड़ी आसानी से सीता को सारे बंधनों से मुक्त कर दिया। सीता से राम प्रेम करते हैं, इसलिए रावण की हत्या उन्होंने नहीं कि, बल्कि इसलिए की कि राम की पत्नी होकर सीता यदि रावण के प्रासाद में जराग्रस्त हो गई तो राम के शौर्य की क्षति होगी। राम स्वयं के शौर्य की हानि नहीं चाहते इसीलिए उन्होंने रावण की हत्या की। राम सूक्ष्म धर्म बुद्धि सम्पन्न व्यक्ति हैं, परपुरुष द्वारा स्पर्श की हुई नारी को वह कैसे धारण करेंगे? इसीलिए सीता सच्चरित्र हैं या दुश्चरित्र, राम के लिए सीता का भोग करना संभव नहीं। कुत्ते के द्वारा चाटे गये घी का जिस प्रकार यज्ञ में इस्तेमाल नहीं होता, उसी प्रकार पुरुष द्वारा स्पर्श की गयी नारी अपने पति के भोग में नहीं लगती।

मुझे तो यही लगता है कि स्वयं राम ने सीता के प्रति सबसे ज़्यादा अन्याय किया है। इतना तो पाखंडी रावण ने भी नहीं किया। राम ने कभी यह नहीं जानना चाहा कि रावण ने सीता के साथ बलात्कार किया या नहीं, सिर्फ़ शक़ की बुनियाद

पर राम ने सीता पर दोषारोपण कर दिया था, केवल नारी के 'सतीत्व' को लेकर जितना भी शोरगुल हो, परंतु 'सती' शब्द का कोई पुंल्लिंग विलोम शब्द नहीं है। इसलिए दीर्घ काल के वियोग के समय राम ने क्या किया था, किसे छुआ था या किसी ने उन्हें छुआ था या नहीं, आदि सवाल करने का दुस्साहस किसी में नहीं था।

अपने सतीत्व या पवित्रता का प्रमाण देने के लिए सीता को अग्निपरीक्षा देनी पड़ी थी। प्रजा का संदेह दूर करने के लिए वाल्मीकि ने सीता से दोबारा अग्निपरीक्षा देने की बात कही। जीवित रहने पर सीता को जीवन भर अग्नि परीक्षा देनी पड़ती। उसे मुक्ति नहीं थी। एक असहाय नारी का किसी पुरुष ने स्पर्श किया, इस माफ़ न करने योग्य अपराध से उसे मुक्ति नहीं।

सीताजी ने पृथ्वी से आश्रय माँगा। किसी पुरुष ने उन्हें आश्रय नहीं दिया। योग्य सम्मान नहीं दिया। इसलिए किसी पुरुष से या पुरुषशासित समाज से सीता ने आश्रय नहीं माँगा। अपने व्यक्तित्व की रक्षा के लिए उन्होंने चरम सत्य के बीच शपथ लेकर अपने आपको बचाया है। सारे असत्य, अन्याय से, असम्मान से, यह तो एक तरह का पलायन ही है।

पति ही नारी की एकमात्र गति है। उसके पास पत्नी पर संदेह करने का, त्याग करने का और सज़ा देने का अगाध अधिकार है। सभी पुरुषों को नारी के चरित्र पर संदेह करने का अधिकार है, और उस संदेह के बल पर निरपराध नारी को दंड देने का भी अधिकार है। रामायण में नारी को 'मनुष्य' की मर्यादा नहीं दी गई। बल्कि यह सीख दी गई कि समाज पुरुष के एकनिष्ठ होने का दावा नहीं करता और नारी को एकनिष्ठता, सतीत्व या पवित्रता का प्रमाण देकर भी समाज में सम्मान नहीं मिलता। उसे अग्नि परीक्षा देकर बार-बार यह साबित करना पड़ता है कि उसके सतीत्व का नाश नहीं हुआ।

चूँकि 'सतीत्व' शब्द सिर्फ़ नारी के लिए है, पुरुष के लिए नहीं,इसीलिए पुरुष को अग्नि परीक्षा के झमेले में नहीं पड़ना पड़ता। स्त्री को अकेले ही सती होना पड़ता है, पवित्र रहना पड़ता है। इतना ही नहीं, पति के भोग के लिए खुद को उसके योग्य बनाना पड़ता है।

सीता का सतीत्व देखकर लोग मुग्ध रह गए। सीता के अग्नि प्रवेश से लोग तृप्त हुए। सीता के सत्कर्म से लोग आनंदित हुए। नारी का चरम अपमान, निर्लज्ज दलन असंख्य बार रामायण-महाभारत में उच्चारित हुआ है। और इसी रामायण-महाभारत को देखने के लिए लोग टूट पड़ते हैं। अगर इस पृथ्वी पर सभ्यता कहे जाने लायक कुछ है तो उसे लज्जित होकर सीता की तरह कहना चाहिए—"हे माधवी देवी (पृथ्वी) मुझे विवर (आश्रय) दें। मैं यदि सत्यनिष्ठ हूँ तो माधवी देवी मुझे विवर दें।"

28

महाभारत के प्रथमांश और अंतिमांश के बीच कम-से-कम आठ सौ वर्षों का अंतराल है। इस लंबे समय के सामाजिक विवर्तन के चित्र भी उसमें काफ़ी स्पष्ट हैं। आदि क्षत्रिय गाथा की रचना के बाद कुछ नैतिक-कथा की रचना भी हुई, जो सार्वजनीन है। अंतिम संयोजन के रचयिता भृगुवंशी ऋषिगण हैं। यह 'ब्राह्मण संयोजन' के नाम से प्रसिद्ध है। नारी के अवनमन का चित्र इस अंश में नग्न रूप में मुखर हुआ है।

महाभारत के इस भाग में बहुत ही स्पष्ट रूप से लिखा गया है—नारी अशुभ है, सारे अमंगल का कारण है। कन्या दुखद है। (1/159/11)। भीष्म पितामह ने युधिष्ठिर से कहा—नारी से बढ़कर अशुभ और कुछ भी नहीं। नारी के प्रति पुरुष के मन में कोई स्नेह या ममता रहना उचित नहीं। (12/40/1)। पिछले जन्म के पाप के कारण इस जन्म में 'नारी जन्म' होता है। (6/33/32)। स्त्री साँप की तरह है, इसीलिए पुरुष को कभी इसका विश्वास नहीं करना चाहिए। (5/37/29)। त्रिभुवन में ऐसी कोई नारी नहीं, जो स्वतंत्रता पाने योग्य हो (12/20/20)। जो छह वस्तुएँ एक क्षण की असतर्कता से भी नष्ट हो जाती हैं, वे हैं—गर्भ, सैन्य, कृषि, स्त्री, विद्या एवं शूद्र के साथ संबंध। (5/33/90)।

महाभारत में सती और कर्तव्यपरायण नारी की प्रशंसा की गई है। कहा गया है नारी-जन्म की चरम सार्थकता द्वारा पति को संतुष्ट करने एवं संतान धारण करने, विशेषकर पुत्र-संतान धारण करने में है। विवाहित नारी का यश, चरित्र और गुण नष्ट हो जाता है यदि वह लंबे समय तक पिता के घर रहती है (1/74/12)। पिता के घर बहुत दिनों तक रहने पर नारी कलंकित होती है (5/39/80)। धर्मपुत्र युधिष्ठिर ने कहा है—नारी द्वारा वंश कलंकित होता है (12/4-8)। कृष्ण ने कहा—नारी के कलंकित होने पर वर्णसंकर (दोगला) होता है, जिससे चरम सर्वनाश होता है (6/23/41)।

नारी सुंदर, अच्छी सेहत वाली, गृहकार्य में निपुण हो। वह पति के लिए, ससुर-कुल के लिए प्राणांत परिश्रम करे और पुत्र संतान को जन्म दे तथा उस संतान का पालन-पोषण करे। स्त्री का कोई पृथक् मन, पृथक् व्यक्तित्व नहीं रहना चाहिए। महाभारत हमें यही सीख देता है।

स्त्री के लिए उपनयन का कोई नियम नहीं है। उपनयन के लिए विद्या अर्जित करने की आवश्यकता होती है, और नारी को विद्या-अर्जन करने का कोई अधिकार नहीं है। नारी के लिए विवाह ही है उपनयन, पतिगृह में वास करना ही गुरुगृह में वास करना है, और पति-सेवा है वेदाध्ययन। (मनुसंहिता 2/67)। कुल मिलाकर बात यह है कि शिक्षा और संपत्ति पर स्त्री का कोई अधिकार नहीं। स्त्री, व्यक्ति नहीं, वस्तु है और वह भी भोग्य वस्तु। इसीलिए हाथी, हिरण, रथ, घोड़ा, भूमि आदि के साथ स्त्री को भी दान की सूची में शामिल किया जाता है। यह दान विवाह, श्राद्ध,

विजयोत्सव, अतिथि सत्कार, यज्ञ तथा कई सामाजिक अनुष्ठानों में दिया जाता है। नारी प्रलोभन है, स्वाभाविक रूप से पुरुषों से स्त्री में कामवृत्ति अधिक है (13/38)।

भीष्म पितामह युधिष्ठिर से कहते हैं कि आदिकाल में पुरुष इतना धर्मपरायण था कि उसे देखकर देवताओं को ईर्ष्या हुई, तब उन्होंने नारी की सृष्टि की—पुरुष को प्रलुब्ध करके धर्मच्युत करने के लिए (13/42)।

स्त्री केवल अमंगलकारी ही है ऐसा सामाजिक विश्वास प्रचारित करने का दायित्व महाभारत ने लिया था।

तुमने पाँच पतियों को किस तरह से संतुष्ट किया और वशीभूत किया—सत्यभामा के इस प्रश्न के उत्तर में द्रौपदी ने कहा था—पति एवं नौकरों का भोजन समाप्त न होने पर मैं आहार ग्रहण नहीं करती। उनके स्नान करने पर ही मैं स्नान करती हूँ। उनके न बैठने पर मैं नहीं बैठती। पति ही देवता हैं, पति ही गति हैं, मैं पतियों से, अधिक शयन, भोजन और अलंकरण नहीं करती। सास के साथ झगड़ा नहीं करती। हमेशा उनके वशीभूत होकर रहती हूँ। (20/23/28/35/36)।

अन्य पुरुष के साथ स्त्री के संपर्क को निषिद्ध करने का कारण है पति के औरस से उत्पन्न संतान के विषय में निश्चित होना। यह कामना कितनी भीषण, उत्कट और उदग्र होने पर ही यह बात कही जा सकती है—जो स्त्री पति के अलावा चंद्र, सूर्य, या वृक्ष का भी दर्शन कर ले तो वह अधर्मचारिणी है (12/146/88)। और मर्द ही नहीं, प्रकृति की हवा, रोशनी भी स्त्री के शरीर में न लगे। स्त्री के लिए ऐसा ही अंधकार-कूप सबसे पवित्र कहा गया है।

स्त्री के वशीभूत रूप का सभी उपभोग करते हैं। कुत्ता और बिल्ली के पालतू होने पर उसे घर में रखा जाता है। उसी प्रकार स्त्री के वशीभूत होने पर उसे घर में स्थान दिया जाता है।

दरअसल, रामायण-महाभारत की सारी घटनाओं के बाद एक ही निष्कर्ष पर पहुँचा जा सकता है—वह है—**न स्त्री स्वातन्त्रमर्हति**। यानी स्वतंत्रता पर स्त्री का कोई अधिकार नहीं।

29

मस्जिद के गेट पर एक तरह का साइनबोर्ड टँगा रहता है। इतने दिनों तक उस साइनबोर्ड को दूर से देखकर सोचती थी, उस पर अवश्य लिखा होगा—'गाय-बकरी का प्रवेश मना है।' लेकिन दरअसल ऐसा नहीं था। एक दिन उसे नजदीक से जाकर देखा। उसमें लिखा है—'औरतों का अंदर आना मना है।' शायद जानवरों और औरतों के मामले में ही सारी निषेधाज्ञाएँ जारी की जाती हैं।

मेरा जन्म एक छोटे-से शहर में हुआ। उस शहर के किनारे-किनारे ब्रह्मपुत्र नदी की पतली धारा बहती है। नदी तट पर मेरा अपूर्ण शैशव बीता है। हम सारी शाम बालूघर बनाकर अँधेरा होने से पहले उसे तोड़कर घर लौट आते थे। उस वक़्त मेरी उम्र नौ-दस वर्ष की थी। माँ खाना पकाती हुई अचानक देखती, अदरक नहीं है, नमक नहीं है। और, तब मुझे दौड़कर मोड़ की दुकान पर जाना पड़ता था। सुबह 'मुड़ी' खाएँगे, दोपहर में इमली, शाम को मूँगफली यह सब कुछ खरीदने के लिए मुझे ही दौड़-दौड़कर जाना पड़ता था। इसी तरह दिन बीतते रहे। अचानक एक दिन बिना किसी कारण के मुझे मोड़ की दुकान पर जाने से रोक दिया गया। क्यों मना किया गया, कारण जानने की कोशिश में मुझे पता चला कि मैं बड़ी हो गई हूँ, और बड़ी हो जाने पर लड़कियों का घर से बाहर निकलना मना होता है। घर बैठे ख़ाली वक़्त में धर्म की किताबें पढ़नी चाहिए, घर का छोटा-मोटा काम करना चाहिए। उसी समय से मुझ पर निषेधाज्ञा जारी की जाने लगी। सिर्फ़ मेरे ही ऊपर क्यों, उसी समय प्रत्येक लड़की के चारों तरफ़ निषेध का लाल दायरा खींच दिया जाता है।

मैं धीरे-धीरे बड़ी हो रही हूँ और इसके साथ ही मेरा खिड़की के पास खड़ा होना और शाम को छत पर चढ़ने की मनाही है। कभी-कभी तो बिना अरदक, बिना प्याज के ही सब्ज़ी बन जाती है। अब मुझे चौराहे पर नहीं जाने दिया जाता। एक दिन देखा कि घर में मेरे पहनने के लिए माँ तीन पाजामे सी रही है। इतने सारे कपड़े हैं, फिर भी मुझे बताए बिना ही नया पाजामा सिला जा रहा है। मुझे खुशी भी हुई और हैरानी भी। मैंने अपनी जिज्ञासा व्यक्त की। माँ ने कहा, तुम्हारे लिए आज से हॉफ़ पैंट पहनना मना है। मनाही का दायरा थोड़ा-थोड़ा करके बढ़ता जा रहा है। एक दिन दोपहर में माँ ने अपनी एक साड़ी के चार टुकड़े करके एक टुकड़ा मेरे कंधे से लटका दिया। बोली, अब से घर में इसे ओढ़ोगी। यानी मुझे दुपट्टा लेना होगा। मैं शर्म से लाल हो गई। लेकिन माँ को कोई फ़र्क़ नहीं पड़ा।

एक बार रजःस्राव के समय मैंने कुरान शरीफ़ छू दिया था, इसलिए माँ ने मेरे गाल पर दो थप्पड़ कस कर लगाये थे। कहा था—नापाक देह से पवित्र चीज़ नहीं छूनी चाहिए। माँ अक्सर कहती थी, कुत्ता नापाक जानवर है। उस दिन से मैं समझी लड़कियाँ भी समय-समय पर नापाक होती हैं।

हमारे घर के सामने वाले मैदान में आम, जामुन, कटहल, अमरूद के बड़े-बड़े पेड़ों का बगीचा था। बचपन में पेड़ पर चढ़ने का मुझे बेहद शौक़ था। जितने दिनों तक बचपना था, पेड़ों पर चढ़ती-उछलती-कूदती रही। सभी ने सहजता से स्वीकारा। जब से लोगों को लगा कि मैं बड़ी हो गई, तब से मेरे पेड़ पर चढ़ने पर मनाही हो गई। कहा जाता है लड़कियों को पेड़ पर नहीं चढ़ना चाहिए। लड़कियों के पेड़ पर चढ़ने से पेड़ मर जाते हैं।

गरमी की छुट्टी बिताने के लिए मैं ननिहाल गयी थी। एक दिन छोटे मामा

के कमरे में घुसकर मैंने उनकी कैप्सटन सिगरेट से दो कश लगा लिए थे। इस बात की सबको जानकारी होने पर मेरी पीठ पर बड़ों के घूंसे-थप्पड़ न पड़े हों, ऐसा कोई हिस्सा नहीं था। सबने कहा, लड़कियों के लिए सिगरेट छूना मना है।

जब मैं स्कूल में ऊँची कक्षा में पढ़ती थी, एक सुबह स्कूल जाते समय मेरे ही हम उम्र एक लड़के ने मेरे हाथ में एक पत्र पकड़ा दिया। उसमें लिखा था। कि मैं उसे बहुत अच्छी लगती हूँ। इसीलिए वह रोज़ सुबह-शाम रास्ते में खड़ा रहता था। इसके बाद मेरे घर वाले मेरे साथ एक दूसरे आदमी को भेजने लगे। वह मुझे स्कूल से ले जाता था, फिर छुट्टी होने पर ले आता था। स्कूल में अकेले आने-जाने पर प्रतिबंध लगना शुरू हुआ।

हमारे कॉलेंज में गगन नाम का एक चौकीदार था। लड़कों के कॉलेज से, जिसकी जब मर्जी निकलकर बाहर चला आता था। और हमारे गेट पर गगनचंद्र एक 'स्टूल' पर आसन जमाए रहता था। हम लोग जब कभी बाहर निकलना चाहते थे, वह रोक लेता था। हम लोग शिकायत करते थे—'आनंद मोहन' से तो लड़के निकलते हैं। गगन कहता—लड़कियों के कॉलेज में ऐसा नियम नहीं है। यानी अच्छा लगे या बुरा, दस से पाँच बजे तक कॉलेज में बैठे रहना होगा। गगन चौकीदार अब अवकाश ले चुका है। उसने अपने सेवाकाल में किसी कॉलेज छात्रा को पाँच बजे से पहले गेट से बाहर नहीं निकलने दिया। वह भी समझता था कि लड़कियों को इतनी आज़ादी नहीं दी जानी चाहिए कि जब वे मर्जी घुसें, जब मर्जी निकलें।

एक बार गाने वालों का एक बहुत बड़ा दल हमारे शहर में आया था। उस समय मैं जरा सयानी हो चुकी थी। मैंने घर में कहा कि मुझे उस जलसे में जाना है। जलसा रात में होने वाला था, इसलिए मुझे जाने की अनुमति नहीं मिली। क्योंकि मुझे ले जाने के लिए किसी पुरुष की ज़रूरत थी। कहते हैं रात के समय किसी लड़की का अकेले जाना उचित नहीं।

एक दिन किसी विषय पर मेरे साथ मेरे भाई की बहस हो रही थी। थोड़ी देर के बाद दोनों के स्वर चरम सीमा पर थे। लेकिन मेरे अभिभावक ने आकर मुझे ही पहले चुप होने को कहा। इसकी वज़ह यह नहीं कि मैं कुछ ग़लत कह रही थी, बल्कि मुझे इसलिए चुप हो जाने के लिए कहा जा रहा था कि लड़कियों को इतनी ऊँची आवाज़ में नहीं बोलना चाहिए। किसी भी तरह के आवेग और उत्तेजना की मात्रा लड़कियों में कम होनी चाहिए। किसी भी मामले में लड़कियों को अधिक संयम बरतना चाहिए।

एक रिश्तेदार से कभी मैंने ताश खेलना सीखा था। बीच-बीच में जब कभी ताश का अड्डा जमता था, मुझे उसके आस-पास बैठने नहीं दिया जाता था। मैंने कई बार कहा कि मुझे यह खेल आता है, तब भी मुझे सामने फटकने नहीं दिया जाता था। मैं इसके खेल जानती हूँ, चाहे मैं सबसे अच्छा ही क्यों न खेलूँ, मुझे

कोई इस खेल में शामिल नहीं करता। क्योंकि लड़कियों के लिए इस खेल के खेलने पर पाबंदी है। एक बार मेरे घर मेरे परिचित दो पुरुष मित्र आए थे। सौजन्यतावश मैंने उन्हें दो कप चाय पिलाना चाहा था, लेकिन संभव नहीं हुआ, क्योंकि उतनी देर में घर के अंदर वाले कमरे में मेरे अतिथियों को लेकर झमेला शुरू हो गया था—वे कौन हैं, क्यों आए हैं, क्या चाहिए आदि-आदि। मुझे अच्छी तरह याद है, दूसरे दिन मेरे भाई की दो महिला मित्र आई थीं, पिताजी ने उन्हें पास बैठाकर नाम पूछा, उनसे परिचय किया। माँ ने अपने हाथों से हलवा बनाकर उन्हें खिलाया। भैया के होंठों के किनारे मुस्काहटभरी लहर लगातार तीन दिनों तक कायम रही।

लड़कियों के लिए किस-किस काम की मनाही है और किस-किस की अनुमति, इसका निर्णायक कभी कोई महिला नहीं बनी। 'समाज के ठेकेदार' कहने से जिनका बोध होता है, वे सभी पुरुष हैं। लड़कियाँ जो भी काम करने के लिए आगे बढ़ती हैं या पीछे हटती हैं, वे सब पुरुष की पंसद के अनुसार ही तय होता है। उनको पसंद नहीं आया तो लड़कियाँ गईं। समाज के नीतिवाक्यों में लड़कियों के लिए जितनी मनाही है, वर्तमान में पुरुषों की मनाही उसका एक प्रतिशत भी नहीं है। धर्म में लड़कियों के लिए जितनी मनाही है, पुरुषों के लिए उसका सौ में एक हिस्सा भी उच्चारित नहीं हुआ है।

मेरा कैशोर्य और तारुण्य जिन निषेधों के बीच से होकर गुज़रा है, अधिकांश मध्यवर्गीय लड़कियों को उन मनाहियों एवं पाबन्दियों का सामना करना पड़ता है। निम्नवर्गीय और उच्चवर्गीय लड़कियों की मनाही की प्रकृति अलग-अलग होती है। और चाहे प्रकृति कितनी भी अलग हो, मनाही तो मनाही ही है। लोगों का कहना है, उनका पालन करना हर लड़की का 'आवश्यक कर्त्तव्य' है।

30

पदार्थ तीन तरह के होते हैं—ठोस, तरल और वाष्पीय इसी तरह स्त्री के भी प्रकार हैं। स्त्रियाँ चार प्रकार की होती हैं—शंखिनी, पद्मिनी, चित्रिणी, हस्तिनी। ये प्रकार नारी शरीर की आकृति को आधार मानकर निर्धारित किए गए हैं। नारी की आकृति एक मूल्यवान विषय है। पुरुष ने एक-एक आकृति को लेकर तरह-तरह की व्यवस्था की है। शरीर द्वारा नारी जितना परिचित है, अन्य किसी चीज़ द्वारा नहीं। मनुष्य यानी पुरुष के स्नायुतंत्र ने जब से काम करना आरंभ किया, संभवतः तभी से नारी को एक बेहद जायकेदार फल की तरह चखने की इच्छा जागी। ताकि उसे इमली की तरह चूसा जाए, अमरूद की तरह काटा जाए, अनार की तरह उसका रस निकालकर

पिया जाए। नारी यदि तृप्तिदायक पेय नहीं हुई तो फिर नारी क्या?

नाट्यकार एस. एम. सॉलोमान के एक नाटक में परंपरावादी नारी की केले के साथ तुलना की गई है। जिस प्रकार केला जब तक छिलके से ढँका होता है तब तक सुंदर प्रतीत होता है वैसे ही छिलका उतरते ही केले की तरह नारी बेपर्दा होती है।

वियतनाम के एक कवि हो चुयान हुवाँ ने नारी की तुलना कटहल से की है। कहा है—जिस प्रकार कटहल का रस मीठा होता है, उसी प्रकार नारी भी मीठी होती है। लेकिन उसे खाते समय हाथ में जो चिपचिपाहट होती है, वह बहुत बुरी लगती है। इसलिए उसे खाने से पहले सावधानी बरतनी पड़ती है। पुरुषों ने अपनी पसंद के अनुसार स्त्रियों का नामकरण किया है। उन्होंने नाम दिया है, रंभोरू—जिसका अर्थ है कदलीस्तंभ के समान जाँघों वाली सुंदर रमणी। नाम रखा है, पीनोस्तनी—सुउच्च स्तनों वाली नारी। नाम रखा है; वरारोहा—जिसका अर्थ है सुडौल और सुस्पष्ट नितंबवाली सुंदरी। सुगठित नितंबवाली का एक और नाम है—सुश्राणी। नामकरण को देखकर हमें समझने में असुविधा नहीं होती कि मुख्य रूप से यौन-संभोग के वस्तुरूप से ही नारी की पहचान होती है। उसके स्तन, नितंब, जाँघ द्वारा ही उसकी नाप-तोल क़ी जाती और नामकरण किया जाता है। नारी के वर्णनात्मक संबोधनों में अधिकांश ही शरीर के अनुषग। हैं।

'पुर' शब्द का अर्थ है गृह। गृह के साथ नारी को इतना अधिक जोड़ा गया है कि नारी के अनेक नामों में 'पुर' का आधिक्य देखती हूँ—जैसे—अंतःपुरिका, पुरनारी, पुरलक्ष्मी, पुरांगना, पुरस्त्री, पौरस्त्री, पुरमहिला, पुरबाला, पुरवासिनी, अतंःपुरवासिनी, पौरांगना, पुरन्ध्रि यानी पति-पुत्रवती स्त्री। 'It's a man's world woman's place in the home' यह वहुत पुरानी बात है। पुरानी बातें अब नहीं चलतीं चारों तरफ़ नए का जय-जयकार है। लेकिन स्त्री से संबंधित बातें दिन-ब-दिन शब्दों में शान चढ़ा रही हैं।

गृह के साथ सामंजस्य रखकर स्त्री को और एक नाम दिया गया है—गृहिणी। कवि मजहर का कहना है "वे प्रत्येक गृह में सजावट की साम्रगी की तरह शोभायमान रहती हैं। इसलिए उन्हें गृहिणी कहा जाता है। (द्रष्टव्य : तुमने मुझे खड़ा कर दिया विप्लव के सामने)। नारी के साथ रमण का संबंध बहुत गहरा है। पुरुष, नारी को यौन सामग्री के रूप में अधिक विवेचित करता है, इसलिए निःसंकोच उसका नाम दिया गया—रमणी।

महिला के साथ 'महल' अंगना के साथ 'अ॰॰न' (आँगन)।

इसके संबंध को बहुत गहरा समझा जाता है। इसलिए महिला या अँगना की सीमा महल एवं आँगन तक ही सीमित कर दी गयी है। रहने एवं विचरण करने की सीमाबद्धता को लेकर भी नारी के नामकरण का तमाशा चलता है।

नारी-शरीर का वर्णन सिर्फ़ मनुष्य ही क्यों स्वयं अल्लाहताला ने भी कुरान में किया है—उनके लिए रहेगा पान पत्र, सुराही और प्रस्रवण—निःसृत सुरापूर्ण प्याला; उनकी पसंद के अनुसार फलमूल, उनकी इच्छानुसार पक्षी का मांस और रहेगी बड़ी-बड़ी आँखों वाली हर, सुरक्षित मुक्तासदृश (सूरा वाकि 'आ 18/21/22/23)।

वे मानो 'प्रवाल' और 'पद्मराग' हैं (सूरा रहमान 58) स्वर्ग की स्त्रियों की आँखें बड़ी और सुंदर हैं यानी आयतालोचना हैं। वे सुरक्षित हैं, मनुष्य एवं जिन्न ने उन्हें पहले कभी स्पर्श नहीं किया, वे मोती की तरह सफेद वर्ण की हैं। प्रवाल, पद्मराग, मोती बहुमूल्य, रत्न हैं। नारी की तुलना इन रत्नों के साथ की गई है। नारी को सुरा, फलमूल और मांस की कतार में उपस्थित किया गया है। सिर्फ़ स्वर्ग की ही क्यों, मर्त्य की नारी को भी 'रत्न' की उपाधि से निष्कृति नहीं मिली। पुरुष ने आह्लादित होकर नारी को रमणीरत्न, नारीरत्न, स्त्रीरत्न आदि नामों से भूषित किया है। रत्न मूल्यवान वस्तु है, और नारी भी इस दुनिया की योग्य वस्तुओं में बहुत मूल्यवान है।

पुरुष शब्द के साथ जिन विशेषणों का व्यवहार होता है, वे हैं शक्ति और शौर्य के प्रतीक। जैसे—पुरुषोत्तम, पुरुषसिंह, नरशादूर्ल, पुरुषपुंगव, पुरुषप्रधान, पुरुष पुंडरीक, नरकेशरी आदि उल्लिखित संबोधनों में सिंह, शार्दूल (बाघ), पुंगव (सांड़), केशरी (सिंह), श्रेष्ठ प्रधान इत्यादि शब्दों द्वारा समझाया जाता है कि पुरुष पराक्रमी, वीर्यवान है। उधर अबला माने बलहीना, अबला माने नारी। इस संबोधन से स्पष्ट होता है कि नारी दुर्बल है।

परस्पर की सहयोगिता से रहने वाले मानव समूह को समाज कहा जाता है। और प्राणीदल को भी कहा जाता है; जैसे—पशु समाज, पक्षी समाज। मानव जाति और मानव समाज की तरह स्त्री जाति, नारी जाति, महिला समाज, नारी समाज, नारी संप्रदाय आदि काफ़ी प्रयोग में आने वाले शब्द हैं। इस प्रयोग का एक ही कारण है, पृथक् करना। जाति कहने से मेरा अर्थ है—जन्म या उत्पत्ति। मनुष्य के भ्रूण से यदि स्त्री का जन्म हुआ है तो फिर क्यों वह 'स्त्री जाति' और 'नारी जाति' कहकर मानव जाति से अलग एक जाति के रूप में परिचित होगी? मानो स्त्रियाँ 'मानव' से बाहर हैं, मानो नारी 'मनुष्य' ही नहीं है। वह अलग जाति, अलग समाज की है।

शब्दकोशों से यदि इस विभेद को न मिटाया गया तो मनुष्य संस्कार से यह क्यों जाएगा, रक्त मांस से क्यों जाएगा? इस वैषम्य को बनाए रखकर जो नारी, नारी स्वतंत्रता का दावा करती है उसके जैसा निर्बाध और कौन है? यदि वह खुद उस अश्लील शब्दकोश को निषिद्ध घोषित करने का साहस अर्जित नहीं कर पाएगी तो शब्दकोशीय श्रृंखला से उसे मुक्ति कौन देगा?

31

लड़कों की बदनामी से लड़कियों की बदनामी की प्रकृति और परिणति बहुत भयंकर होती है। मान लीजिए एक लड़का कुछ हद तक उच्छृंखल प्रकृति का है, जैसे—नहाने-खाने का ठीक नहीं, घर पर मन नहीं लगता, बाहर बेकार घूमता रहता है। यह बात एक लड़के के चरित्र के साथ व्यवहृत होने से लोगों को उस पर दया आती है। लेकिन एक लड़की के मामले में अगर यह व्यवहृत होता है तो लोग नाक सिकोड़ेंगे।

लड़की होते ही समय पर नहाना-खाना होगा। शरीर का मैल रगड़-घिसकर साफ़ करना होगा। खाते समय अधिक खाने से अच्छा नहीं दीखता। अच्छी लड़की की तरह थोड़ा खाकर उदरपूर्ति हो, न हो, हृदयपूर्ति तो होगी। घर में मन लगने जैसा कुछ न रहने पर भी मन लगाना होगा। नियमित रूप से खाना पकाने के साथ-साथ सिलाई-बुनाई वगैरह और साथ ही परिवार के सौंदर्य को बढ़ाने के लिए सक्रिय होना होगा। ये सारे गुण न रहने पर क्या लड़की है!

एक लड़के का यदि घर पर मन नहीं लगता है तो उसमें कोई ख़ास बात नहीं है, लेकिन एक लड़की के साथ यदि ऐसा होता है तो मुँह दिखाने लायक नहीं रहते। लड़कों का शाम के समय अड्डा जमाना स्वीकारने योग्य बात है। एक लड़की की यदि शाम को अड्डेबाज़ी की आदत है तो घर-बाहर कहीं उसका सम्मान नहीं रहता।

अधिकतर लड़के गर्दन घुमाकर लड़कियों को देखते हैं। एक बार मैंने एक सुदर्शन लड़के को बार-बार गर्दन घुमाकर देखा था। इससे मेरे साथ जो रिश्तेदार थे, वे 'छिः-छिः' करते हुए बोले—लड़कियों को इस तरह से पीछे मुड़कर लड़कों को नहीं देखना चाहिए। इससे लोग निंदा करते हैं। मैंने कहा—ये लड़के भी तो हमें देखते हैं।

मेरे रिश्तेदार ने कहा—उनके देखने से कुछ नहीं होता। वे लड़के हैं।

वे लड़के हैं इसलिए सात खून माफ़ हैं। और चूँकि मैं लड़की हूँ इसलिए किसी सुदर्शन लड़के की तरफ बार-बार नहीं देख सकती!

छत पर खड़ी होकर एक लड़की पास की छत के एक लड़के से बात करती है तो मुहल्ले की 'थू-थू' होती है, लड़के की नहीं। अगर कोई लड़का किसी लड़की को दो दर्जन चिट्ठियाँ देता है और बदले में लड़की एक छोटा-सा पत्र देती है तो यह बात खुलने पर लड़का तो बदन में हवा लगाकर घूमता है लेकिन लड़की के नसीब में अभिभावकों का मुक्का-थप्पड़ जुटता है। बगीचे में टहलते समय लड़का जिस साहस के साथ घूमता-फिरता है, लड़की वैसे नहीं घूम सकती। उसका पदक्षेप धीमा और निःशब्द होता है, उसकी साँस तेज़ चलती है, क्योंकि बात खुल जाने पर वह मुहल्ले में मुँह नहीं दिखा पाएगी।

लड़का और लड़की के कहीं एक साथ रात काटने पर लड़का बहुत आसानी से बच निकलता है, लेकिन लड़की की बदनामी चिमनी के काले धुएँ की तरह वातावरण में फैल जाती है। और उस लड़की का समाज-परिवार सब कुछ लुट जाता है।

युवक और युवती यदि भावना में डूबकर घनिष्ठ हो जाते हैं तो लड़की को सामाजिक कठिनाइयाँ तो झेलनी पड़ती हैं, शारीरिक परेशानियाँ भी लड़की को अकेले ही झेलनी पड़ती हैं। अर्थात् लड़की गर्भवती हो जाती है। और तब उस घटना का दूसरा साथी आराम से घूमता रहता है, बिना किसी झमेला, बिना किसी दायित्व के।

देखिए, कितनी अजीब बात है! दोनों का कर्म एक ही है लेकिन फल भिन्न-भिन्न है। लड़का बदन में धूल लगने की तरह सब कुछ झाड़कर फेंक देता है और साफ़ हो जाता है। लेकिन लड़की के चेहरे पर बदनामी की जो कालिख पुतती है, समाज का कोई ऐसा साबुन नहीं जिससे वह धुल सके।

प्रत्येक क्रिया के विपरीत एक प्रतिक्रिया होती है, यह मैं जानती हूँ। प्रतिक्रिया का अंतर अलग-अलग वस्तुओं में अलग-अलग होता है। लेकिन वह यदि जड़ न होकर जीव हो, यदि वह पशु न होकर मनुष्य हुआ—तो फिर एक मनुष्य और दूसरे मनुष्य में प्रतिक्रिया का इतना अंतर क्यों? बदनामी सिर्फ़ अकेले लड़की की ही क्यों, लड़के की क्यों नहीं?

एक बार एक लड़की अपने शराबी और बहुगामी (चरित्रहीन) पति का घर छोड़कर चली आयी। उसने सोचा था, समाज उसे आश्रय देगा। लड़की के अभिभावक ने उसके खाने-पीने की व्यवस्था जरूर कर दी थी लेकिन पति का घर त्यागने के लिए वह टीका-टिप्पणी, वक्रोक्ति, व्यंग्य आदि से बच नहीं पाई। लड़कियों का एक घर से दूसरे घर में जाना ही एक तरह की सुरक्षा माना जाता है। इसीलिए पुरुषतांत्रिक समाज के सभी कर्ता-धर्ता व्यक्ति सुरक्षा के लिए उसे कायदे से दुबारा 'घर करने' के लिए भेज देते हैं।

लड़कियों की शादी बहुत हद तक लॉटरी की तरह है। पति चरित्रहीन है या सच्चरित्र, शराबी है या नहीं, पत्नी को पीटेगा या नहीं, संतान जन्म देने में सक्षम है या नहीं, यह सब जाने-सुने बिना ही एक लड़की ज़िन्दगी भर के लिए उसे स्वीकार लेती है। उस लड़की का पति अर्थलोलुप, असभ्य, छोटे विचारों का एक नपुंसक व्यक्ति है। वह सारे बंधनों को तोड़कर निकल आना चाहती है। अपने नारकीय जीवन से वह मुक्ति पाना चाहती है। लेकिन नहीं पा सकती। नहीं पा सकती—बदनामी के डर से। क्योंकि घर से निकलते ही लड़की की बदनामी होगी, लड़के की नहीं।

कोई पशु स्वभाव का पुरुष स्त्री पर चाहे जितना अत्याचार करे, दोष नहीं

माना जाता। दोष उसी का होता है जिस पर अत्याचार ढाया जाता है क्योंकि पुरुष चाहे जितना भी अत्याचारी हो, उसके सात खून माफ़ हैं।

32

मैं पुरुष पाठकों से कह रही हूँ, मान लीजिए आपको लग रहा है कि एक लड़की ने आपके साथ अन्यायपूर्ण आचरण किया है या फिर किया नहीं है पर देख-सुनकर आपको लगा कि लड़की बहुत अहंकारी है, अहंकार से उसके पैर ज़मीन पर नहीं पड़ते, अकड़कर चलती है, किसी भी तरफ़ मुड़कर नहीं देखती, किसी को नहीं पूछती। ऐसी स्थिति में यदि आप बदला लेना चाहते हैं तो आपके पास एक अच्छा उपाय है। वह लड़की आपको पूछती नहीं है, न पूछे—इससे आपको कोई असुविधा नहीं होगी। आप इस बात को लेकर बिल्कुल परेशान मत होइएगा। आप पुरुष हैं—पौरुष आपके खून में खौल रहा है। आपके हाथ में एक ऐसा भयानक अस्त्र है, जिसका प्रयोग करके उस लड़की का पूरा अहंकार या सरलता कुछ भी कह लीजिए, एकदम मिट्टी में मिला सकते हैं। इतना ही नहीं, यदि उस लड़की की रीढ़ की हड्डी सख़्त है, तो उसे चूर-चूर करने या फिर यदि उसका माथा ऊँचा है तो उसे नत-मस्तक करने की क्षमता भी आप रखते हैं।

किसी प्रकार की कटार या छुरे की ज़रूरत नहीं। उन सबके झमेले में मत जाइएगा, क्योंकि इससे काट डालने पर मामला-मुक़दमा शुरू होगा। ख़ामख़ा जेब से कुछ पैसा निकल जाएगा। पिस्तौल से मार डालिएगा, उसमें भी ख़तरा कम नहीं। गोली की आवाज़ सुनकर सैकड़ों लोग जमा हो जाएँगे। सुन रही हूँ, आजकल एसिड से भी बहुत अच्छा नतीजा नहीं निकलता। आँखें ठीक से अंधी नहीं हो रही हैं—गाल ठीक से नहीं जल रहे। ऊपरी निशाना ठीक नहीं होने पर कोई फ़ायदा नहीं।

अवश्य ही आपको बहुत जानने की इच्छा हो रही होगी कि 'वह ज़बरदस्त अस्त्र है क्या? क्या है वह अस्त्र—जो आधुनिक कोई आयुध नहीं—जो हमेशा से व्यवहत होता आया है। फाँसी का फंदा भी नहीं है, मज़बूत कलाई वाला हाथ भी नहीं है जो मौक़ा मिलते ही गला दबा जाएगा। तो क्या कोई गला काटने वाला ब्लेड है या जूता जिसे अवसर पाते ही फेंककर मारा जा सकता है? नहीं, वैसा कुछ नहीं है। मैं अच्छी तरह जानती हूँ कि जो पुरुष पाठक इस लेख को पढ़ रहे हैं, शत-प्रतिशत यह जानना चाह रहे हैं कि बंद मुट्ठी में जो अस्त्र है, वह क्या है। दरअसल बन्द मुट्ठी कहना ठीक नहीं होगा, अस्त्र तो आपकी जीभ पर है। ज़्यादा नहीं, आपको सिर्फ़ एक वाक्य का उच्चारण करना होगा। केवल किसी एक व्यक्ति के सामने आप वह वाक्य बोलेंगे। यही वाक्य आपका अस्त्र है जिसके द्वारा आप अपनी मंज़िल

की ओर अग्रसर होंगे। जो वाक्य घटना में चरम सफलता लाएगा, वह है—"इस लड़की का चरित्र ठीक नहीं है।" बस, किला फ़तह! इसके बाद आप बदन में हवा लगाते हुए घूमिये या दरवाजा बंद कर चुपचाप सो जाइए, आपकी फिर ज़रूरत नहीं होगी, यह अकेला वाक्य ही बाज़ी मार ले जाएगा। एक अड्डे से दूसरा अड्डा, एक शहर से दूसरा शहर। चरित्र—यदि वह नारी-चरित्र हुआ तो उस जैसा कमज़ोर शीशा आपको और कहीं नहीं मिलेगा। वह इतना कमज़ोर होता है कि उसकी तरफ़ मुँह करके फूँकने पर वह चूर-चूर हो जाता है। आपके चिंतित होने की कोई बात नहीं। इसके लिए किसी चश्मदीद गवाह की ज़रूरत नहीं होती, कोई जेल या जुर्माना नहीं है।

पुरुष पाठको! मान लीजिए, आपने इस हथियार का प्रयोग किया। परिणामस्वरूप उस लड़की को किस-किस तरह की समस्याओं को झेलना पड़ रहा है यह आप उसी समय जान सकते हैं, अगर आप नए सिरे से लड़की होकर जन्म लें। वरना मैं आपको यह समझाने में असमर्थ हूँ कि लड़की अब इन-इन सामाजिक अवस्था में है। इसका मतलब यह नहीं है कि आप बात को बिलकुल समझ नहीं पाएँगे—एक उपाय है। आप यदि किसी परिवार में सामाजिक रूप से रह रहे हैं और आपकी कोई बहन उस परिवार में बड़ी हो रही है तो उसके नाम पर ऐसी बात आप खुद रटाकर बहुत चमत्कारिक ढंग से इसका आनंद ले सकते हैं। यह वाक्य कहा और कितनी दूर जाता है तथा क्या-क्या गुल खिलाता है, इस वाक्य के पीछे आप पूँछ की तरह लगे रहिए और ध्यान रखिए। अवश्य ही आप निश्चिंत होंगे कि जिस अस्त्र की बात आज आपको सुनाई, वह बहुत बुरा नहीं है।

'चरित्र' एक बेहद मूल्यवान वस्तु है। पुरुष के लिए उसे सँभाले रखने की ज़रूरत भले ही न हो, नारी के लिए होती है। नारी यदि उसे संदूक में बंद करके रखती है तो संरक्षित सामग्री ऊँचे दाम में बिकती है। चरित्र एक फ़ायदेमंद व्यवसाय बन चुका है। और उसे लेकर व्यवसाय कर रहे हैं हमारे समाज के धुरंधर सौदागर।

फ़िलहाल पुरुष पाठकों के साथ बातचीत ख़त्म करती हूँ। अब स्त्री पाठक से कहती हूँ—पुरुषों को जो तौर-तरीका बतायी, दरअसल मुझसे वे ज़्यादा अच्छी तरह समझते हैं। फिर भी इसलिए बतायी ताकि वे जान लें कि उनकी चाल को हम लड़कियाँ अच्छी तरह जान गयी हैं। जो रहस्य खुल जाता है, उसका तीखापन अपने आप घट जाता है।

अंत में महिला पाठकों के उद्देश्य से 'चरित्र' नाम की कविता निवेदित करती हूँ—

"तुम लड़की हो,
तुम बहुत अच्छी तरह याद रखना
तुम जब घर की दहलीज़ पार करोगी

लोग तुम्हें तिरछी नज़रों से देखेंगे।
तुम जब गली से होकर चलती रहोगी
लोग तुम्हारा पीछा करेंगे, सीटी बजाएँगे।
तुम जब गली पार कर मुख्य सड़क पर पहुँचोगी,
लोग तुम्हें चरित्रहीन कहकर गाली देंगे।
अगर तुम निर्जीव हो
तो तुम पीछे लौटोगी
वरना
जैसे जा रही हो, जाओगी।''

33

1. मेरे पिता की नौकरी तबादले वाली थी। इसलिए बचपन में मेरी पढ़ाई दो-तीन स्कूलों में हुई। हरेक स्कूल में गले के स्कार्फ से लेकर पैरों का केड्स तक टीपटॉप था। एक रंग के कुर्ते पर तह किया हुआ दुपट्टा। इनमें अपने आपको काफ़ी (स्मार्ट) महसूस किया जा सकता था।

स्कूल-कॉलेज पार करके बहुत ज़्यादा बड़ी हो गई मैं। जब रास्ते में झुंड-के-झुंड बालिकाओं को अपने बचपन की तरह स्कूल जाते देखती हूँ तो मेरा मन खुशी से नाच उठता है। अनुमान लगाती हूँ टिफिन पीरियड में वे अवश्य मैदान में दौड़कर जाएँगी। हमारे समय में टिफिन का वक़्त होते ही भागकर एक दल दाड़िया बाँधा (एक तरह का खेल) कोर्ट पर कब्जा करता था, एक दल बौची (बच्चों का खेल) खेलने के मैदान पर, एक दल तालाब के किनारे, एक दल पेड़ की डाल पर।

लेकिन मैं हैरान होती जा रही हूँ। यह देखकर कि किसी-किसी स्कूल की लड़कियाँ स्कूल ड्रेस के ऊपर एक बड़ा दुपट्टा या वस्त्र खंड इस्तेमाल कर रही हैं। शरीर के ऊपरी हिस्से को वे उस बड़े कपड़े से ढँकी हुई हैं। अशिक्षित और अल्प-शिक्षित मध्यमवर्गीय महिलाएँ आजकल इन चादरों का इस्तेमाल कर रही हैं—लेकिन स्कूल की बालिकाओं के शरीर पर इस अतिरिक्त आवरण को चढ़ाने का उद्देश्य, उपद्रव एवं उपक्रम क्यों? मेरा यह सवाल सुनकर एक बुद्धिजीवी ने जवाब दिया—यह इस्लामिक देश है, इसलिए यह व्यवस्था की गई है।

उस दिन ढाका सिटी में कॉलेज की लड़कियों को देखा, वे कपड़ों के ऊपर गुलाबी रंग का 'एप्रोन' चढ़ाये हुए हैं। क्यों क्या वे सभी विज्ञान की छात्रा हैं, उन्हें लेबोरेटरी में काम करना पड़ता है, इसलिए यह व्यवस्था की गई है? सुनने में आया,

कारण यह नहीं है। राष्ट्रधर्म के कारण लड़कियाँ पर्दे में रहने के लिए बाध्य हो रही हैं।

एक व्यक्ति यदि वह मनुष्य है तो वह किस तरह का वस्त्र पहनेगा, पहनेगा या नहीं, इसका निर्णय वह स्वयं करेगा। इतने दिनों तक लड़कियाँ जिस पोशाक को पहनकर स्कूल जाती रही हैं, वह कोई अशालीन पोशाक नहीं थी। तो अब क्यों उनके ऊपर एक चादर चढ़ाया गया। जबकि लाहौर के रास्ते में उस दिन पाकिस्तानी लड़कियाँ अपना अतिरिक्त पोशाक जला रही थीं।

अशिक्षित लड़कियाँ अपने कपड़े के ऊपर कपड़ा चढ़ाकर अपनी जड़बुद्धि, अपनी फूहड़ता और अनुर्वर मस्तिक को ढाँककर रखती हैं। धर्म ने उसे बदसूरत बनाया है, इसलिए धर्म ने उसे ढँका है। लड़कियों को शिक्षा ग्रहण करने का अधिकार नहीं था। लेकिन यह अधिकार उन्होंने अर्जित किया—इस अर्जित अधिकार के साथ वे किताब-कॉपी लेकर झुंड-के-झुंड पढ़ने जाती हैं, वे उजाले के पथ पर निकली हैं—चूँकि अब उजाले से वापस लौटने का उपाय नहीं, इसीलिए उनको अँधेरे में रखने के लिए चादर टाँगी गयी है।

व्यक्ति के आगे बढ़ने पर समाज में कुछ ऐसे व्यक्ति होते हैं जो आगे बढ़े हुए व्यक्ति को पीछे खींचते हैं। लड़कियों को यह सब पहनना होगा—इसका कारण ढूँढ़ते हुए ऐसे कुछ जवाब सामने आयेंगे जिनके पीछे सवाल कम नहीं। और, उन सवालों का एक भी जवाब लड़कियों के पक्ष में नहीं जाता। आम तौर पर शिक्षित होने पर मनुष्य सचेतन होता है। सचेतन व्यक्ति किसी अन्याय और असुंदर के विरुद्ध आवाज़ उठाने की योग्यता अर्जित करता है। कहीं लड़कियाँ सचेत न हो जाएँ, नारी पर हो रहे समाज और धर्म के विभिन्न उत्पीड़न के विरुद्ध कहीं आवाज़ न उठायें, इसलिए नारी के संयम का यह नया तरीक़ा अपनाया गया है।

घास को पत्थर के नीचे दबाए रखने पर घास का रंग हरा नहीं रहता, वह बदरंग हो जाती है। और, पीली-विवर्ण लड़कियों के पक्ष से कोई प्रतिवाद तो दूर की बात है, थोड़ी-सी चेतना की उम्मीद भी नहीं की जा सकती।

सभ्य पोशाक पहनकर लड़कियाँ स्कूल-कॉलेज में जाती हैं यदि वह देखने में बुरा लगता है तो उससे ज़्यादा बुरा तो लगता है जब मजिस्द में किशोरियाँ इमाम के बलात्कार का शिकार होती हैं जब मदरसा के छात्र द्वारा किशोरी लांछित होती है, टोपी और झब्बा पहना हुआ अल्लाह का नेक बंदा घर में चार-पाँच बहुएँ रखकर अपनी पोती को पाट के खेत में ले जाकर बलात्कार करता है। पूरे देश में धर्म व्यवसायी छाती ठोंककर अपना बिजनेस कर रहे हैं, अट्टालिकाएँ बना रहे हैं, कई तरह का बिजनेस कर रहे हैं, राष्ट्र और समाज के नामी-दामी धनी व्यक्ति इस चटकदार व्यवसाय में बड़े मजे से टिके हुए हैं। ये अशिक्षित, ढोंगी, लोभी और कामुक व्यवसायी स्त्री को धर्म के नाम पर भोग-विलास के रूप में इस्तेमाल कर रहे हैं।

यदि यही धर्म की चर्चा देश भर में चल रही है तो धर्म का इस तरह का

बोझ नारी अपने कंधे पर क्यों लेगी? किस अन्याय के कारण उसकी स्वतंत्रता उसकी रुचि और व्यक्तित्व उसके सौंदर्य और बुद्धि के विकास को रोका जाएगा? मनुष्य की सबसे बड़ी जरूरत है स्वतंत्रता। स्त्री की इस स्वतंत्रता को राष्ट्र ने रोका है। नारी के स्वाभाविक विकास में धर्म अभी मुख्य बाधा है। धर्म मनुष्य को पीछे घसीटता है, धर्म विज्ञान और प्रगति के विपक्ष में बोलता है। धर्म मनुष्य को एक अलौकिक डर के अंदर समाये रखता है, धर्म मनुष्य को हँसने नहीं देता, जैसी इच्छा, चलने नहीं देता। धर्म नारी को 'अमानुष' के रूप में परिणत करता है, धर्म नारी को पुरुष की क्रीतदासी बनाए रखता है।

2. "दुनिया की सर्वोत्तम भोग की सामग्री और दुनिया की सर्वोत्तम सामग्री नेक चरित्र की स्त्री है।"

"यदि मैं किसी को सिजदा करने का हुक्म देता तो अवश्य ही सभी औरतों को हुक्म करता कि वे अपने पति की सिजदा करें।"

"तीन लोगों की नमाज़ बंदगी कुछ भी क़बूल नहीं होगी (1) जो गुलाम मुनीम के सामने से भाग गया है, उसके मुनीम के निकट हाज़िर न होने तक (2) जिस स्त्री का पति उससे संतुष्ट नहीं, उसके संतुष्ट न होने तक (3) नशाख़ोर के नशा न छोड़ने तक।

"यदि कोई व्यक्ति सहवास की इच्छा से पत्नी को बुलाये तो वह तत्काल उसके निकट उपस्थिति होगी—चाहे वह रसोईघर के काम में ही क्यों न जुटी हो।"

"यदि किसी पुरुष के शरीर से सर्वदा पीब या मवाद बहता रहे तो उसके तमाम खून-पीव को अपनी जीभ से चाटकर साफ कर दे, तब भी पुरुष का हक़ अदा नहीं होगा।"

"जो स्त्रियाँ हमेशा अपने पति को संतुष्ट करने के लिए श्रृंगार करती हैं, पति का हक़ अदा करती रहती हैं, पति का सुकून तलब करती हैं और पति की इच्छानुसार उसकी पैरवी करें तो उन स्त्रियाँ को पुरुष को जुमा, हज़ और उमर के बराबर फल मिलेगा।"

"जो स्त्रियाँ पति के द्वितीय विवाह के प्रति ईर्ष्या न करके सब्र किया करती हैं उन्हें अल्लाह शहीद की ओर से इनायत बख़्शी जायेगी।"

"जब कोई स्त्री अपने पति से कहेगी कि तुम्हारा कोई भी काम मुझे पसंद नहीं आ रहा है, तब उसकी सत्तर सालों की इबादत बर्बाद हो जाएगी। भले ही उसने दिन में रोज़ा रखकर और रात में नमाज पढ़कर सत्तर सालों का पुण्य कमाया था।"

"बहिश्त में रहने वालों में सबसे ज़्यादा निम्न पद मर्यादा संपन्न व्यक्ति के पास भी अस्सी हज़ार दास और बहत्तर स्त्रियाँ रहेंगी।"

"यदि पति पत्नी को आदेश करे तो वह जर्द पर्वत से काले पर्वत की तरफ़

और काले पर्वत से सफ़ेद पर्वत की तरफ़ दौड़े, क्योंकि इस आदेश का पालन करना उसका कर्तव्य बनता है।''

''यदि कोई व्यक्ति अपनी पत्नी को अपने बिस्तर पर बुलाये और उस बुलावे का स्त्री द्वारा जवाब न देने के कारण उसका पति नाराज़ होकर रात काटे तो सुबह न होने तक फ़रिश्ते उस स्त्री को शाप देते रहते हैं।''

''पति अपनी पत्नी को चार कारणों से त्याग सकता है (1) स्त्री को शृंगार करके उसके पास आने के लिए कहने पर यदि उसकी अनदेखी करे (2) सहवास के उद्देश्य से पति द्वारा बुलाये जाने पर उसकी उपेक्षा करने पर। (3) स्त्री फ़र्ज गुसल और नमाज छोड़ने पर। (4) पति की अनुमति के बिना किसी के घर घूमने जाने पर।''

उपरोक्त उद्धृतियाँ महानबी हजरत मुहम्मद (सा.) की वाणी है, जो पवित्र हदीस के रूप में सम्मानित है। इसके बाद भी नारी धर्म के समस्त बोझ को अपने तन और मन में आदरपूर्वक ग्रहण करती है तो मैं उस निर्बोध और निर्लज्ज नारी को धिक्कारे बिना नहीं रह सकती।

34

1. मैं कुछ ऐसे कम्युनिस्ट को जानती हूँ जिन्होंने अपने घर में पत्नी को दो-चार बर्तनों और साड़ी-गहनों में उलझाकर रखा है और देश में कम्युनिज़्म की प्रतिष्ठा के लिए आंदोलन करते हैं। 'प्रोलेतेरियत' स्वाधीनता की बातें ऊँची आवाज़ में कहते फिरते हैं। मुझे मालूम नहीं, कि वे जानते भी हैं या नहीं की लेनिन ने कहा है, स्त्रियों की पूर्ण स्वाधीनता की प्रतिष्ठा के बिना 'प्रोलेतेरियत' कभी अपनी पूर्ण स्वाधीनता प्राप्त नहीं कर सकता।

2. कलकत्ता के 'एस्टर होटल' से मेरे एक दोस्त ने अतसी को फोन करके कहा—''एक टैक्सी लेकर सीधे शेक्सपीयर सरणी चली आओ।'' अतसी इधर-उधर के काम की बातें करके उस दिन मेरे पास आना टाल गई। पाँच दिनों के बाद बोली—''दरअसल, मेरी बस में चलने की आदत है। हम लोग टैक्सी में नहीं चलते। उसमें काफ़ी पैसा खर्च होता है।''

कलकत्ता में हर मोड़ पर लड़कियाँ बस के इंतज़ार में खड़ी रहती हैं। बस में कभी बैठकर, कभी खड़े-खड़े और कभी टँगे हुए आती-जाती रहती हैं। दुनिया के सभी सभ्य देशों की लड़कियाँ बस में चलकर ही ज़िंदगी की रफ्तार तेज़ करती हैं। दुनिया में सिर्फ़ एक ही असभ्य देश है जहाँ बसों में लड़कियों को नहीं चढ़ाया जाता है। 'लेडीज सीट नहीं' कहकर इंतज़ार करती औरतों की आँखों में धूल उड़ाती बसें चली जाती हैं। अछूत प्राणियों को बस में नहीं चढ़ाया जाता है। और नहीं चढ़ाते

हैं इसीलिए वे महाखाली से रयबाज़ार तक, गुलिस्तान से मोहम्मदपुर, कमलापुर से श्यामली तक पैदल चलती हैं। अछूतों को अपना बनाकर कौन बात करेगा, कौन हाथ जोड़कर कहेगा, ले लो, इस पाप को ग्रहण करके खुद को महान बना लो। चारों तरफ़ थोड़ा-सा हो-हल्ला होते ही बसें जलती हैं। अछूतों के सीने में आग नहीं धधकती इसीलिए वे बसें नहीं जला पाते। छाती में अगर धधकती आग होती तो बस ही क्यों, बस के भीतर के लाट साहबों को भी जलाया जा सकता था।

3. सोवियत यूनियन स्वतंत्रता का अर्थ अब उल्टा समझता है। स्त्री के घर लौट जाने को वे इतने वर्षों के बाद युक्तिसंगत समझ रहे हैं। विश्वसुंदरी प्रतियोगिता--जो प्रतियोगिता स्त्री को वस्तु के बतौर पेश करने का एक उत्कृष्ट माध्यम है—उसमें भाग लेने को वे 'नारी मुक्ति' कह रहे हैं। मोह मनुष्य को कितना अंधा करता है, उन्मादी और अविवेकी बनाता है, सोवियत के इस अधःपतन से हम समझ सकते हैं।

4. पश्चिमी औरतों और शिशुओं को इराक़ युद्ध के समय से मुक्ति दे दी गई। क्योंकि वे असहाय थे और असहाय व्यक्तियों को जिम्मी के रूप में रखना वीरता का लक्षण नहीं है। असहायों को क्षमा करने पर लोग खुश होते हैं। इसीलिए सद्दाम हुसैन ने स्त्रियों और बच्चों को सुरक्षित रूप से घर पहुँचाकर दुनिया के लोगों को खुश किया है।

नाली में पड़े अपंग व्यक्ति पर दया दिखाकर उसे बाहर निकालना बहुत बड़ा काम होता है। आर्त और अपंग व्यक्ति की सुविधानुसार सहायता करने की बात धर्म ग्रंथ में भी कही गई है। 'लेडीज़ फर्स्ट' की बात भी बहुत मशहूर है। इसकी वजह यह है कि अंधे और विकलांग जिस तरह असहाय होते हैं, बूढ़े और बच्चे जिस तरह असहाय होते हैं, स्वस्थ महिलाओं को भी उसी क़तार में रखा जाता है। उसे वही अग्राधिकार दिया जाता है, जो एक अपंग को दिया जाता है। चट्टग्राम की बसों में लिखा रहता है—"महिला के आने पर सीट छोड़ दें" मानो महिलाओं के पैरों में शक्ति नहीं, खड़ा होने की ताक़त नहीं। बहुत-से लोग अपनी सीट छोड़कर दुर्बल की रक्षा करने का गौरव प्राप्त करते हैं। महिलाओं को इस तरह की तुच्छ सुविधाएँ देकर उन्हें अपंग बनाया जा रहा है। और जो ये सुविधाएँ ले रही हैं वे नहीं जानतीं कि इन सुविधाओं की आड़ में वे खुद को एक अबला या असहाय के रूप में चिह्नित करती हैं।

5. प्लेटो के नारी अधिकारवाद को लेकर बहुत-से लोग चिल्लाते हैं। कहा जाता है, वे नारी मुक्ति आंदोलन के पथ प्रदर्शक थे। लेकिन प्लेटो की यह बात पूरी तरह से दुत्कारने योग्य नहीं कि—ईश्वर को धन्यवाद कि उन्होंने मुझे एन्थेसवासी नहीं बनया, जंगली नहीं बनाया। उन्हें धन्यवाद कि मुझे मुक्त पुरुष बनाया है, स्त्री या गुलाम नहीं बनाया। ईसा पूर्व पाँचवीं शताब्दी की ग्रीक स्त्री और गुलाम में कोई

फ़र्क़ नहीं समझा गया, प्लेटो ने भी नहीं समझा 'रिपब्लिक' (Republic) के अध्याय 5 में उन्होंने निम्न मानसिकता की तुलना करते हुए कहा है—स्त्री जाति जैसी ही नीच मन की। Meno (71 ई-73 ए) में कहा है स्त्रियों का कर्तव्य है सुगृहिणी होना और पति का आदेश मानकर चलना। लॉज (Laws, 802 ई) में कहा है, स्त्री जाति अहंकाररहित है एवं सभी परिस्थितियों में खुद को ढाल सकती है। जबकि पुरुष साहसी एवं अहंकारी होता है। टिमौस (Timaeus) (42 इ) में कहा है—मानव चरित्र दो हिस्सों में बँटा है, इसका श्रेष्ठांश पुरुष चरित्र का है। उन्होंने आगे भी कहा है—दुष्ट और डरपोक पुरुष दूसरे जन्म में 'नारी' के रूप में पैदा होते हैं।

6. प्रति वर्ष विभिन्न प्रतिष्ठानों से मुझे डायरियाँ मिलती हैं। लेकिन उनमें से एक भी मेरे व्यवहार योग्य न होने के कारण मैं उनका इस्तेमाल नहीं कर पाती। प्रत्येक डायरी में Personal memoranda में Blood group के चार खाने रहते हैं Self, Wife, Child I/Child II यानी ये डायरियाँ पुरुषों के लिए बनाई गयी हैं। लेकिन देखिए हम लड़कियाँ कितनी बेवकूफ़ और बेशरम हैं, हम लोग तारीफ़ करके उसमें अपना नाम लिख डालती हैं। दूसरों की चीज़ का उपयोग करना मेरी आदत नहीं है। आशा करती हूँ उनकी भी नहीं होगी, जिनके पास व्यक्तित्व जैसी जरा-सी भी पहचान है।

7. सन् 1662 में मार्गरेट लुकास नामक एक उलन्दाज (हालैंडवासी) नारी ने लिखा है, पुरुष हमारे प्रति बहुत ज़्यादा अनैतिक और निष्ठुर आचरण करते हैं, वे खुद सभी तरह की स्वतत्रंता का उपभोग कर सकते हैं लेकिन हमारे मामले में बाधा खड़ी करते हैं। हम लोग चमगादड़ या उल्लू की तरह ज़िंदा रहती हैं।

मानो हम लोग ज़ानवरों की तरह मालवाही जीव हैं। हम लोग हर पल कीड़े-मकोड़े की तरह मौत को गले लगाती रहती हैं।

35

1. 'मेये छेले' (बांग्ला में) बंगाली घरेलू औरतों के लिए बहुत ज़्यादा व्यवहृत होने वाला एक शब्द है। इसका अर्थ है एक साधारण-सी लड़की। तो फिर 'मेये' (लड़की) शब्द के साथ 'छेले' (लड़का) शब्द जोड़ने का क्या तात्पर्य है? तो क्या यह मान लेना चाहिए कि 'छेले' के पीठ पर भार दिए बिना 'मेये' नामक जीव मनुष्य तो हो ही नहीं सकता, 'मेये' नामक शब्द भी ठीक से खड़ा नहीं हो सकता। कोई एक सहारे के बिना वह चल नहीं सकता। जिस प्रकार एक कमज़ोर लतरदार पौधे को एक छोटा-सा बाँस का टुकड़ा भी सीधा रखता है।

'छेले-पुले' या 'छेले-पिले'। (लड़का-बच्चा) शब्द का अर्थ है छोटे-छोटे

लड़के-लड़कियाँ, संतान आदि। 'छेले मानुष' मतलब है कम उम्र का, अपरिपक्व बुद्धि वाला–यह लड़का या लड़की कोई भी हो सकता है। और 'छेले मानुषी' 'छेलेमो' या 'छेलेमी' कहने पर लड़कपन का बोध होता है। 'छेलेधरा' (बच्चे पकड़ने वाला) सिर्फ़ लड़कों को ही नहीं पकड़ता, लड़कियों को भी पकड़ता है। 'छेले भुलानो छड़ा' (बच्चों को बहलाने वाली कविताएँ) या कहानियों से लड़का-लड़की दोनों आकृष्ट होते हैं। 'छेलेबेला' से लड़का और लड़की दोनों की बाल्यावस्था का बोध होता है। 'छेलेखेला' से भी दोनों के बचपन के खेल का बोध होता है। जब इन शब्दों के साथ लड़का और लड़की दोनों जुड़े हुए हैं, तो फिर शब्दों में सिर्फ़ 'छेले' (लड़के) की प्रधानता क्यों है?

दुनिया में लड़कियों को इतना नगण्य समझा जाता है कि दैनिक शब्दों के व्यवहार में 'मेये' (लड़की) शब्द का उल्लेख करने में लोगों को कंजूसी होती है।

2: 'असूर्यपश्या' शब्द नारी के लिए ही होता है। पुरुष कभी असूर्यपश्या नहीं होता। क्योंकि वे रोशनी के व्यक्ति होते हैं और जो अंधकार के हैं, जो नारी हैं–उनको धूप की रोशनी के स्पर्श की रीति नहीं थी। चूँकि सूर्य उज्ज्वल है, सूर्य प्रखर है और तेज है इसीलिए वह पुरुष, और पुरुष–सूर्य की रोशनी भी नारी की काया को छू दे तो उसके नारीत्व पर दाग़ लग जाता है।

स्त्री जितना घर में कुंडी डाले जितना अधिक रहेगी, अँधेरे में मुँह छुपाये पड़ी रहेगी–उतना ही अधिक खिलेगी।

पुरुष ने पुरुषों के लिए 'असूर्यपश्या' शब्द नहीं बनाया। इसलिए नहीं बनाया क्योंकि आगे चलकर कहीं इसी शब्द के लिए घर में बंदी न हो जाना पड़े। इसके अलावा वे सूर्य के जितने ही होंगे, शक्ति को उतना अधिक अपने में समाहित कर पायेंगे। और, स्त्री अंधेरे में बड़ी होगी तो उसके नारीत्व का उत्तरोत्तर विकास होगा। स्त्री इसी धारणा को अपनाकर नारीत्व बढ़ा रही है। विप यदि एक बार मधुर लगे तो वह विष दोबारा ज़रूर खाया जाएगा। नारीत्वपूर्ण नारी की पुरुष प्रशंसा करता है और प्रशंसा किसे अच्छी नहीं लगती।

'अनाघ्रात' शब्द भी नारी के लिए ही है। नारी को भी फूल की तरह समझा जाता है। फूल दिखने में सुंदर, रंगीन पंखुड़ियों और पराग से युक्त होते हैं। स्त्री को भी उसी तरह सुंदर और रंगीन होना पड़ता है। विभिन्न रूप-गुण उसमें समाहित होते हैं। इसीलिए पुरुषों को बड़ा शौक होता है कि वे एक ऐसी नारी रूपी फूल की, जिस फूल की किसी ने सुगंध न ली हो, वह अकेले ही उसकी सुगंध लेगा, उसके पराग शरीर में पोतेगा। पंखुड़ियों को एक-एक करके तोड़ेगा। यह भी पुरुषों का एक भयानक आंनद है। 'अनाघ्रात' शब्द का अर्थ है जिसका घ्राण (गंध) न लिया गया हो, यानी जिसका उपभोग न हुआ हो, ऐसा। पुरुष भोग्य वस्तु नहीं है, भोग्या है स्त्री। इसलिए 'अनाघ्रात' शब्द को शब्दकोश में स्वीकृति तो मिली है, पुरुषों

को भी इस शब्द से बहुत लगाव रहा।

३. कहा जाता है टूटे हुए बर्तन में लोग ज़्यादा दिनों तक खाना नहीं खाना चाहते। यह कहावत 'बर्तन' एवं 'खाना' से अधिक नारी एवं अस्तीत्व की तरफ़ ज़्यादा इंगित करती है। इसलिए 'टूटा' शब्द स्त्री के हाथ-पाँव, गलफड़ आदि के टूटने का बोध नहीं कराता। स्त्री का टूटना दूसरी तरह का होता है। स्त्रियों के पास सतीत्व नाम की एक वस्तु है। वह जिसके पास है, वही सिर्फ़ 'साबुत' है। बाकी 'टूटी' हुई हैं। स्त्रियाँ बर्तन की तरह होती हैं। मर्द औरत का इस्तेमाल करके ही अपना आहार जुटाता है। बर्तन जितना चमकदार होगा खाने में उतना ही मज़ा आएगा। सतीत्व है बर्तन बनाने की कच्ची सामग्री। सतीत्व ठीक होने पर बर्तन मजबूत होगा; सतीत्व नहीं है तो बर्तन भी टूटा हुआ है। खाने में भी कोई मज़ा नहीं।

इसीलिए पुरुप को खाने-पीने में मज़ा दिलाने के लिए ही स्त्री को चमकदार, मुलायम और साबुत बर्तन की तरह होना पड़ता है। हाल ही में एक टी. वी. नाटक में चटखारे लेते हुए कहा गया हैं, "टूटे बर्तन में आदमी ज़्यादा दिनों तक खाना नहीं चाहता।" इस देश के प्रगतिशील पुरुष इस तरह की आदिम और कुरूप कहावतों को इकट्ठा करके रेडियो और टी. वी. पर प्रचारित कर रहे हैं (कहावत के प्रति किसी प्रकार के प्रतिवाद के बिना) ताकि आदमी को और ज़्यादा ज़ाहिल और भौंडा बनाया जा सके।

36

घर-गृहस्थी का मुझे बहुत शौक़ था। बचपन में अपने घर की छत पर ईंट जमा कर 'घरौंदा' बनाती थी—जिसमें बैठने का कमरा, सोने का कमरा और बरामदा होता था। मेरे गुड्डे-गुड्डी के लिए भी एक बहुत सुंदर पलंग था। माँ ने उस पलंग पर गद्दा, तकिया इतना सुंदर बना दिया था कि बीच-बीच में मुझे लगता था कि अपने हाथ-पैरों को समेटकर छोटा आकार धारण कर उस पलंग पर सो जाऊँ। एक बार मेरे घर ईंटों से लदा एक ट्रक आया था। मैं और मेरी छोटी बहन रोज़ शाम को उन ईंटों को छत पर ले जाया करती थीं, और फिर उनसे घरौंदे बनाती थीं। हमारा घर पुराने जमींदारों का घर था। छत से पानी चूता था। दरारें ठीक करवाने के लिए पिताजी जब छत पर जाते थे तो हमारे घरों को देखकर ईंटों को एक-एक करके हटा देते थे। तब हम लोग नीचे-कमरे में बैठे-बैठे छत पर रहे अपने घरौंदे को टूटने की आहट सुना करते थे। छोटी बहन दुखी होकर कहती, "देखो, शायद अभी रसोईघर को तोड़ दिया।" एक-एक ईंट गिराये जाने की आहट सुनकर मैं लंबी साँस छोड़ती थी—शायद मेरे सोने के कमरे को तोड़कर तहस-नहस किया जा रहा है।

ऐसी घटना अक्सर हुआ करती थी। हम लोग अपने घरौंदों का निर्माण करते थे और अभिभावक आकर तोड़ जाते थे। मुझे याद है, हमारा खेलघर एक बार तरह-तरह के सामान से सज-सँवर गया था। हमारा मकान हिन्दू मुहल्ले में था। सन् इकहत्तर की बात है। हमारे पड़ोसी भारत भाग गए थे। कोई नहीं था, सिर्फ़ उनके दरवाज़े में एक-एक ताला लटक रहा था। हम लोगों ने एक आँगन से दूसरे आँगन में खेलते हुए प्रफुल्ल के आँगन से शंख, सिद्धेश्वरी के बरामदे से पूजा की थाली-गिलास, सम्पाति आदि के आँगन से टूटे हुए काँच, लक्ष्मी की मूर्ति, पुरानी बैटरी आदि इतना कुछ इकट्ठा किया था कि उस सबसे सजकर हमारा खेलघर बहुत मूल्यवान बन चुका था।

इकहत्तर के दिनों में पिताजी छत पर बहुत कम जाते थे। हम लोग छुट्टियों की दोपहर में दोनों समय 'खाना पकाया' करते थे। ईंट पीसकर उसे मसाले के तौर पर उसका इस्तेमाल करते थे। हँडिया-वर्तन को एक बार चढ़ाती, एक बार उतारती, उन दिनों हम दोनों बहनें अपनी गृहस्थी को लेकर बहुत व्यस्त रहा करती थीं। इसी बीच एक दिन अचानक एक हवाई जहाज़ हमारे माथे के ऊपर से उड़ता सात चक्कर लगाकर शहर के बड़े अस्पताल पर बम गिराकर चला गया। उसी दिन हम लोग सभी भैंसागाड़ी में चढ़कर गाँव के मकान में आ गये। गाँव में बैठकर शहर की छत पर छोड़कर आयी हुई गृहस्थी के लिए मन रोया करता था।

गृहस्थी का शौक़ मुझे बचपन से ही था। बड़ी होकर जब सचमुच का गृहस्थ जीवन बिताना चाहा, तो अपने स्वप्न को थोड़ा-थोड़ा करके पल्लवित किया। तब तक मैं समझ नहीं पाई थी कि जो व्यक्ति मेरे साथ था, वह वास्तव में ठग था। उसने मेरे स्वप्न का एक हिस्सा भी नहीं समझा। उसने अपने तन-मन से सिर्फ़ स्त्री जाति का मांस चाहा, बस।

किसी भी पुरुष ने मुझे गृहस्थी का सुख नहीं दिया, घर नहीं दिया। दस से पाँच बजे तक की नौकरी करने के बाद मैं जिस घर में घुसती हूँ, वह मेरा अपना घर है। मेरे खुद के हाथों से बनाया हुआ बैठने का कमरा, सोने का कमरा, बरामदा...। किसी प्रताड़क, प्रवंचक पुरुष से मिलने वाले परिवार की आशा में बैठी नहीं रही। टूटे हुए स्वप्न को लेकर विलाप नहीं करती रही। कौन कहता है लड़कियाँ अकेले ज़िंदा नहीं रह सकतीं, खड़ी नहीं हो सकतीं? मेरा सर्वस्व लूटकर जब प्रताड़क पुरुष अपने-अपने ढंग से भाग गए, तब भी मैं धूल झाड़कर खड़ी हो सकी हूँ। मैं चलती हूँ, दौड़ती हूँ, सीढ़ियाँ चढ़ती हूँ, उतरती हूँ, मुझे कहीं कोई तकलीफ़ नहीं होती। बल्कि यह सोचकर खुशी होती है कि किसी लुटेरे के साथ रहकर मैं वह ज़िंदगी नहीं जी रही हूँ जिस जिंदगी में मेरा देवता-पुरुष गणिका-संभोग से तृप्त होकर डकार भरता घर वापस आए और मेरी जाँघ पर हाथ रखकर स्वभाव दोष के वशीभूत कहे–"मैं तुम्हें प्यार करता हूँ।" मुझे वह जीवन नहीं बिताना पड़ रहा है, जिस जीवन में आधी

रात गये शराबी पति को गंदी नाली से निकालकर लाना पड़ता है। जिस ज़िंदगी में मर्द की मार खाने के लिए पीठ बिछाये रखना पड़ता है।

घर लौटकर जब मैं अपनी माँ से लिपटकर प्यार जताती हूँ, दिन भर की बातें करती हूँ तब मुझे मेरा यह छोटा-सा घर स्वप्न की तरह लगता है। लगता है, अपने मयमनसिंह के घर की छत से अपना सारा प्यार लाकर ढाका के इस पुराने घर में भर चुकी हूँ। मेरे पिताजी अब पहले की तरह मेरे घरौंदे तोड़ नहीं देते। उनके मकान की छत पर अब कोई ईंट चोरी करके घर नहीं बनाता। पिताजी मन-ही-मन खूब समझते थे कि, मुझे गृहस्थी बसाने का बहुत शौक़ है। बचपन में मेरे घर को बार-बार तोड़ देने वाले मेरे यमदूत पिता, अब मेरे सचमुच के घर के लिए सामान, रुपये-पैसे इसके-उसके हाथों भेज दिया करते हैं। यह देखकर मेरी छाती फटने लगती है। शायद पिताजी मुझे और टूटने का ग़म समझने नहीं देना चाहते।

मैं बहुत अच्छी तरह जी रही हूँ, शायद एक दिन सातक्षीरा में तबादला हो जाएगा। यह तो बचपन की तरह नहीं होगा कि सब कुछ छोड़कर, भैंसागाड़ी पर चढ़कर रात के अँधेरे में चुपचाप चली जाऊँगी। तबादले का ऑर्डर आने पर पूरी गृहस्थी ढोकर ले जाना होगा, चाहे वह कितना ही ऊँचा पहाड़ या बीहड़ जंगल क्यों न हो।

अपनी विद्या, बुद्धि, व्यक्तित्व और मनुष्य को मैं सबसे ज़्यादा मूल्यवान समझती हूँ। अपने स्वाभिमान को भी मैं कभी छोटा करके नहीं देखती। अपने स्वप्न को भले ही मैं फूल-चंदन नहीं पहना पाती, पर उसका असम्मान भी नहीं करती। मैं जो भी क़दम बढ़ाती हूँ, वह मेरा अपना निर्णय होता है। किसी के निर्देश से या किसी के द्वारा प्रभावित किया गया नहीं होता, मैं जिसकी इच्छा करती हूँ, वह मेरी खुद की इच्छा होती है। स्वयं मेरे द्वारा अर्जित स्वतंत्रता से पनपी इच्छा।

शास्त्र और समाज हमें ऐसी ही शिक्षा देता है कि स्त्री की कोई स्वतंत्रता नहीं होनी चाहिए। लेकिन वह नारी अवश्य ही मनुष्य के रूप में संपूर्ण नहीं, जिसका तन एवं मन पूर्ण रूप से स्वतंत्र नहीं है।

37

1. "लड़कियों की आँख के नीचे को खींचकर क्या देखती हो बूबू?"

"एनिमिया देखती हूँ।"

"एनिमिया क्या है बूबू?"

"खून की कमी।"

"पेट की चमड़ी खींचकर तुम क्या देखती हो?"

"डिहाइड्रेशन देखती हूँ।"

"डिहाइड्रेशन क्या है बूबू?"
"पानी की कमी।"
"लड़कियों का हाथ-पैर दबा-दबाकर इतना क्या देखती हो?"

"घोड़े का अंडा।" कहकर मैं अक्सर छोटी बहन को हटा देती थी। मेरी वह छोटी बहन अब बड़ी हो चुकी है। अब उससे कहने की इच्छा होती है कि मैं स्त्रियों में खान-पान की कमी देखती हूँ। तुममें से कितनी स्त्रियाँ ठीक से खा-पीकर ज़िंदा हैं। कितने लाख स्त्रियाँ कुपोषण की शिकार हैं, इसकी ख़बर कौन रखता है। क्यों वे इसकी शिकार हैं, उसके परिवार के पुरुष तो कुपोषण का शिकार नहीं होते। क्यों सिर्फ़ स्त्रियाँ ही इसका शिकार होती हैं?

वे मानती हैं कि पति के पैरों के नीचे उनका स्वर्ग है, बहिश्त है, उनका मानना है पति की जूठन खाने से पुण्य होता है, हमारे देश की अधिकांश स्त्रियाँ इस पुण्य के संग्रह का निरंतर प्रयास कर रही हैं।

समाज के रीति-रिवाज़ों की रक्षा करने के लिए, घर के पुरुष जब तक खाना खाकर डकार नहीं ले लेते, स्त्रियाँ खाना स्पर्श नहीं करतीं, चाहे दिन का भोजन करने के लिए दोपहर ढलकर शाम ही क्यों न हो जाए। पुरुषों के शाकाहारी-मांसाहारी भोजन ग्रहण करने के बाद उनके बचे हुए खाना में से कुछ हिस्सा बत्तख़ और मुर्गियों को मिलता है और कुछ हिस्सा घर की स्त्रियों को। इसके बाद भी अगर कुछ बच जाता है तो उसे दूसरे दिन लड़कियों के खाने के लिए रख दिया जाता है। यही है साधारण गृहस्थ परिवार की आम तस्वीर।

2. मेरी एक रिश्तेदार के सिर में बचपन से जूँ थी। एक बार दवा डालकर उसके सिर की सारी जूँ मार दी गयीं। जूँ मार डालने के बाद मेरी उस रिश्तेदार का अच्छा होने के बजाय बुरा अधिक हुआ। उसे रात में नींद नहीं आती थी, आँखों में अँधेरा दिखाई देने लगा, खाने में रुचि नहीं रही। आख़िरकार उसने आविष्कार किया कि उसके सिर में जूँ नहीं रहने के कारण ऐसा हो रहा है। दो महीने तक लगातार मुसीबत झेलने के बाद वह सिर में नये सिरे से जूँ पालने को बाध्य हुई। अब वह पूरी तरह से स्वस्थ है।

दरअसल अत्याचार सहते-सहते हुए लड़कियों की हालत ऐसी हो गई है कि लड़कियाँ अत्याचार के बिना ज़िंदा नहीं रह सकतीं।

रोज़ रात में पिटाई के बगैर पत्नी को नींद नहीं आती। ढूँढ़ने पर ऐसा मानने वाले मर्दों की तादाद कम नहीं मिलेगी। इसी तरह से पीड़ित एक महिला को उस दिन मैंने कहा, आप भी उल्टे उसे पीटिये न, या फिर उस पाखंडी को छोड़ दीजिए।

यह सुनकर घूँघट काढ़ी हुई स्त्री चौंक उठी। उसके शरीर का दाग़, जो खून के जमने से काला हो गया था—लाज से लाल गया। लड़कियों के रक्त-मांस की गहराई में शायद यह बात बैठ गई है कि लड़कियां का जन्म ही हुआ है लांछित

होने के लिए। सभी तरह की पीड़ा और कठिनाई भोगने के लिए। इसीलिए इच्छा भर सताये जाने में उसे बिकुल अपमान महसूस नहीं होता।

3. शास्त्रों में कहा गया है—"**अष्टवर्षा भवेत् गौरी नववर्षा तु रोहिणी। दशवर्षा भवेत् कन्या ऊर्ध्वं रजःस्वला।**" इसका अर्थ है—आठ वर्ष की कन्या को गौरी कहा जाता है, नौ वर्ष की कन्या को रोहिणी, दस वर्ष की कन्या को 'कन्या'। दस से ऊपर जिसकी उम्र है उसे कहा जाता है रजःस्वला।

बारह वर्ष की उम्र हो जाने पर जो पिता कन्यादन नहीं करता उसके पितृलोक के पुरखे हर महीने उस कन्या के ऋतुकालीन शोणित का पान करते हैं। कन्या को घर में रजःस्वला होते देखने पर माँ-बाप और बड़े भाई नरक में जाएँगे जो ब्राह्मण अज्ञानतावश अँधा होकर उस कन्या की शादी कराता है, वह संभाषण के अयोग्य होता है, उसके साथ बैठकर खाना नहीं खाना चाहिए।

उस ज़माने में लड़कियों के माँ की गोद से अलग होते ही दौड़-धूप शूरू हो जाती थी कि, कौन सबसे पहले अपनी लड़की की 'बलि' चढ़ाएगा।

इस समय 'बलि देने' की प्रथा कुछ कम हुई है—इस बात को मैं मान लेती अगर पिछले महीने इस देश के पच्चीस गाँवों का दौरा न कर आती। पाँच-छह वर्ष की न सही, लेकिन बारह से लेकर पंद्रह वर्प की अधिकांश लड़कियों को ही मैंने विवाहित देखा है। यह बाल्यदाह सतीदाह कम भयानक नहीं है।

उस ज़माने और इस ज़माने में सिर्फ़ समय की लंबी दूरी ही दिखाई देती है, संस्कार में एक बूँद भी कमी नहीं देखती।

4. नारी भी तो इसी समाज का अंश है, जिस समाज ने नारीत्व को विभिन्न कला-कुशलता सिखाया है, नारी भी तो इसी समाज का व्यक्ति है जिस समाज में इस पोथी काव्य की रचना हुई है—

पति भक्ति करो हमेशा रहते जीवन,
पति भक्ति सती-साध्वी करती प्राणपण।
सती-साध्वी अबला का यही तो है धर्म,
करती सार्थक अपना जीवन कर पति का सेवा-कर्म॥
सबसे बड़ी पति-सेवा, रमणी के प्रेम धन,
पाकर यह अनमोल रतन करती सार्थक जीवन।
सती का लक्षण यह जाना एक दिन,
नहीं जानती वह और कुछ इसके बिन॥
शयन में, स्वप्न में, ध्यान और जागरण में,
जीवन सार्थक करती पति के चरण में।
कैसे उज्ज्वल होगा पति का घर-द्वार,

दिवा-रात्रि यह सोच है उसका संसार॥
पति की खुशी के बिना शांति की नहीं चाह,
सती की मर्म-व्यथा है केवल पति की परवाह।
पति के सुख में सुखी, दुःख में दुखिनी,
पति के प्यार में ही उसके कटे दिवस-रजनी॥
क्षमता से अधिक भार पति को न देती।
जो कुछ देता पति खुशी मन से लेती॥
पतिहित में, पति स्वार्थ में नश्वर जीवन,
पाती सदा संतोष, सब कुछ करके अर्पण॥

और इस तरह की गाथा घर-घर में प्रचलित भी हुई है। नारी भी तो उसी समाज का अंश है, जिस समाज की नीति और नियम का कंधा नोचकर पेट के निचले हिस्से पर कसकर दो लात जमाने की चाहत लिए हे-हे करते हुए दो करोड़ आदमी जंगली साँड़ की तरह दौड़कर आते हैं। नारी तो इसी समाज़ का अंश है, जिस समाज में हाथ-पाँव, माथा समेटकर उसे घोंघे की तरह खोल में ढँके रहना पड़ता है।

38

1. कुछ बेवकूफ़ लोग ऐसे हैं जो कहते हैं लड़कियाँ ही लड़कियों की शत्रु हैं। क्योंकि बंगाली सास-बहू का झगड़ा बहुत पुराना है। ये सास बहुओं पर अत्याचार करके सुख पाती हैं। हम लोग सोच सकते हैं, कोई स्त्री जब अपने बेटे की बहू की सास बनती है तब वह ऊँची आवाज़ में बोलती है या जब जमाई की सास होती है तब? बेटी के मामले में वह अवश्य ही विनम्र होगी, आपसी सुलह करने में विश्वास रखेगी, लेकिन बेटे के मामले में वह ठीक इसके विपरीत होती है। क्योंकि लड़की मात्र ही पुरुष केंद्रित समाज की शिकार है। शादी के द्वारा लड़के के हाथ में लड़की की ज़िम्मेदारी सौंपने एवं लड़के के घर और घराने की रक्षा करने का दायित्व ग्रहण करने के माध्यम से एक लड़की पुरुषतंत्री समाज के जाल में फँस जाती है।

लड़के के बहू की सास (जब बहू थी) ने भी कभी एक ही तरह का अत्याचार झेला था। लड़के की शादी कराने के कारण यदि वह वर पक्ष की एक प्रतिनिधि बनती है तो अवश्य ही वह प्रतिनिधि एवं लड़का उपर्युक्त कारण से पुरुषतंत्र की हामी है, और इस तरह वह बेटे की माँ भी पुरुषतंत्र की समर्थक हुई। इसलिए यह बात स्वीकार्य नहीं कि नारी स्वयं पुरुषतंत्र की धारक और वाहक है।

दूसरी तरफ़ जब वह अपनी लड़की की शादी कराती है, तो वह इसी पुरुषतंत्र के समक्ष बेटी को समर्पित करती है, तब वह पुरुषतंत्र की समर्थक नहीं होती। तब वह नारी पक्ष की होती है, उत्पीड़ित नारी का प्रतिनिधि, इसलिए वह विनीत, अर्पित, शीलवती, संयमी और मर्यादित होती है। उधर लड़की की सास उसी तरह ही तेज़-तर्रार, नाराज़ और नाखुश बनी रहती है—और अपनी पुत्रवधू के समक्ष इसी तेवर के साथ अपनी भूमिका निभाती रहती है।

इसीलिए हम लोग बेहिचक इस नतीजे पर पहुँच सकते हैं कि नारी एक ही साथ पुरुषतंत्र की 'धारक' और 'वाहक' है। पुरुष का प्रतिनिधित्व करते हुए नारी को नारी की तरफ़ अत्याचार का हाथ बढ़ाना पड़ता है, एक ही तरह का अत्याचार वह झेल चुकी है, उसकी बेटी झेल रही है और पुरुषतंत्र जब उसके हाथ में है वह एक और को झेलने के लिए मजबूर कर रही है। यह भँवर एक है। इसी भँवर में मनुष्य का संचरण होता है। समय एवं परिवेश के परिवर्तन के साथ-साथ पुरुष शासित तंत्र द्वारा नारी विभिन्न तरह से घूमती रहती है।

पुरुषतंत्र की धारक यह वही नारी है जो दूसरी किसी नारी पर अत्याचार करने में पतित होती है। तब वह पृथक् किसी नारी का अस्तित्व नहीं रखती। तब वह पुरुषतंत्र की विशुद्ध प्रतिनिधि के अलावा और कुछ नहीं, तब वह वैसी नारी नहीं होती जो पुरुषशासित समाज के शोषण और पीड़ा का शिकार एक शरीर जो रक्त-मांस का लोथड़ा भर है।

2. लेकिन मूर्ख होने के कारण मुसलमान जिस तरह से विज्ञापन में नारी के व्यवहार को पसंद नहीं करते, उसी तरह प्रगतिशील नारी आंदोलन वाले भी पसंद नहीं करते। फिर दोनों पक्षों के बीच फ़र्क़ ही क्या रह गया?

कट्टरवादियों का कहना है, स्त्री हमेशा पर्दे में रहेगी। उससे बाहर निकलकर विज्ञापन करना उसके लिए मना है। मेरा विचार ऐसा नहीं है। मैं कहती हूँ, नारी को स्वावलंबी होना चाहिए, मज़बूत होना चाहिए, व्यक्तित्व प्रधान होना चाहिए। मैं स्त्री के मनमुग्धकारी शरीर के उत्तेजक प्रदर्शन करके वाहवाही लेने के पक्ष में नहीं हूँ। मैं चाहती हूँ स्त्री अपने रूप से नहीं, गुण के बल पर प्रतिष्ठित हो। मैं विज्ञापनों में नारी के भाग लेने का समर्थन अवश्य करती हूँ, लेकिन किसी अप्रासंगिक या अतार्किक चीज़ में भाग लेने का समर्थन नहीं करती। लेकिन ये कट्टरपंथी किसी नारी को उपार्जनशील, आत्मनिर्भर और प्रगतिशील नहीं देखना चाहते। वे चाहते हैं नारी की दायरा बंदी ताकि वह अंधकार से आच्छन्न सामाजिक गुफा के भीतर बंद और कुंद पड़ी रहे। वे औरतों की आज़ादी नहीं, इसके लिए ज़ंजीरें चाहते हैं चूँकि पूँजीवादी नारी-स्वतंत्रता के नाम पर गोपनीय तौर पर नारी को बिकाऊ बना डालते हैं, और नारी को बिकाऊ बनाकर उसे बंदी बना डालते हैं। नारी का कल्याण चाहने वाले इसीलिए बाज़ार की बिकाऊ पूँजीवादी शृंखला से नारी को मुक्त करना चाहते हैं।

कट्टरवादियों का नज़रिया बिलकुल भिन्न है। वे स्त्री को उजाले में आने नहीं देते, वे स्त्री को मनुष्य के रूप में स्वीकृति नहीं देते। ध्यान से देखने पर पूँजीवादी और कट्टरवादियों का अंतर्निहित सामंजस्य बहुत स्पष्ट हो जाता है। पूँजीवादी स्त्रियों को ऐसी बेड़ियाँ पहनाते हैं, वह रंगीन और चमकदार है और, कट्टरवादियों की बेड़ियाँ हैं—सूरा-कलमा पढ़ना और शंख और चूल्हे फूँकना वगैरह-वगैरह। सामंजस्य इसलिए है कि दोनों एक ही चीज़ से औरत की जिंदगी को सख़्ती से बाँधते हैं—और वह है ज़ंजीर।

और मैं, अगर ज़रा-सा भी स्त्री के कल्याण की कामना करती हूँ—मैं उसके लिए कोई बेड़ी नहीं चाहती। नारी जब तक इन सारे बंधनों का त्याग कर रूप-रस-गंध की जैसी इच्छा हो, उसी तरह से भोग करने का अधिकार नहीं पा लेती, उतने दिनों तक सभी बंधनवादियों की तरफ़ मैं उगलती रहूँगी—घृणा, घृणा और घृणा।

39

1. अधिकांश विवाहित लड़कियों के साथ मैं पंद्रह सेकेंड से ज़्यादा बात नहीं कर सकती। क्योंकि वे आमतौर पर आरंभ में ही कहना शुरू करती हैं कि पति महोदय क्या खाना एवं क्या पहनना पसंद करते हैं, इसके अलावा इनकी अपनी कोई बात ही नहीं होती। यह सब कहकर वे समाज में बनी रहना चाहती हैं क्योंकि वे समझती हैं कि बनी रहने के लिए इसके अलावा और कोई चारा नहीं है।

इसलिए पति यदि प्यार से एक कीमती साड़ी ख़रीद दे या सोने का गहना बनवा दे या फिर और ज़्यादा प्यार करके ज़मीन का एक टुकड़ा वसीयत में सौंप दे, फिर तो कहना की क्या इन विषय-संपत्ति के सम्मोहन के समक्ष कमज़ोर लड़कियाँ धीरे-धीरे पराजित हो जाती हैं। कोई बहुत तेज़ी से पराजित होती है तो कोई धीरे-धीरे। दरअसल दुनिया का यह 'सुख' नामक लालच एक कुएँ की तरह है। जिस प्रकार मेंढक कुएँ को विशाल झील समझकर खुशी से उछलता-फिरता है, उसी तरह दो साड़ियाँ और कान-नाक में पहनने के दो-चार कीमती चीज़ें पाकर वे अपने परिवार रूपी कुएँ को विश्व ब्रह्मांड समझने का भूल करती हैं। मनुष्य भूल जाता है कि स्वतंत्रता सर्वप्रथम अधिकार है। नारी अपनी स्वतंत्रता को छोटे-से घर के लिए बेच देती है। हालाँकि मनुष्य जानता है घर किसी की दुनिया नहीं होती। घर है मनुष्य के लिए विश्राम एवं निहायत व्यक्तिगत काम-काज के लिए अपनी एक आड़। लेकिन कोई पुरुष जब शादी करता है तो स्त्री को परिवार और बंधन दोनों ही उपहार देता है। दरअसल कोई पुरुष अकेले यह नहीं देता, देता है पुरुषशासित समाज।

परिवार किसी का कर्म नहीं हो सकता, किसी का कवच हो सकता है, लेकिन किसी का धर्म नहीं हो सकता। जो लोग किसी पर इस तरह का धर्म लादना चाहते हैं, वे और चाहे कुछ भी हों, धार्मिक तो बिल्कुल हैं, सचमुच के मनुष्य भी नहीं हैं।

2. विज्ञापनों में नारी का इस्तेमाल होता है क्योंकि किसी विज्ञापन में नारी अपना आकर्षक रूप-शरीर और साज-सिंगार से लैस होकर इस तरह उपस्थित होती है कि बेची जानी वाली चीज़ से वही ज़्यादा लुभावनी जान पड़ती है और, उसी स्त्री के चलते वह वस्तु लोकप्रिय होती है। इससे व्यावसायिक लाभ अवश्य होता है लेकिन जो स्त्री बिकाऊ चीज़ के नाम पर खुद इस्तेमाल हो रही है, उसका क्या होता है? इस देश की किसी भी बिकाऊ चीज़ में स्त्री भी एक तरह की बिकाऊ माल है। उसकी आँखें, बाल, भौंहें, होंठों की मुस्कान, पीनोन्नत स्तन उसके सात चक्करों वाले नाच को बाज़ार की बिकाऊ चीज़ों से ज़्यादा महत्त्वपूर्ण समझा जाता है। ये विज्ञापन व्यवसायी 'माल' से 'औरत' को ज़्यादा अहमियत देने की कोशिश में लगे रहते हैं, पुरुषों के सेविंग ब्लेड, सिगरेट, शर्टिंग-सूटिंग, जूता, जुराब, शैम्पू, साबुन सब कुछ में अनावश्यक रूप से औरत को प्रस्तुत किया जाता है। दरअसल स्त्रियाँ कोई काम नहीं कर रही हैं, सिर्फ़ इस्तेमाल की जा रही हैं और इस समाज में शायद इस्तेमाल होना ही उनका मुख्य काम है।

3. उस दिन एक क़ब्रिस्तान में घुसते हुए एक साइनबोर्ड देखी—'औरतों का अंदर आना मना है।' इतने दिनों से पता था कि प्रवेश की मनाही तो गाय, बकरियों के लिए होती है। अब देख रही हूँ, महिलाओं के लिए भी मनाही होती है। शायद जानवरों और औरतों के लिए ही सभी निषेधाज्ञाएँ जारी की जाती हैं।

4. इस बात को लेकर उन्होंने मुझे दो बार जिबह करना चाहा है। उनमें बांग्लादेश के जाने-माने आलिम, इस्लामी राजनीति के पेशेवर नेता और इस्लामी चिंतक हैं। एक बार सलमान रुशदी के 'सैटानिक वर्सेज' के प्रसंग में लेखक की स्वतंत्रता के पक्ष में बयान देने के कारण और दूसरी बार लड़कियों की पर्दा-प्रथा के विरुद्ध विचार रखने के कारण उन्होंने राष्ट्रीय दैनिक में बयान दिया है कि मेरा क़त्ल किया जाना वाजिब है।

इस बात में मुझे ज़रा भी शंका नहीं है कि वे लोग किसी भी दिन 'अल्लाहो अकबर' कहकर मुझे जिबह कर सकते हैं। नहीं...नहीं, इस बात का मुझे ज़रा भी डर नहीं। सड़क पर दुर्घटना हो सकती है—यह जानकर क्या मैं सड़क पर नहीं चलती? बिजली से मौतें होती हैं—यह जानकर भी क्या मैं बिजली से चलने वाली वस्तुओं का इस्तेमाल नहीं करती? करती हूँ। यह जानकर कि समाज फन उठाए मुझे डसने के लिए खड़ा है, उसी समाज में ही रहना होगा। मैं नहीं जानती कि इसमें कोई है भी या नहीं जिसकी जुबान में अब तक ज़ंग नहीं लगी, जिनकी क़लमों ने अब तक समझौते की भाषा नहीं सीखी। या फिर हैं, बहुत-से लोग हैं, लेकिन मैं 'नारी'

हूँ इसलिए मेरे पक्ष में खड़ा होने में उन्हें संकोच होता है, हालाँकि वे सच के पक्ष में ही कहेंगे।

शायद खुद को ख़ामोश 'क़त्ल' करके ही मुझे नारी जीवन का प्रायश्चित्त करना होगा।

5. इटली की प्रसिद्ध संवाददाता उरियाना फालासी ने कहा है—"अपने भीतर के भ्रूण से मैंने कहा, 'प्रिय शिशु जीवन युद्ध है, निरंतर युद्ध।' जानना चाहती हूँ, तू पृथ्वी पर जन्म लेना चाहती है या नहीं। उसने कहा, 'नरक में तुम अकेली जाओ माँ मैं अब जन्म नहीं ले रही।"

40

1. 'श्लीलता' शब्द का अर्थ है—भद्रता, शिष्टता। 'श्लीलताहानि' शब्द का अर्थ है—भद्रता का नाश या शिष्टताहीनता। 'श्लीलताहानि' शब्द का उच्चारण करने पर जो चेहरा आँखों के सामने उभर आता है, वह पुरुष का नहीं, नारी का होता है। श्लीलताहानि पुरुष की नहीं होती, नारी की होती है। क्योंकि पुरुष शिष्ट न भी रहे तो चलता है। लेकिन नारी की शिष्टता, शुद्धता, सतीत्व, सौंदर्य न रहे तो और क्या रहेगा?

नारी के पास तो यही कुछ संपदा है, इसलिए इन संपदाओं को सँभाल कर न रखने पर वह भला और क्या सँभालकर रखेगी?

2. पिछले सप्ताह में मेरे घर के पास के दो मकानों में छह-छह वर्ष की दो बच्चियों के साथ बलात्कार हुआ। उनकी शिकायत एक ही जैसी थी—दूर के रिश्तेदार या पड़ोसी आदमी (उम्र तैंतालिस से अधिक होगी) चाकलेट, मिमि देकर बहला-फुसला कर उनके पैंट उतार लिए। मैं सोच नहीं पाती की छह वर्ष की बच्ची के शरीर का उपभोग करने की इच्छा से बूढ़े शरीर का खून कैसे गरम हो उठा।

3. सतीत्व, ममत्व, वात्सल्य आदि गुणों को 'नारी धर्म' कहा जाता है। 'पुरुष धर्म' नामक कोई शब्द शब्दकोश में नहीं है। क्योंकि पुरुष को 'सतीत्व रक्षा' की कोई ज़रूरत नहीं, उनमें ममत्व और वात्सल्य न रहने पर भी कुछ नहीं होता। ज्वार और तेज रहने पर ही पुरुष टिका रहता है। किसी स्त्री के अंदर यदि तेज़ और ज्वार दिखाई दे तो उसे अच्छा गुण न कहकर दुर्गुण कहा जाता है। इससे यह धारणा स्पष्ट होती है कि स्त्री नरम और पुरुष कठोर प्रकृति का होता है। इसीलिए इन नरम गुणों को स्त्रियों के लिए निर्धारित किया गया है। शारीरिक अंतर के कारण गुणों का कोई हेरफेर नहीं होता। किसका क्या गुण और धर्म होगा, इसे समाज के कुछ एक पुरुष निर्धारित करते हैं। उन्होंने शौर्य तथा वीर्य जैसे मुख्य गुणों के बाद

अन्य जो निरर्थक कुछ गुण रह जाते हैं, उन्हें नारी के हिस्से में दे दिया।

दरअसल जो धर्म नारी और पुरुष दोनों के लिए ज़रूरी है, वह कोई नारी या पुरुष धर्म नहीं—वह है 'मानव धर्म'। जिसका 'मानव धर्म' नहीं है, वही नारी और पुरुष के बीच धर्म का बँटवारा करते हैं।

4. इस देश के चिकित्सक मौक़ा पाते ही ईरान चले जाते हैं। मेरे कई चिकित्सक मित्र ईरान से लौटकर वहाँ की चर्चा करते हैं। उन्होंने सबसे ज़्यादा जिस बात का जिक्र किया है, वह यह कि ईरानी लड़कियाँ सिर से पाँव तक अवश्य ढँकी रहती हैं। लेकिन चिकित्सक के पास जब इलाज़ करवाने आती हैं तब स्वयं सारे कपड़े उतार, नंगी हो लेट जाती हैं। चिकित्सक को जाँच करके उनके शरीर में विशेष कोई रोग नहीं मिलता। दरअसल, उनकी बीमारी उनके मन में है। दरअसल चारदीवारी में बंद स्त्रियाँ बाहर निकलना चाहती हैं, इसीलिए बीमारी के बहाने निकल पड़ती हैं। दरअसल बाहर निकलना ही उनका मूल उद्देश्य है विदेशी व्यक्ति को पाकर वे देशी नियमों को तोड़कर मन की बीमारी दूर करती हैं। चिकित्सक के पास आते ही जो कपड़ा उतार फेंकती हैं।

इस बार ग्यारहवें एशियाड में भी सिर्फ़ उनके चेहरे से सिवा कुछ नहीं दिखाई दिया। काले रंग के बुरके में ही उन्होंने मार्च पास्ट किया। सबसे मज़ेदार बात है कि अपने दल का नामपट्ट लेकर चीनी लड़कियाँ मिनी स्कर्ट पहने चल रही थीं। सिर्फ़ ईरानियों के मामले में—चूँकि मिनी स्कर्ट पहनना इस्लामविरोधी काम है, इसलिए उनका नामपट्ट एक पुरुष थामे हुए था। कई लोगों ने सवाल किया, ईरानी लड़कियाँ क्या उछल-कूद, दौड़-तैराकी आदि में बुरका पहनकर ही भाग लेंगी, या फिर खेल के लिए अंततः इस्लाम को शरीर से उतार देंगी?

मेरे चिकित्सक मित्र ईरानी लड़कियों के सुंदर शरीर की बहुत प्रशंसा करते हैं। कानी उँगली में दर्द बताकर नंगी होकर लेट जाने वाली लड़कियों के पूरे शरीर को दबा-दबा कर देखना पड़ता है कि शरीर के किसी और हिस्से में दर्द है या नहीं! वरना वे नाराज़ हो जाती हैं। पराधीनता मनुष्य को अस्वस्थ बना देती है, विकृत करती है, तन और मन को अपाहिज़ बना देती है। मौक़ा पाते ही वे पराधीन शरीर को यत्र-तत्र स्वतंत्र करना चाहती हैं। इससे उनको थोड़ी भी स्वतंत्रता प्राप्त नहीं होती, बल्कि विदेशी पुरुषों की आँखों को थोड़ा आराम मिलता है।

5. ढाका शहर में कई तरह की बाल काटने की दुकानें हैं। फुटपाथ पर पीढ़े पर बैठाकर नाई बाल बनाता है, शीतताप नियंत्रित कमरे में बैठकर देशी-विदेशी लड़कियाँ, देशी-विदेशी लड़कियों के बाल काटती-छाँटती हैं, बाँधती हैं। कुछ मध्यम श्रेणी की भी दुकानें हैं, उनमें पुरुष ही लड़कों के बाल काटते हैं।

इधर इन मध्यम श्रेणी के सैलूनों में कुछ महिला नाई का आविर्भाव हुआ है। यह एक अच्छा लक्षण है—लड़कियाँ काम कर रहीं हैं, रोज़गार कर रही हैं। लेकिन

सैलून के काम में बराबर योग्यता रखने वाले कुशल मर्दों और औरतों के पारिश्रमिक अलग-अलग हैं। मर्दों के बाल काटने पर बीस रुपये और औरतों के काटने पर चालीस रुपये पाएगी। फार्म गेट के एक सैलून में यह रेट सूची टँगी हुई देखी। मेरा सवाल है, लड़कियों को चालीस रुपये क्यों? लड़कों से बीस रुपये ज़्यादा क्यों?

इन दुकानों में बाल कटवाने के अलावा एक और अलिखित चीज़ बिकती है, वह है—नारीस्पर्श। बाल काटने की कीमत बीस रुपये और नारीस्पर्श की बीस रुपये। कुल चालीस रुपये। अलग से बीस रुपये उसका अनैतिक रोज़गार है। पारिश्रमिक भिन्नता को देखकर इस नारी श्रम के प्रति मेरी और कोई आस्था नहीं रही।

लड़कियाँ जिस काम में भी उतरती हैं, जिस काम के लिए भी वह आगे बढ़ती हैं—नारीत्व की कुछ-न-कुछ कीमत उन्हें चुकानी ही पड़ती है। कहीं दृष्टि, कहीं स्पर्श, कहीं कंठ स्वर, कहीं भंगिमा, कहीं मुस्कान और कहीं आह्लाद।

जिस दिन यह समाज स्त्री शरीर का नहीं—शरीर के अंग-प्रत्यंग का नहीं, स्त्री की मेधा और श्रम का मूल्य देना सीख जाएगा, सिर्फ़ उसी दिन स्त्री 'मनुष्य' के रूप में स्वीकृत होगी।

41

1. यदि पुरुष किसी कठिन काम को करने में असमर्थ होता है तो उसकी लज्जित करने का एक लोकप्रिय मुहावरा है—'हाथ में चूड़ियाँ पहनना।' इससे वह असमर्थ पुरुष पूरी तरह लज्जित हो जाता है और उसे अपमानित करने वाला व्यक्ति बहुत प्रसन्न होता है।

पुरुष की मान-मर्यादा को धूल में मिलाने के लिए 'हाथ में चूड़ी पहनाना' मुहावरा सबसे ज्यादा उपयुक्त होता है। हाथ में चूड़ियाँ पहनने का अर्थ है वह पुरुष नहीं है, शौर्ययुक्त नहीं है। चूँकि वह पुरुष नहीं है—वह 'स्त्री' है। वह 'स्त्री' इसलिए है क्योंकि वह असमर्थ है, व्यर्थ है, दुर्बल है। स्त्री मात्र ही अक्षम, असमर्थ, अपदार्थ और अकर्मण्य है, इसीलिए किसी पुरुष को 'स्त्री' कहना उसे बहुत ज़्यादा धिक्कारता है, कलंकित करता है।

किसी को अकथ्य गाली देने से, शारीरिक प्रताड़ना देने से हाथ में चूड़ियाँ पहनाने की बात कहना ज़्यादा अपमानजनक है।

पुरुष हाथ में चूड़ियाँ पहनने को अपमानजनक समझते हैं। पुरुष रत्ती भर भी स्त्री बनने से घृणा करता है। इसीलिए उसके बलवान शरीर में 'स्त्री-सज्जा' पुरुष की ख्याति नष्ट करती है, उसके पौरुष को निंदित करती है। स्त्री होने जैसी चरम

लज्जा और किसी चीज़ में नहीं।

एक बार किसी लड़के को एक भारी अपराध के कारण सज़ा देने का इंतज़ाम किया गया। तीक्ष्ण बुद्धि के कुछ लड़कों ने अपराधी को मारकर हाथ-पाँव तोड़ने के बजाय उसे साड़ी पहनाकर होंठ और गाल में लिपिस्टिक लगाने जैसी सबसे बड़ी सज़ा दी गई। इससे अपमान की मात्रा इतनी बढ़ गई कि उस लड़के ने आत्महत्या कर ली। मेरा विश्वास है कि स्त्री का साज-शृंगार कराने से बड़ी और कोई ऐसी सज़ा नहीं है, जो उस लड़के को आत्महत्या करने के लिए विवश करती। स्त्री का रूप इतना ज़्यादा असम्भ्रांत, ग्लानिपूर्ण है कि वह पुरुष देह में धारण किए बिना समझना दुरूह है।

लेकिन पुरुष की पोशाक पहनने से तो स्त्री की सम्मान-हानि नहीं होती। स्त्री अपमानित नहीं होती, आत्महत्या नहीं करती। या फिर स्त्री अधर्म है, अंकिचन है, इसलिए स्त्री की पोशाक को पुरुष हीन और नीच चरित्र की पोशाक समझता है। इसीलिए उस पोशाक के आवरण में वे लज्जित होते हैं, इसलिए वे मुँह छिपाते हैं। इसीलिए वे 'मसखरे' कहलाते हैं, लोगों की हँसी के पात्र होते हैं। स्त्री होने जैसी लज्जा और कहाँ है। स्त्री जन्म जैसा घृणित जन्म सूअर-गिद्धों का भी नहीं है।

प्राचीन काल में पापी पुरुषों को शाप दिया जाता था—अगले जन्म में स्त्री-जन्म हो। भेड़-बकरी होकर जन्म लेने से 'स्त्री-जन्म' शाप के बतौर ज़्यादा भयानक होता है।

2. इस देश में कला-साहित्य संबंधी एक साप्ताहिक पत्रिका थी 'मूलधारा' जो नहीं चल पाई। साँस गिनते रहने के बदले 'मूलधारा' अब 'नारीदेह' में लौट गई है। सिनेमा की नायिकाओं के 'क, ख, ग' यानी उनके बाल, आँख, नाक, होंठों को लेकर शोध करना, खाना पकाना, टी. वी. स्टारों की तस्वीरें, साज-सिंगार, नारी के वक्ष सुडौल कैसे हों और कमर पतली करने के उपाय एवं उपदेशों की वर्षा करना ही अब 'मूलधारा' का मूल काम है। अब मूलधारा का बाज़ार चढ़ा रहेगा। देश में स्त्री-शरीर का कारोबार जितनी अच्छी तरह चलता है, स्त्री-शरीर संबंधी ख़बरों का बिजनेस भी उतना ही अच्छा चलता है।

अगर हमारे पाठकों को जायकेदार खाना और दिलचस्प औरत मिल जाए तो बस और कुछ नहीं चाहिए। इसीलिए पाठकों की सुविधा के लिए मूलधारा ने अपनी अधोयात्रा को ही क़बूल कर लिया।

3. लोगों का कहना है, औरतें चेहरे पर स्नो-पाउडर लगाती हैं और आँखों में काज़ल डालती हैं। मैं कहती हूँ औरत खुद के चेहरे पर खुद ही चूना और कालिख पोतती है। स्त्री अपने ही हाथों से अपने गाल में चूना पोतती है, और अपने ही हाथों से अपनी आँखों में कालिख लगाती है।

चेहरे पर चूना-कालिख लगने पर आदमी लज्जित होता है। लेकिन स्त्री को लज्जा नहीं। स्त्री को अपने प्रति घृणा नहीं है। लेकिन वह ऊपर से नीचे तक सामाजिक

स्वांग रचाकर मज़े से घूमती है।

आँखों में काज़ल लगाते-लगाते स्त्री की आँखें अब अंधी हो चुकी हैं। खाल पर चूना पोतते-पोतते उसकी त्वचा अब सेंसलेस और निस्तेज हो चुकी है। इसीलिए शरीर पर चोट लगने से स्त्री चिल्लाती भी नहीं, सम्मान पर आघात होने का स्त्री को पता भी नहीं चलता। इसीलिए आँखों के सामने स्त्री के सब कुछ लुट जाने पर भी स्त्री को दिखाई नहीं पड़ता।

4. बीच-बीच में कविता रूपी जल में मैं आकंठ डूब जाती हूँ। उस दिन एक कविता ने मुझे डुबोकर, वहाकर ऐसा कर डाला कि मैं खड़ी होने के लिए किनारा नहीं ढूँढ़ पाई। कविता का नाम है 'सस्ती चीज़'—

''बाज़ार में इतना सस्ता और कुछ नहीं मिलता
जितनी सस्ती मिलती हैं लड़कियाँ
वे सब आलता की एक शीशी पाकर मारे ख़ुशी के,
तीन दिन बिना सोये बिता देती हैं।
बदन में लगाने के दो साबुन और बालों के लिए खुशबूदार तेल पाकर।
वे ऐसी फूली नहीं समातीं कि उनके शरीर का मांस निकाल कर
हफ्ते में दो बार हाट-बाज़ार में बेचा जा सकता है।
एक नयनी पाकर वे सब सत्तर दिनों तक तलवे चाटती हैं,
और एक साड़ी सिलने पर पूरे साढ़े तीन महीने तक।
घर का मरियल कुत्ता भी ज़रूरत जड़ने पर भौंक उठता है
लेकिन सस्ती लड़की के मुँह में एक 'क्लिप' लगा रहता है—
सोने का क्लिप।''

42

जब मैं अपने आपको देखती हूँ—विशेपकर शरीर को, तो लगता है शरीर के कुछ हिस्से को लेकर मैं कुछ ज़्यादा ही सचेत हूँ। इस चेतना का जन्म आज अचानक इस उम्र में आकर नहीं हुआ। यह बोध उस समय से है जब मेरी उम्र तेरह वर्ष की थीं। मेरे भाई ने 'गरमी लग रही है, कहते हुए आँगन में बैठकर सबके सामने शर्ट उतार दिया था। उससे ज़्यादा गरमी में छटपटाते हुए भी मैं, उसकी हमउम्र बहन होने के बावजूद मैं इतनी आसानी से अपने कपड़े नहीं उतार पाई।

एक बार दूर के सफ़र में जाते हुए सभी यात्रियों को शौच जाने की बहुत ज़रूरत महसूस हुई। पुरुष यात्री रास्ते के किनारे नाले या पेड़ की आड़ में अपने

प्राकृतिक काम से निबटारा पा लिए। महिला यात्री प्रचंड दबाव के बावजूद उस दिन शौच नहीं कर पाईं। मैं जानती हूँ, यदि उनमें से एक भी उस कार्य के लिए आगे बढ़ती तो वह नज़ारा बस के दूसरे मुसाफ़िरों की दृष्टि में बहुत उपभोग्य होता। लज्जा के इस चाकू ने नारी के शरीर को सौ टुकड़ों में बाँटकर रख दिया था इसीलिए उनमें से कोई भी अपनी सीट छोड़कर खड़ी नहीं हो पाई। मैं अपने कुर्ते के बटन उस तेरह वर्ष की उम्र से ही बहुत कसकर बाँधे हुई हूँ। गरमी में उबलते रहने पर भी हमें कुर्ता उतारने के लिए आड़ की ज़रूरत होती है। मैं खुली हवा में नंगे बदन नहा नहीं सकती।

जो व्यक्ति इतने बंधन, इतने प्रतिबंध ढोते हुए जीवन शुरू करता है, वह कोई कम विपत्ति, कोई सँकरे गलियारे, अंधकार, पहाड़-पर्वत या जंगल पार करते हुए बड़ा नहीं होता। कोई भी स्त्री अपने शरीर में एक बेड़ी (बंधन) अनुभव करती है—वह है नारीत्व की बेड़ी। (चूँकि वह स्त्री है एवं उसके सारे शरीर में नारीत्व की बेड़ी है, इसलिए उसके रास्ते नपे-तुले और गंतव्य स्थान निर्धारित है) जितने प्रतिबंधों से उसका सामना होता है, उतना वह अनुभव के द्वारा नयी चेतना का आविष्कार करती है। इसीलिए मैं स्त्री को 'मनुष्य से बढ़कर मनुष्य' कहना पसंद करती हूँ।

स्त्री में धारण करने की क्षमता इतनी अधिक है कि मैं खुद नारी होकर विस्मित होती हूँ। अपने शरीर में एक और शरीर धारण करने का अनुभव जिसने एक बार भी प्राप्त कर लिया है, उसके लिए पृथ्वी का कोई भी निर्माण तुच्छ प्रतीत होने के लिए बाध्य है। वह अपने अस्तित्व की तरह एक और अस्तित्व को भी धारण कर सकती है, उसी तरह असंख्य अस्तित्व को अपने अंदर धारण कर सकती है। मैं इस तरह की तुलना और किसी वस्तु के साथ करने का साहस नहीं जुटा पाती।

उस दिन मेरी आँखों के सामने एक किशोरी अन्य तीन स्त्रियों के साथ मेले में घूम रही थी, संभवतः वे उसकी रिश्तेदार थीं। चलते-चलते थोड़ी देर बाद वे मेरे बिलकुल क़रीब आकर रुकीं। मैंने पाया, पास ही एक होण्डा मोटरसाइकिल के सहारे खड़े दो लड़के जिनकी उम्र बीस-इक्कीस वर्ष की होगी, 'आमड़ा' खाकर उसकी गुठली उस लड़की की तरफ़ फेंक दी—जो लड़की के बालों में आकर लटक गयी। लड़की ने चारों तरफ़ देखा। चारों तरफ़ से ज़्यादा अपनी रिश्तेदारों की तरफ। उनकी आँखें लज्जा और शंका से झुक गईं। बालों से आमड़ा की गुठली को तेज़ी से हटाती हुई इस तरह देखा, मानो वह कोई भयानक अपराध कर रही है, मानो लड़कों की बेहूदगी की वजह वह खुद ही है। चूँकि वह एक स्त्री है इसीलिए स्त्री-जन्म का प्रायश्चित्त वह इसी तरह से करती है। वह लज्जित होती है, सहम जाती है, वह अपराधी बनती है और उस जगह से खुद को जल्दी से हटा लेती है। उन्होंने वह अपकर्म किया, घृणा या धिक्कार उनकी तरफ़ नहीं जाता, सभी की नज़रें स्त्री पर ही ठहर जाती हैं। क्योंकि चारो तरफ़ इतने सारे सिर हैं तो वह गुठली किसी दूसरे के सिर पर

न पड़कर तुम्हारे ही सिर पर क्यों पड़ी? ज़रूर यह सिर का दोष होगा। सारा दोष, सारे अपराध, पुरुष के सारे अपकर्मों का फल वह अकेली ही झेलती है। झेलती है पुरुष की सारी उत्तेजना, अस्वस्थता और मनमानी। इन सारी चीज़ों को अपने अंदर समाहित करके वह वातावरण को स्वस्थ रखती है, परिवार, समाज को स्वस्थ रखती है। जिन स्त्रियों के पति खुलेआम दूसरी औरतों के साथ ग़लत रिश्ता रखते हैं, क्या वे स्त्रियाँ दांपत्य की सारी फिसलन को धारण नहीं करतीं? जो अपनी तेरह वर्ष की उम्र में कुर्ते के बटन सख़्ती से कसती हैं, वे जीवन के सारे दुखों को उसी तरह छाती में कसकर रखती हैं।

स्त्री के एक शरीर में पुरुष और भी बहुत कुछ को धारण किए हुए देखना पसंद करता है। स्त्री को माता के रूप में, बहन के रूप में, प्रिया के रूप में देखने पर पुरुषों को बड़ा सुकून मिलता है। एक ही शरीर में तीनों को पा लेने को वे कंगाल हो जाते हैं। उनके भीतर तीव्र इच्छा होती है कि जब वे घर लौटेंगे, स्त्री स्वादिष्ट खाना पकाकर खुद न खाकर माँ की तरह बैठी उनका इंतज़ार करती रहेगी। बड़ी बहन की तरह सारा सामान सँभालकर रखेगी, कपड़े-लत्ते फींच देगी, और प्रेमिका की तरह बिस्तर में अपनी सुंदर काया को पसार देगी।

पुरुष घर के कामकाज में स्त्री को विभिन्न रूपों में पाने के इच्छुक होते हैं। स्त्री को ज़िंदगी के रंगमंच पर अभिनय करवाकर वे वाहवाही लुटा रहे हैं, तालियाँ बजा रहे हैं, स्त्री जितना अधिक भिन्न-भिन्न रूपों में अभिनय करने में पारदर्शी होंगी, पुरुषों को उतना ही फायदा होगा, उतना ही ज़्यादा उनके तन-मन को आनंद मिलेगा।

क्या बंधन उस समय से शुरू हो जाता है जब उमसभरी गर्मी की दोपहरी में तेरह वर्षीय बालिका अपना कुर्ता नहीं उतार पाती? असल में प्राकृतिक फ़र्क के अलावा नारी और पुरुष में कोई अंतर नहीं होता। और यह प्राकृतिक भेद-भाव ही समाज की सबसे बड़ी पूँजी को लगाकर वे कारोबार कर रहे हैं, मुनाफ़ा लूट रहे हैं।

जिस स्त्री को मनुष्य पैरों तले कुचल डालता है, खनन करता है, नोचता-खसोटता है—उस स्त्री का ही नाम दिया है उसने—जननी। पृथ्वी को 'स्त्री' की तरह समझा जाता है चूँकि वह धारण करती है। चूँकि वह खंडित और चूर्ण-विचूर्ण होने से पीछे नहीं हटती, इसीलिए उसे गूँदा जाता है, रौदा जाता है।

स्त्री को एक ऐसा खिलौना बनाया जाता है कि चाबी देते ही वह पुरुष के इर्द-गिर्द कभी ढोल बजाएगी, तो कभी बाँसुरी बजाएगी। कुल मिलाकर वह पुरुष को आनंद भी प्रदान करेगी और आश्वस्त भी रखेगी।

43

1. वे हमारे घर पूजा के लिए बेलपत्ता लेने आते थे। उनके घर लक्ष्मीपूजा में तिल का लड्डू, नारियल की बरफी खाने जाती थी। भोर में उठकर वे डलिया भर फूल तोड़ ले जाते थे। दुर्गापूजा में शाम को हम लोग झुंड बनाकर पूजा देखने जाते थे। विसर्जन की शाम देवी की आरती में भाग लेते थे। वे भी हमारी ईद में पुलाव-कोरमा खाते हैं। कभी हमने किसी में कोई असंतोष नहीं देखा।

एक बार मैं मानिकगंज में कालीगंगा के किनारे घूमने गई थी। स्कूल के मैदान में सरस्वती पूजा-मंडप था। उस स्कूल में मुसलमान लड़के भी पढ़ने आते थे। लेकिन कभी किसी ने पत्थर मारकर सरस्वती का सिर नहीं फोड़ा।

अयोध्या में मस्जिद को लेकर झमेला हुआ, और इस देश में मुसलमानों ने 'काफ़िर' नाम के निरीह हिन्दुओं को बेवज़ह जिबह किया। दुकानों-घरों को लूटा। मेरे घर के आसपास के मंदिरों को धूल में मिला दिया गया, मैं मंदिर का एक टुकड़ा उठाकर लाई हूँ। उसे देखकर मेरी माँ चौंक गई। वह समझ नहीं पाई कि यह मंदिर का टुकड़ा है या मस्जिद का।

यदि धर्म की इमारतें एक व्यक्ति का दूसरे व्यक्ति से प्रेम ख़त्म करती हैं तो ध्वस्त हो जाएँ ये मंदिर, मस्जिद, गिरजाघर और पैगोडा का सारा अस्तित्व। ईंट-पत्थर से बड़ा मनुष्य है। ईंट-पत्थर से बड़ा प्रेम है।

2. चार-पाँच मर्दों के मिलकर एक लड़की से बारी-बारी से किए गए बलात्कार को पाशविक अत्याचार कहा जाता है। मुझे इस मामले में 'पाशविक' शब्द के इस्तेमाल पर बहुत आपत्ति है। पशुओं के समान आचरण को पाशविक कहा जाता है। लेकिन मैं यह ठीक ही जानती हूँ कि चार पशु एकत्रित होकर चाहे जितना भी नीचे गिरें, उतना नीचे नहीं गिरते जितने ये मर्द गिरते हैं। इसीलिए इस तरह के अत्याचार को 'पुरुषिक' अत्याचार कहने से अत्याचार की निर्ममता का अंदाजा लगाया जा सकता है।

3. तृतीय विश्व में पिता और पति के उत्तराधिकार के अलावा स्त्री राजनीतिक नेता नहीं बन सकती। स्त्री, यदि वह मनुष्य है, यदि वह शक्तिशाली है तो बिना किसी उत्तराधिकार के राजनीति करे और वह राजनीति स्त्री को स्वतंत्र बनाए, दूसरों की लोकप्रियता की पूँछ पकड़कर तृतीय विश्व की नारी और कहाँ तक आगे जाएगी? अब रुकने का समय आ गया है। स्त्री अपने कंठ से अपना नारा लगाए, नारी अपनी मुट्ठी भींच ले और यदि तर्जनी उठानी है तो एक बार अपनी भी तर्जनी उठाए।

44

मैं एक मध्यमवर्गीय परिवार की लड़की हूँ। उच्चवर्गीय जीवनयापन का अनुभव मुझे बहुत कम है। यह मेरा सौभाग्य था या दुर्भाग्य मुझे नहीं मालूम। एक उच्चवर्गीय परिवार में मुझे निमंत्रित किया गया था। उस घर का नाम है 'गुलशन।' वे सज्जन कभी मंत्री हुआ करते थे, अब एक कारोबारी हैं। वह महिला (उनकी पत्नी) किसी कंपनी की निदेशक हैं। उन्होंने मुझे पहले जिस कमरे में बैठाया, वह शराब पीने का कमरा था। मुझसे पूछा गया, मैं क्या पीऊँगी? यानी किस किस्म की शराब मैं पसंद करती हूँ। मेरे साफ़्ट ड्रिंक की बात करने पर शायद वे मुझे बहुत ऊँचे स्तर के अतिथि नहीं समझ पाए होंगे।

एक-एक करके आमंत्रित अतिथि आने लगे। हम लोग बड़े-से एक हॉल में पहुँचे। चूँकि मनुष्य मुझे प्रिय है और यह मेरा मुख्य विषय है—मैं उनकी बातों और आचरण के प्रति आकृष्ट हुई और, बहुत हैरान होकर एक बात पर ध्यान दिया, घर की मालकिन की उम्र पचास के करीब होगी, यह मैं जानती हूँ। हालाँकि उनका शरीर और सौंदर्य उन्हें तीस से पैंतीस का बनाए हुए है। वह टाइडी से पहनी हुई साड़ी को बार-बार अपने वक्ष से गिरा दे रही थीं। विशेषकर, जब पुरुष अतिथियों के स्वागत के लिए दरवाज़े की तरफ़ बढ़ रही थीं। मेरे पास उस आचरण की कोई व्याख्या नहीं है। क्यों उस संपन्न महिला का हाथ हमेशा सजग रहता है कि साड़ी का आँचल उनके पीनोन्नत वक्ष को ढँक न दे? अतिथि आ रहे हैं और आने वाले अतिथियों के साथ कमरे में बैठे अतिथि अंग्रेज़ी में चिल्ला उठते हैं, आँख-नाक बंद करके, कंधा झुका कर वे अपनी गर्मजोशी व्यक्त करते हैं, एक दंपति दूसरी दंपति के गाल पर चुंबन दे रहे हैं। यानी इसकी पत्नी उसके पति को और उसका पति इसकी पत्नी को चुम्बन दे रहे है। मैं बार-बार हैरान हो रही थी और साफ़ समझ रही थी कि इन दंपतियों के विचित्र जलसे में सचमुच अजनबी और अटपटी लग रही हूँ। मेरे हाथ में साफ्ट ड्रिंक का गिलास था, उन्हें देखते हुए मैं धीरे-धीरे चुस्कियाँ ले रही थी। मेरे लिए वह एक आश्चर्यभरी शाम थी।

अतिथिगण जब अपनी ही ओर से मुझसे परिचित होना चाहे तो मुझसे पूछा, "आप मिसेज़?" वे जिस तरह से अपना परिचय दे रही थी, जैसे—"मैं मिसेज़ आलम, मैं मिसेज़ मोहिउद्दीन, मैं मिसेज़ सादिक़"—मैंने उस तरह का कोई मिसेज़ परिचय न देते हुए कहा, "मेरा नाम नसरीन है।" वे थोड़ी हैरान हुईं। शायद ज़रा मर्माहत भी।

फ़ारूक, अमानुल्लाह, सफीउद्दीन की जायदाद पर विचरण करने वाली इन दोपाया जीवों ने सारे बदन को गहनों से मढ़ना सीख लिया है, फरटिदार अंग्रेज़ी में बोलना सीखा है। अपने शरीर के उतार-चढ़ाव को प्रदर्शित करने के लिए साड़ी के पल्लू को शरीर से उतार फेंकने में ही मानो उन्हें सुकून मिलेगा।

आख़िर उनके अंदर ऐसी विकृत भावना क्यों है? क्यों 'मिसेज़' शब्द के कालिख से वे अपने को मिटा देना चाहती हैं? अकादमिक शिक्षा के साथ प्रचुर संपन्नता को मिलाकर एक ऐसी ऊटपटाँग संस्कृति का निर्माण करती हैं जो न तो बंगाली है और न ही अंग्रेजी। मैंने पाया है, बांग्ला बोलते हुए उनकी जीभ अचानक भारी हो जाती है और स्वरध्वनि के साथ वह तालमेल नहीं रख पातीं। उनमें से कोई अपने नाम से परिचित नहीं है। वे पति के साथ स्वदेश में रहते हुए विदेश में भ्रमण करती हैं। वे अपने-अपने घर की पार्टी में एक पृथक् संस्कृति का निर्माण करती हैं। वे 'हैलो-हाय' कहकर एक-दूसरे के शरीर पर लुढ़क जाती हैं। वे शरीर को सबसे बड़ी जायदाद समझती हैं। इसलिए शरीर को लीप-पोतकर ऐसा बनाए रखती हैं कि सभी शरीर की तारीफ़ करते रहें। वे लगातार एक-दूसरे के लिए अश्लील वाक्य का प्रयोग करके अंतरंगता का बखान करती फिरती हैं।

कुछ समय बाद मेरी आँखें थक गईं, मेरे कान भी पक गये। अचानक मैंने हॉल में भरे लोगों को हैरानी में डालकर कहा, 'मैं जा रही हूँ।' मैं चली जा रही थी, इससे किसी को कोई फ़र्क़ नहीं पड़ा। क्योंकि जेवरों से लदी-फँदी नहीं थी, मैं किसी 'मिसेज़' के नाम से परिचित नहीं थी। मेरी बातों में आज यूरोप की या कल अमेरिका की मोहक नहीं है। मैं चली आने के लिए बाध्य हुई। क्योंकि, वे महिलाएँ जो अपने आपको अति आधुनिक समझने का दावा करती हैं, जो पति के उद्योग के काग़ज़-पत्र के लेन-देन के लिए बहाल हैं, जो ग़ैर मर्द से लिपटकर चुंबन लेने को नारी स्वतंत्रता समझती हैं, शायद उनके बदन से निकलने वाले रुपये की महक से सारा घर इतना ज़्यादा महक रहा था कि मुझे साँस लेने में तकलीफ़ हो रही थी।

ये अबोध महिलाएँ कड़वे पेय का गिलास हाथ में लेकर शरीर हिला-हिलाकर संपन्नता एवं वैभव की चर्चा कर रही थीं। लोग उन्हें शिक्षित और संभ्रांत के नाम से जानते हैं और मैं उस अंधकार में पड़ी अशिक्षित लड़कियों की विकृत सभ्यता के गाल पर दो ज़ोरदार थप्पड़ मारना चाहती हूँ। जानती हूँ कि वे सभ्यता की शिकार हैं, वे पुरुषशासित समाज के नियमों से आक्रांत बेबस प्राणी मात्र हैं।

मिसेज़ नाम की आड़ में नज़मा, शहाना, डालिया, चित्रा, निपा, शिखा, फ़िरदौसी, नूपुर, कुसुम नाम की लड़कियों को अपने अंतरात्मा से अनुभव करती हूँ। वे चाहें तो क्या अपने नाम से परिचित हो सकतीं? क्या वे हीरे-जवाहरात के मुक़ाबले खुद को न बेचकर, अपने आपको ऐसे खोखले एवं अंतःशून्य आनंददायी शरीर में परिवर्तित न कर एक बार मनुष्य नहीं बन सकतीं, पूर्णांग एवं संपूर्ण मनुष्य–जो मनुष्य अकेला खड़ा हो सके, एक व्यक्ति की तरह स्वस्थ रीढ़ की हड्डी लेकर–जैसा कि इब्सन ने कहा था, कुछ वैसा 'The strongest man in the world is the man who stands most alone.

एक दरिद्र देश में संपन्नता को लेकर कुछ परिवारों में जो व्यभिचार चलता

है, उसे देखने का मुझे दुर्भाग्य हुआ है। गुलशन से लौटते हुए देश की राजनैतिक और आर्थिक अपंगता के बारे में सोचा, और कुलबुला कर हँसती हुई उन अपाहिज़ औरतों की बात सोचकर बदन में गहरे शोक का अनुभव किया। इस अभागे देश एवं देश की अभागी स्त्रियों के लिए शोक और संताप से मेरा सिर झुक जाता है।

45

1. 28 **नवम्बर, '90** "पिछली रात को बी. बी. सी. से क्या प्रसारित हुआ?"

"मुझे मालूम नहीं। रुको, कमल से पूछता हूँ।"

"क्यों समाचार के वक़्त कहाँ थी?"

"काम का कोई अंत है। सुहाद का इम्तिहान पास ही है।"

"सुनने में आया, तुम्हारे घर के सामने दो लड़कों को गोली मार दी गई है"

"पता नहीं, कमाल को मालूम हो सकता है।"

"गोली की आवाज़ नहीं सुनी?"

"ध्यान नहीं दिया। लेकिन कल या परसों ही शायद काफ़ी आवाज़ हो रही थी।"

"कैसी आवाज़? बंदूक, पिस्तौल, काकटेल की या पटाखे की? किसकी आवाज़?"

"मेरे जेठ कह रहे थे..."

"क्या कह रहे थे?"

"ठीक से याद नहीं।"

"किसने गोली मारी? पुलिस या सरकारी आतंकवादी ने?"

"यह भी नहीं जानती।"

"तुम क्या जानती हो बकुल?"

"अब तू ही बता इन बातों की जानकारी मैं कब रखूँगी? मेरी घर-गिरस्ती है कि नहीं?"

"क्या घर-गिरस्ती रहने से यह नहीं जाना जा सकता कि तुम्हारे घर के सामने कौन दो लड़के मर गए, कौन मरा, किसने मारा? कहाँ गोली चल रही है, क्यों चल रही है, देश में कर्फ़्यू क्यों है?"

बकुल मेरी सहेली है। बकुल अपनी प्रतिभा और विचारशक्ति में अपने पति कमाल से किसी भी तरह कम नहीं है। देश की राजनीति और अर्थनीति की जानकारी रखने का दायित्व कमाल का है, बकुल का नहीं। बकुल घर सँभालती है, लड़के को स्कूल ले जाती है, बकुल के लड़के का इम्तिहान नज़दीक है, बकुल अपने लड़के

को अंग्रेज़ी राइम याद करवाती है। बकुल के घर के पास से होकर उस वक़्त जुलूस जा रहा था। छात्रों का जुलूस। उसी जुलूस पर गोली चलाई गई। बकुल उस वक़्त ख़ीर पका रही थी और उसे स्वादिष्ट बनाने के लिए उसमें किसमिस, ईलायची डाल रही थी।

29 नवंबर, '90 की सुबह

"कर्फ़्यू में कैसी हो?"

"कुछ मत पूछो, फ्रीज़ बिलकुल ख़ाली है।"

"तुम्हारी तरफ़ कोई घटना घट रही है?"

"क्या घटेगी। सुबह-सुबह मोदी-दुकान खुलवाकर दो दर्जन अंडे ले आई हूँ।"

"सामने सड़क पर कुछ देखा? जुलूस, पुलिस, छात्र एकता वाले लड़कों को?"

"अंडे मैं थोड़े ही ख़रीदने गई थी, जो देखूँगी? मैंने तो कामवाली को भेजा था।"

"विश्वविद्यालय के इलाके में रह रही हो। वहाँ के हालात..."

"सबकी एक जैसी हालत है। हमारी ही तरह। हमारे फ्लैट में मिसेज़ आलम के सिवा और किसी के फ्रीज़ में मांस-मछली कुछ भी नहीं है।"

"उन हालों की क्या हालत है? रुकैया हाल में, सुना है कुछ लड़कियाँ रह गई हैं?"

"देख रही हूँ हुमायूँ, इन मामलों को लेकर शिक्षकों के साथ सलाह-मशविरा कर रहा है।"

"मैं वहाँ नहीं थी।"

"तुम तो अच्छी ही हो, है न?"

"हम ऐसे बुरे इलाके में रहते हैं, पता नहीं कब क्या हो? दया करके आती रहना।"

मेरी इस बहन का नाम ममता है। ममता विश्वविद्यालय के इलाके को बुरा इलाका कहती है। ममता कर्फ़्यू के ख़त्म होने का इंतज़ार करती है। क़र्फ़्यू के टूटते ही वह डलिया भर सब्ज़ी ख़रीद कर लाएगी। उसे काटेगी, पकाएगी। देश के जहन्नुम में जाने पर ममता क्या करेगी, मैंने नहीं पूछा। शायद वह तब भी हुमायूँ से पूछेगी–"मुझे क्या करना चाहिए?"

29 नवंबर, '90 की शाम

"आपका छोटा भाई तो उस जुलूस में था जिस जुलूस पर पुलिस ने गोली चलाई थी?"

"हाँ बहन, मत पूछो, इतना मना करती हूँ इन मामलों में मत पड़ो। जलसों और इन जुलूसों में जाकर भला कोई लाभ होता है, तुम ही बताओ? अब्बा-अम्मी तो रो-धोकर पागल हुए जाते हैं।"

"क्यों?"

"लड़का जो बहक गया है!"

"छोटी लड़की क्या कर रही है, रत्ना? उसे रिसीवर दो न!"

"लो, दे रही हूँ।"

"कैसी हो?"

"दिन भर वी. सी. आर. पर फ़िल्में देख रही हूँ, क्या भज़ा है!"

"टी. वी. भी तो खुला है, है न?"

"टी. वी. वाले क्या सब खेल दिखा रहे हैं, फ़ालतू। 'कम सेप्टेंबर' देखी है? रॉक हडसन कितना स्वीट है न? क्यों मर गया बेचारा!"

"तुम्हारी परीक्षा पास ही है न?"

"अरे परीक्षा तो होगी ही नहीं। पूरे दिसंबर तो स्कूल बंद ही रहा। काश आज अफजल-सुवर्णा का एक नाटक होता!"

ये सारी लड़कियाँ मेरी रिश्तेदार हैं। ये इसी तरह बड़ी हो रही हैं। इसी तरह तमान परेशानियों से अपने को बचाते हुए और छोटी-छोटी खुशियों में से मज़े लेते हुए।

30 नवंबर, '90

"क्या रे लड़की, हॉल छोड़ रही हो?"

"बिना छोड़े कोई चारा है?"

"घर कब जाओगी?"

"कर्फ़्यू के टूटते ही, घड़ी भर को नहीं रुकूँगी।"

"क्यों, ढाका में रह जाओ। मामा के घर। क्या दिक्कत है?"

"नहीं रे, देश में जो झमेला हो रहा है।"

"तुम पश्चिम में आक्सफ़ोर्ड में पलने वाली महिला हो। तुम भला झमेले से क्यों डरती हो?"

"क्या कर रही हो दीदी?"

"कमरे में बैठे-बैठे 'आयतुल कुरसी' पढ़कर दिन बिता रही हूँ।"

"जुलूस में नहीं गई?"

"दिमाग़ ख़राब है?"

"सूर्यसेन-मोहसिन हॉल की घटना के समय कहाँ थी?"

"कमरे में।"

"बाहर क्यों नहीं निकली? उस लड़ाई के मैदान में?"

"क्यों वहाँ तो तुम्हारे ही क्लास के लड़के थे, तुम्हारे ही दोस्त!"

"अग़र कुछ हो जाता तो?"

"यह कुछ तो उनके मामले में भी हो सकता है।"

"लड़के इधर-उधर दौड़कर भाग सकते हैं।"

"क्या लड़कियों के हाथ-पाँव टूटे हुए हैं?"

इस लड़की का नाम दीना है। यह विश्वविद्यालय की एक होनहार लड़की है। यह लड़की जुलूस से डरती है। बाहर आंदोलन में संघर्ष और समुद्र की विपदा के बीच डूबते-तैरते कुछ सयाने लोग जूझ रहे हैं और देश की शिक्षित महिलाएँ अपनी विपत्ति से बचने के लिए कमरे में बैठकर 'आयतुल कुरसी' पढ़ रही हैं।

2. पिछले 1-12-90 को तीन दलों की साझी अपील और निर्देश प्रचारित हुआ। उस निर्देश का ग्यारहवाँ नंबर—"वीर छात्र, युवा समाज, नारी समाज, पत्रकार, चिकित्सक, शिक्षक, वकील, संस्कृतिकर्मी, टी. वी. और रेडियो कलाकार एवं दूसरे पेशे से जुड़े लोगों द्वारा छेड़े गये आंदोलन के सभी कार्यक्रमों को सफल करें।"

मेरा सवाल है, क्या 'वीर छात्र समाज' में छात्राएँ नहीं हैं, युवा समाज में क्या युवक-युवती दोनों नहीं हैं? क्या स्त्री पत्रकार नहीं, चिकित्सक नहीं? क्या स्त्री शिक्षक नहीं होती? वकील नहीं होती? सांस्कृतिक सेवा करने वाली, टी. वी., रेडियो की कलाकार नहीं हैं वे? तो फिर अलग से 'नारी समाज' लिखने का कारण क्या है? नारी को पूरे समाज से अलग फेंकने का उद्देश्य क्या है?

यदि कहूँ कि इसी पृथक् भावना के कारण ही स्त्रियाँ जुलूस में नहीं निकलतीं, गोली से ज़ख्मी नहीं होतीं, आंदोलन की जानकारी नहीं रखतीं, स्त्री डरकर पीछे हटती है, विक्षोभ के उत्तेजनापूर्ण दिन वी. सी. आर. में फ़िल्में देखकर बिताती हैं।

नारी एक अलग समाज के रूप में क्यों चिह्नित होगी। समाज किसी पेशे को नहीं, लिंग को चिह्नित करता है! स्त्री अगर इसी तरह फेंकी जाती रहे तो इससे अच्छा है, वह कूड़े में फेंक दी जाए।

46

शादी स्त्री और पुरुष दोनों की होती है। लेकिन विवाहित होने के जो भी चिह्न हैं, वे अकेले स्त्री को ही वहन करने पड़ते हैं, पुरुष को नहीं। अविवाहित और विवाहित पुरुषों में कोई अंतर नहीं—न नाम में, न कपड़े-लत्ते में, न माँग में और न ही उँगलियों में। विवाहित एवं विपत्नीक पुरुषों में अंतर करने का कोई उपाय नहीं है। लेकिन विवाहित एवं अविवाहित स्त्रियों के बीच अंतर करने के लिए बहुत-सी व्यवस्था रखी गई है, विवाहित एवं विधवा स्त्री के मामले में भी अंतर करने की ढेर-सारी व्यवस्था है।

पाश्चात्य देशों में यह नियम बहुत प्रचलित है कि कोई भी स्त्री ज़ब किसी पुरुष के लिए तय की जाती है तो वह अपनी उँगली में एक अँगूठी पहनती है, और शादी के बाद भी एक अँगूठी पहनती है। स्त्री की उँगली की अँगूठी ही उसके

वैवाहिक होने के चिह्न को वहन करती है। स्त्री अपने विवाहित होने के समय संस्कार को अपने अंग में अकेले ही धारण करती है। सिर्फ़ पाश्चात्य ही नहीं, प्राच्य में भी अँगूठी नारी के कुमारीत्व के ख़त्म होने के चिह्न को ढोती है।

अलग-अलग समाज में विवाहित, अविवाहित और विधवा स्त्रियों का पहनावा अलग-अलग है। लेकिन पृथ्वी के सभी देशों के सभी समाजों के पुरुषों के लिए एक ही तरह का संबोधन रखा गया है। अविवाहित स्त्री अपने नाम के आगे 'मिस' एवं विवाहित स्त्री 'मिसेज़' शब्द का प्रयोग करके अपनी वैवाहिक स्थिति के साथ खुद को जोड़ती है। लेकिन पुरुष अपने 'मिस्टर' संबोधन को शुरू से रखता है। क्या मिस्टर सौमेन और मिस्टर मिलन में कौन विवाहित है और कौन अविवाहित, कोई अंतर कर सकता है?

लेकिन मिस लीना और मिसेज़ बीना में कौन विवाहित है, इस पर किसी को संदेह नहीं होगा। स्त्री विवाहित है या अविवाहित—यह उसके नाम में ही समाहित है—विवाह अवश्य ही किसी नारी के लिए बहुत महत्त्वपूर्ण चीज़ वहन करने जैसा कुछ है, जो पुरुष के लिए नहीं है। विवाह एक स्त्री के जीवनयापन में ऐसा परिवर्तन ला देता है कि उसका घर-द्वार, रहन-सहन, तौर-तरीके सब कुछ बदल जाता है। उसकी आभूषणरहित कलाई, नाक, ख़ाली माँग भी बदल जाती है, पुरुष के जीवनयापन में विवाह से कोई परिवर्तन नहीं आता।

स्त्री हाथ में काँच की चूड़ियाँ, शंख की चूड़ियाँ, माँग में सिंदूर, नाक में नथ, गहना, बनारसी साड़ी पहनकर सुहागिन होने का प्रमाण देती है। इस श्रृंगार का अर्थ है, वह एक पुरुष के पास बंधक है, वह उसकी उँगली और संबोधन से बँधी है, वह अपनी सजीली पोशाक और चूड़ी-सिंदूर से बँधी है। पुरुष भी माँग काढ़ता है लेकिन क्या उस माँग में सिंदूर डालता है? पुरुष के भी दो हाथ हैं, उन हाथों की कलाई में वे चूड़ियाँ नहीं पहनते। उनकी पोशाक में कोई बदलाव नहीं आता, वे विभिन्न तरह के धातु द्रव्यों से अलंकृत नहीं होते।

विधवा या विधुर में भी ज़मीन-आसमान का अंतर किया गया है। विधवा को शरीर के समस्त अलंकारों को उतार देना पड़ता है। विधवा के पहनने का वस्त्र होगा दूध की तरह सफ़ेद। एक संप्रदाय में विधवाओं के लिए मांसाहार मना है। विधवा मांस-मछली, दूध नहीं खा-पी पाएगी। लेकिन विधुर पुरुष के लिए कोई मनाही नहीं। उसे अलंकाररहित और शाकाहारी नहीं होना पड़ता।

मांसाहारी भोजन शरीर के लिए बहुत ज़रूरी होता है। इसको ग्रहण करने से मना करने का मतलब है, विधवा स्त्री को अपौष्टिक और विभिन्न तरह के रोग-व्याधि की तरफ़ ढकेल देना। पुरुष एवं पुरुषों के बनाए समाज द्वारा विधवाओं को शारीरिक और मानसिक जरा की ओर ढकेल देना एक गोपनीय षड्यंत्र है।

यदि मनुष्य के रूप में स्त्री और पुरुष बराबर हैं, तो विवाहित साथी की मृत्यु

हो जाने पर स्त्री को जिन रीति-रिवाज़ों का पालन करना पड़ता है, वह पुरुष को क्यों नहीं करना पड़ता? क्यों पुरुष को शरीर पर सफ़ेद कपड़ा नहीं लपेटना पड़ता? पुरुष को क्यों तरह-तरह के व्रत का पालन नहीं करना पड़ता? मांसाहारी भोजन क्यों नहीं त्यागना पड़ता है?

क्या हमने एक बार भी सोचकर देखा है कि एक मनुष्य की दूसरे मनुष्य से इतनी विषमता क्यों है? साथी के मिलने और बिछुड़ने के नियम दोनों के लिए भिन्न क्यों हैं? स्त्री को बहुत कुछ पाना और त्यागना पड़ता है, जबकि उसके पास-पास पुरुष एकदम बंधनहीन है। अविवाहित या विवाहित एक विधुर पुरुष किसी भी तरह से संस्कार का स्पर्श नहीं करते। पुरुष अपने शरीर-स्वभाव से कुछ अर्जित नहीं करता और न ही शरीर और स्वभाव में परिवर्तन ही करता है।

सिर्फ़ स्त्री को ही अलंकृत या अलंकारहीन रहना पड़ता है। इस सामाजिक नियम का एक ही कारण है, पुरुष के जीवन में स्त्री बहुत ही तुच्छ एक घटना है, लेकिन स्त्री के जीवन में पुरुष अत्यंत गुणवान, अति उत्कृष्ट, अत्यन्त अनिवार्य और आराध्य है—इसीलिए स्त्री को शरीर में धारण करनी पड़ती है सुहागिन की शुभ्रता और विधवा का विषाद। इन चीज़ों को शरीर में धारण करने का कारण है—शरीर ही नारी की एकमात्र संपत्ति है। शरीर की त्वचा यदि कोमल और मुलायम होगी, शरीर का एक-एक अंग यदि सुडौल और सुगठित होगा, तो पुरुष स्त्री को अपने भोग के लिए चुनता है और, जो स्त्री पुरुष के उपभोग के काम नहीं आती, वह स्त्री समाज में उपेक्षित, अपकृष्ट (घटिया) और अस्पृश्य होती है।

पुरुष के उपभोग के योग्य होने पर ही स्त्री को बहुमूल्य अलंकारों और वस्त्रों से सजाया जाता है। पुरुष के उपभोग के योग्य न रहने पर उसे समाज के कूड़ेदान में फेंक दिया जाता है, स्त्री की प्रमुख योग्यता है पुरुष के योग्य होना, उसकी मुख्य योग्यता है पुरुष को खुश करना, तृप्त करना।

कैसा है यह समाज एवं क्यों है यह समाज—स्त्री यदि एक बार भी समाज के इस सारहीन चेहरे को भाँप जाए, एक बार भी अपने को मनुष्य के रूप में प्राप्त कर ले, तो एक पुरुष के उसके जीवनयापन का साथी होने के कारण उसके शरीर में किसी अलंकार या धातु पदार्थ की वृद्धि नहीं होगी, उसके पहनावे में कोई फ़र्क़ नहीं आएगा, उसकी नाक, हाथ, उँगलियों और माँग में कोई परिवर्तन नहीं आएगा, और न ही उसके संबोधन में कोई परिवर्तन आएगा।

एक सम्पूर्ण और अकेले मनुष्य के रूप में चिह्नित करने का पहला उपाय है कि स्त्री अपने नाम से, अंग से विवाह और विधवापन का पोशाक उतार फेंके। अगर वह बेवकूफ़ नहीं है, तो अवश्य ही अलंकार अब उसे और कलंकित नहीं करेगा, 'मिस' और 'मिसेज़' के चिह्न उसे अब और जड़ वस्तु में परिणत नहीं करेंगे, सफ़ेद विधवापन उसे एक कोने नहीं टिकायेगा। और शाकाहारी भोजन उसे चिंता की तरफ़

नहीं ढकेलेगा।

स्त्रियों, अब तुम सारे मिथ्या संस्कारों और अलंकारों को तोड़कर मनुष्य बन जाओ।

47

एक बार एक सज्जन अपनी पत्नी को लेकर मेरे पास आए। मैंने पूछा, "क्या बात है?" वे अपनी पत्नी को दिखाकर बोले, "इसे बच्चा नहीं होता।" पत्नी के पूरे चेहरे पर अपराध की श्यामल छाया थी।

उनकी शादी हुए सात वर्ष हो गये। सज्जन ने बिना किसी दुविधा के अपनी पत्नी की तरफ़ उँगली उठाकर सबको समझा दिया कि उनकी पत्नी बच्चा जनने में सक्षम नहीं है। लेकिन मैंने जब पति-पत्नी दोनों की जाँच की तो पता चला कि सज्जन महोदय खुद ही अक्षम हैं; उनकी पत्नी पूर्णरूप से स्वस्थ है। यह दुखद समाचार सुनने के बाद दोनों विस्मित हुए। अर्थात् जहाँ तक उन्हें मालूम है, ऐसा नहीं होना चाहिए। मैंने उन्हें सहज करने के लिए सवाल किया—

"भात पकाने के लिए बर्तन में सिर्फ़ पानी डालने से ही काम चलेगा?"

पत्नी से सिर हिलाया—"नहीं।"

"चावल भी रहना चाहिए, है न?"

उसने कहा, "हाँ।"

मैंने अब उनकी शंका दूर करने के लिए कहा—यदि पानी में चावल न डाला गया तो सिर्फ़ पानी ही उबलेगा, इससे चाहे और जो भी हो, भात नहीं पकेगा।

उस सज्जन के वीर्य विश्लेषण में कोई अंडाणु नहीं था। लेकिन कितने लंबे समय से, 'निरपराध' पत्नी रिश्तेदारों और पड़ोसियों के सामने लज्जा से मुँह नहीं दिखा पाई। सभी जानते हैं, जिस प्रकार 'सती' शब्द का कोई पुल्लिग शब्द नहीं है, उसी प्रकार 'बन्ध्या' शब्द का भी नहीं है। स्त्री को अकेले ही सिर झुकाकर 'बन्ध्या' शब्द का सारा कलंक झेलना पड़ता है।

'बन्ध्या' शब्द का एक पुल्लिग प्रति शब्द भी है—'बन्ध्य' मुझे लगता है, इस बात को बहुत कम ही लोग जानते हैं। क्योंकि पुरुष भी बन्ध्या हो सकता है—यह विश्वास हमारे समाज में प्रचलित ही नहीं है। इसीलिए बहुत आसानी से पुरुष संतान न होने के बहाने बीवी को तलाक़ देकर नई शादी के पैशाचिक आनंद का उपभोग करता है।

प्रसिद्ध स्त्री रोग विशेषज्ञ सर नरमैन जेफकट ने कहा है—बच्चे के लिए पुरुष से ज़्यादा स्त्रियाँ आग्रही होती हैं। स्त्री अपने सौंदर्य और शारीरिक गठन को बनाये

रखने के बजाय अपनी प्रतिष्ठा एवं प्रतिभा से कहीं ज़्यादा आग्रह संतान के प्रति अनुभव करती है। लेकिन पुरुष का यह आग्रह स्त्री की तुलना में बहुत कम होता है, बहुत ही कम। इसीलिए एक विवाहित स्त्री को संतानहीनता का कष्ट ऑक्टोपस की तरह अपने शिकंजे में जकड़ सकता है, पुरुष को कभी नहीं।

संतान न रहने के कारण पुरुष में जो उद्वेग दिखाई देता है, वह बनावटी होता है। ग़लत उद्देश्य के नाते ही पुरुष संतान के लिए छाती पीटता है।

प्राचीन सभ्यता के समय से ही स्त्री पर 'बन्ध्या' का आरोप लगाया जाता रहा है। उस समय वीर्यपान, मंत्रयुक्त कवच, नियोग एवं विसर्जन द्वारा 'बन्ध्या' रोग की चिकित्सा होती थी। उस समय इसके लिए सिर्फ़ स्त्री को ही उत्तरदायी ठहराया जाता था। उस समय विज्ञान नारी और पुरुष के शरीर को खोदकर यह समझ पाने में असमर्थ था कि कौन अक्षम है। उस समय स्त्री ही बन्ध्या के रूप में चिह्नित की जाती थी। तब ही क्यों, अब क्यों नहीं—जब कि शरीर की जाँच करके पुरुष के अक्षम होने का पता भी चलता है। और, अब भी क्या स्त्री को ही बन्ध्या होने के लिए ज़िम्मेदार नहीं ठहराया जाता, भले ही विज्ञान अनुवीक्षण यंत्र द्वारा जाँच कर पा चुका हो कि पुरुष का शुक्रकीट टूटा हुआ है या उसका शुक्रकीट स्थिर, अचल और अस्वस्थ है!

फिर भी यह पुरुषशासित समाज किसी पुरुष को अक्षम नहीं कहता। अक्षम पुरुष दूसरे, तीसरे चौथे और पाँचवें विवाह द्वारा बार-बार स्त्री को अपराधी बनाता है। इस समाज में स्त्री को कोई अधिकार नहीं कि वह एक के बाद एक पुरुष बदले। पुरुष बदलकर वह अपने बन्ध्यापन को दूर करे।

पुरुष के बन्ध्यापन की पूरी ज़िम्मेदारी स्त्री को ही ढोनी पड़ती है। स्त्री को ही सारी अपूर्णता का बीड़ा उठाना पड़ता है। प्राचीनकाल से ही दुनिया में जो भी दोष होता है, उसके लिए स्त्री को दोषी ठहराकर बिना सोचे-विचारे सज़ा दी जाती रही है। और, अब भी दी जाती है, इस पुरुष प्रधान समाज में उससे छुटकारा नहीं मिला है।

इस बात की जानकारी कितने लोगों को है कि एक सौ अनुर्वर दंपतियों में पैंतीस प्रतिशत पुरुष ही निर्वीर्य होते हैं? एक समय स्त्री के आशीर्वाद के शब्द थे—"शतपुत्रों की जननी बनो।" स्त्री को गाय की तरह समझा जाता था। जिसका न कोई मान था, न मर्यादा, जो सिर्फ़ गर्भधारण करने के एक यंत्र के सिवा और कुछ नहीं थी। क्या अब भी नहीं सोचा जाता—यह बात कितने दावे के साथ कह सकती हूँ कि नहीं, वक़्त बदल गया है!

नहीं कह सकती। क्योंकि मातृत्व को ही अब तक स्त्री जन्म की सार्थकता सोचा जाता है—क्या शिक्षित और क्या अशिक्षित—पूरे समाज में ही। कहा जाता है बुद्धि, विद्या, व्यक्तित्व और मनुष्यत्व पुरुष को ही शोभा देते हैं, स्त्री को नहीं।

स्त्री को 'मातृत्व' के बंधन में बाँधना एवं स्नेहमयी, करुणामयी आदि विशेषणों से विभूषित करना एक तरह का घिनौना षड्यंत्र है।

संतान को जन्म देने में अक्षम पुरुष की स्त्री को एक बार मैंने सलाह दी थी—दूसरी शादी कर लीजिए। यह सुनकर वह स्त्री चौंक गई थी, उसका अक्षम पति एवं रिश्तेदार भी हैरान रह गये थे। वे मेरे इस साहस को देखकर हैरान रह गये। लेकिन बाँझ बीवी के मामले में शौहर को यह सलाह देने पर मुझे पता है, शौहर और उसके घर वाले खुशी से उछल पड़ते।

दिन नहीं बदले हैं। दिन क्यों नहीं बदलते हैं? क्यों बन्ध्य पुरुष बन्ध्या स्त्री की भाँति सभी तरह की पीड़ा नहीं भुगतता? क्यों बन्ध्य पुरुषों को ग्लानि और कलंक का बोझ नहीं ढोना पड़ता? क्यों बन्ध्य पुरुष सामाजिक लांछन से परे हो जाता है? बन्ध्या नारी को तो किसी चीज़ से मुक्ति नहीं।

यदि मुक्ति ही नहीं है तो 'मातृत्व' की तरह 'पितृत्व' ही पुरुष की मुख्य सफलता हो और अपने बंध्यत्व का पूरा दोष पुरुष ही भुगते। अमंगल यदि होना ही है तो सिर्फ़ स्त्री के साथ ही क्यों! पुरुष के साथ क्यों नहीं?

48

"सही विद्याज्ञान स्त्री के लिए अमंगल का कारण है। क्योंकि इससे पुत्र प्रसवकारी शक्ति का ह्रास होता है। विदुषी स्त्री का वक्षदेश समतल हो जाता है और उनके स्तनों में दूध का संचार नहीं होता। इसके अलावा पढ़ाई-लिखाई करने पर विधवा होने की संभावना तेज़ हो जाती है।" उन्नीसवीं शताब्दी में नारी शिक्षा के विरुद्ध इस तरह की वाणी कम समादृत नहीं थी। पर नीचे लिखे सिद्धांत को भी किसी ने अस्वीकार नहीं किया कि 'बालिकाओं' को स्कूल में भेजने से व्यभिचार होने की आशंका रहती है, क्योंकि बालिकाओं पर कामातुर पुरुष की नज़र पड़ने पर असत् पुरुष उनका बलात्कार करेंगे, कम उम्र का जानकर छोड़ेंगे नहीं, क्योंकि उनमें खाद्य और खादक का संबंध है।

बीसवीं शताब्दी की शुरुआत में सिर्फ़ यह परिवर्तन हुआ है कि स्त्री-शिक्षा के लिए कुछ विद्यालय और महाविद्यालयों की स्थापना की गई। लेकिन 'खाद्य' और 'खादक' के संबधों में कोई बदलाव नहीं हुआ। अब तक स्त्री-पुरुष के बीच खाद्य-खादक का संबंध ही मुख्य और अखंड है।

एक पुरुष कवि ने लिखा है—शायद विधाता खुद भी पुरुष हैं। उन्होंने स्त्री की रचना ही इस तरह से की है कि उसका ऐसा कोई अंग-प्रत्यंग नहीं जो 'पंचशर' यानी कामदेव के आसन के रूप में चिह्नित हो न सके। शंकाकुल कवि चित्त अंततः

यह सोचकर आश्वस्त हुआ कि अच्छा हुआ, विधाता ने स्त्री की योनिपादमूल को अति गुप्त स्थान पर संकुचित किया है। ऐसा न होकर यदि स्त्री के शरीर के किसी अन्य स्थान पर योनि का निर्माण करता तो सारी दुनिया एक साथ समस्याग्रस्त हो जाती। यह बात कर्णप्रिय अवश्य ही नहीं है, लेकिन पुरुष की कामुकता की बात याद करने पर इस बात की वास्तविकता को भाँपा जा सकता है।

सुना है, गौतम मुनि ने अहल्या के प्रति कामासक्त इंद्र को शाप दिया था कि उनके सारे शरीर में स्त्री चिह्न भर जाएगा। यह शाप के रूप में ग्रहीत हुआ, क्योंकि स्त्री के एक या दो चिह्न के कारण एक स्त्री को जीवन भर जिस दुर्गति का सामना करना पड़ता है, सारे अंगों में स्त्री चिह्न के भर जाने पर उसके भाग्य में कितनी भीषण दुर्गति होगी, यह बताने की ज़रूरत नहीं। इसीलिए शाप के रूप में 'स्त्री का शाप' ही ज़्यादा उपयोगी है।

स्त्री को 'स्त्री अंग' से हटकर कल्पना करने की आदत किसी के मन में पनप नहीं पाई। 'अंग' ही स्त्री का प्रथम एवं मुख्य विषय है। इस अंग को हमेशा से पुरुष ने खाद्य के रूप में ग्रहण किया है। मानो यह अंग पुरुष के प्रसाद के लिए ही बना है। इस अंग को पुरुष की बलि-वेदी पर चढ़ना ही होगा, मैं जानती हूँ। एक नवजात शिशु के शरीर में 'स्त्री चिह्न' देखकर उस बच्चे के ऊपर कटार उठायी जाती है--बच्चे की हत्या करने के लिए। वह पिता सिर्फ़ शिक्षित ही नहीं, उच्च शिक्षित भी था। स्त्री-चिह्न युक्त शरीर को क्षुधार्त हालत में भक्षण करने की इच्छा सभी पुरुषों में मौजूद है, लेकिन उसे फल-मेवा-मिठाई खिलाकर प्यार-मुहब्बत जताने की बेकार की इच्छा किसी के मन में नहीं होती। उससे अच्छा है एक लौकी के पौधे को ही खाद-पानी देकर बड़ा किया जाए, क्योंकि आगे चलकर वह अच्छा फल-फूल देगा।

आम लोगों की यही धारणा है कि स्त्री में कुछ दान करने की क्षमता नहीं होती, वह केवल ग्रहण करती रहती है। इसीलिए उसे दुनिया के हानिकारक प्राणी के रूप में जाना जाता है। जबकि कुत्ता चोरों को भगाता है और घर पर पहरा देता है, बैल भी खेत जोतने में मदद करता है। घर की गाय भी मूल्यवान दूध देती है।

लेकिन स्त्री के लिए निःसरण करने को कुछ भी नहीं है। समाज की राय है, हर महीने ऋतुस्राव के अलावा नारी के लिए निःसरित करने को कुछ नहीं है। आदिम युग में स्त्री को वर्जित पदार्थ समझा जाता था, मध्य युग में भी वैसा ही सोचा गया और आधुनिक युग में भी स्त्री को वांछित होने के लिए और कितने सहस्र वर्ष लगेंगे, कितने वर्ष, इसकी गिनती करना मेरे वश की बात नहीं।

बुद्धिजीवी मंच पर सिर हिला-हिलाकर भाषण देते हैं कि नारी की कैसे प्रगति होगी। वह कैसे शिक्षित होगी, किस तरह से उसकी आर्थिक स्वतंत्रता आएगी तथा उसके बाद किस ताल और लय के साथ नारी मुक्ति का वाद्य बजेगा।

यह झूठ है। मैं एक शिक्षित आत्मनिर्भर स्त्री को जानती हूँ जिसे समाज के

सियार नोच-खसोट खा रहे हैं। खादक यदि उसे खा ही ले, यदि शिक्षा एवं आत्मनिर्भरता स्त्री को खाद्य की सूची से मुक्ति ही नहीं दे सकती, तो फिर जो भी नीति-फीति का धुआँ उड़ाकर नारी की मुक्ति की बात कहते हैं, उनका गला चीख़-चीख़कर बंद हो जाए, वे कभी आगे नहीं बढ़ सकेंगी।

हाँ, मैं शाप दे रही हूँ। मेरी पूर्व पीढ़ी ने पुरुषों के शरीर में स्त्री अंग होने का शाप दिया था। स्त्री भी शाप देने की नई भाषा का आविष्कार करे। और खाद्य नहीं, अब खादक बने। समस्त नारी कंठ से अब पुरुष को खाद्य बनने का अभिशाप मिले। नारी जब तक पुरुष को नोच-खसोट कर नहीं खायेगी, स्त्री जब तक पुरुष के मांस का एक लोथड़े के रूप में इस्तेमाल नहीं करेगी, तब तक स्त्री के रक्त-मांस, मज्जा में निहित पुरुष को प्रभु मानने का संस्कार दूर नहीं होगा।

शिक्षा, अर्थनीति और समाज-व्यवस्था को बदलने की बात कहना पुरुष का एक तरह का गुप्त जाल बिछाना है। स्त्री यदि एक बार भी 'नारी स्वतंत्रता' नामक शब्द का उच्चारण करती है तो उसे इन सौ व्यवस्थाओं का जाल दिखाकर चुप करा दिया जाता है। उसके बाद विभिन्न तरह के नियम-अनियम की वातें समझते-समझते आधा जीवन बीत जाता है। और बाकी जीवन उन व्यवस्थाओं के विरुद्ध प्रयोग की जाने वाली भाषा सीखकर उसका प्रयोग करने में चला जाता है। हालाँकि इससे किसी व्यवस्था का कुछ आता-जाता नहीं है। बीच में निर्देशक पुरुष बहुत फ़ायदे में रहते हैं, वे अंतर्राष्ट्रीय नारी आंदोलन में दरिद्र देश के शाखा प्रतिनिधि के रूप में नियुक्त होते हैं। आंदोलन सफल हो जाने पर अंतर्राष्ट्रीय सहायता बंद हो जाएगी—इस डर से ऐसा-ऐसा तर्क और प्रसंग नारी आंदोलन में रखा जाता है जो केवल रास्ते की तरह लंबा होता है—जिसका कोई गंतव्य नहीं। ढूँढ़कर देखने पर पाएँगे, अधिकतर रास्तों का अंत एक गहरी खाई में ही जाकर हुआ है।

वेश्यालयों को हटा देने पर समाज में बलात्कार की संख्या बढ़ जाएगी, यह बात कहकर समाज के बुद्धिमान व्यक्ति दरअसल दो बातों का मज़ा लेना चाहते हैं। वेश्या-भोग और अवेश्या-भोग। देश में न तो वेश्यालयों की संख्या कम है और न ही बलात्कार की संख्या। व्यवहृत और अव्यवहृत दोनों ही शरीरों के उपभोग में अलग-अलग मज़ा है। इसीलिए राष्ट्र की कोई नीति जिस प्रकार वेश्यालयों के विपक्ष में नहीं जाती, उसी प्रकार खुले आम बलात्कार के विरुद्ध भी नहीं जाती।

स्त्री भी बलात्कार करना सीखे, व्यभिचार करने में अभ्यस्त हो। स्त्री के 'खादक' की भूमिका में न आने पर उसका 'खाद्य' नामक कलंक नहीं मिटेगा। अब अच्छी बात का युग नहीं, नीति-वाक्य का समय नहीं। क्योंकि काँटे से ही काँटा निकाला जाता है।

49

इकहत्तर के दिसंबर ने जनता की जीत देखी थी, लेकिन जिसे सिर्फ़ देखा ही गया था, समझा नहीं गया। इस बार दिसंबर में जन-समुद्र में जो आनंद का ज्वार उठा था, वह जिस प्रकार देखने की चीज़ थी उसी प्रकार अनुभव करने की भी। मैंने भी इस खुशी से खुद को अलग नहीं रखा।

डॉ. मिलन की मौत की बात सभी ने कही—सारी मौतों को पीछे छोड़ते हुए अब एक ही मौत सबके लिए मुख्य है। मयमनसिंह के स्वेच्छाचार विरोधी जुलूस में मारे गये फ़ीरोज़ और जहाँगीर, डॉ. मिलन से किसी भी मामले में कम नहीं। इसी तरह मुनव्वर, जेहाद, जाकिर और निमाई भी कुछ कम नहीं। इसी तरह और भी कई हैं, सबका नाम मैं नहीं जानती। सरकारी हत्याकांड के शिकार सभी नाम और पतों का प्रचार होना चाहिए। वरना समय का ट्रक आकर शुरू से अंत तक का पूरा इतिहास कुचल कर चला जाएगा। उत्सुक बंगाली जिस प्रकार याद करने में माहिर होते हैं, उसी प्रकार उसे भूलने में भी ज़्यादा वक़्त नहीं लगाते। सभी मौतें लिखी जानी चाहिए, दुर्घटना वाले स्थानों पर शहीद मीनारें बनायी जानी चाहिए।

इसी तरह दलालों को भी पहचाना जाना ज़रूरी है। दलालों का नाम विभिन्न तरीकों से प्रचारित हो रहा है। काफ़ी लड़कियों के नाम के साथ देह बेचने वाली, रखैल आदि शब्दों का बेरोक-टोक प्रचार होता रहा है। शरीर बेचने वाली, रखैल वगैरह कुछ भी इस देश में अवैध नहीं है। इसीलिए जो लड़की देह बेचने का धंधा करती है या रखैल है, उनका नाम अख़बार में छापना मूर्खता नहीं तो और क्या है।

विकृत राष्ट्रनायक ने अपने कामुक सहयोगियों के भोग के लिए पूरे देश में देह बेचनेवालियों का जाल फैला दिया है और खुद भी मनचाहा भोग किया है। उसके अनुयायी मंत्रियों, उच्च पद के अधिकारियों की विभिन्न तरह की यौन समस्याएँ थीं। खुद स्पीकर की यौन विकृतियों की बात न जानने वाले बहुत कम ही लोग हैं।

हम स्त्री को भला क्यों धिक्कारेंगे, धिक्कारेंगे उन्हें जो तुच्छ सुविधाएँ देने के बदले उसका इस्तेमाल करते हैं। चिह्नित उन्हें करना है जो स्त्री को पूरी तरह लील जाने के बाद धक्के मारकर निकाल के समाज में शरीफ़ आदमी बने फिरते हैं। जो दुर्नीति का पहाड़ बनाते हैं और उस पहाड़ पर बैठकर देश को गहरे पानी में डुबो देते हैं।

शोषण करने वाले व्यक्ति को चिह्नित करते समय हमेशा ध्यान रखना चाहिए कि उसमें शोषित न आ जाए। वरना बाद में इस शर्म को छिपाने की जगह हमें नहीं मिलेगी। लक्ष्य यदि निर्धारित नहीं है तो लक्ष्यवस्तु के आसपास की नगण्य वस्तुएँ मुख्य हो जाती हैं। तब मुख्य वस्तु को पीछे धकेल कर गौण वस्तु इतनी आगे आ जाती है कि आदमी को याद नहीं रहता कि उसकी नज़र किस पर होनी चाहिए।

और तब आदमी के सबसे ज़्यादा आशंकाग्रस्त और दिग्भ्रमित हो जाने की संभावना रहती है।

जिस देश में कई विवाह गुनाह नहीं है, जिस देश में लुच्चापन दुर्गुण नहीं समझा जाता, उस देश में बहु विवाह की तस्वीर छापकर लंपटों के कार्य-कलापों का वर्णन करने से आदमी दुखी नहीं होता बल्कि विकृत आनंद लेता है। क्यों देश की आर्थिक स्थिति को अपंग बनाना उससे ज़्यादा भयानक अपराध नहीं? संविधान का उल्लंघन और अधिकारों का ग़लत इस्तेमाल ही क्या परम अपराध नहीं? एक स्वतंत्र व्यक्ति के लिए यह कभी दोषपूर्ण नहीं माना जाएगा यदि वह विदेशियों के क्लब में बैठकर किसी दूसरे देश की मित्र को चुंबन दे, परकीया प्रेम में डूब जाना दोषपूर्ण नहीं होता, लेकिन उस व्यक्ति का अवश्य ही यह दोषपूर्ण कार्य होगा जो एक राष्ट्र के लिए विशेष धर्म निर्धारित करे और जब उस धर्म का नाम 'इस्लाम' हो।

कोई एक व्यक्ति किसी एक गोत्र, किसी भी धर्म अर्थात् विश्वास पर आस्था रखे या न रखे--यह उसका संपूर्ण व्यक्तिगत मामला है। जिस राष्ट्र में विभिन्न धर्मों के लोग रहते हों, उस राष्ट्र को एक खास टोपी पहनाना हीन स्वार्थ सिद्धि के अलावा और कुछ नहीं। मनुष्य को धर्म के सागर में बहाकर उसने खुद ही धर्म के विरुद्ध आचरण किया है। सब कुछ हड़पने और यौन विकृति के लिए अपने ही जाल में वह खुद फँस गया है। उसका इस्लाम ही उसे धिक्कारे!

मनुष्य आगे बढ़ा है, मनुष्य आगे बढ़ेगा। इस अग्रगति ने मनुष्य को जो विजय दिलायी है, इस विजय को और व्यापक एवं महान उद्देश्य की ओर अग्रसर न करने से मनुष्य आगे बढ़ने की शक्ति और उत्साह दोनों खो देगा। मेरी, जीनत, नाशिद, मुनमुन, सिलविया, डाली, रोजी, पॉपी की बातें आज से बंद हों। मुख्य बात हो एरशाद। मुख्य बात हो उसके माफ़ न किये जाने वाले अपराध और इसके लिए बिना विचारे उसको सज़ा दिलवाना। बंगाली का मन बहुत नरम होता है। नरम होना अच्छी बात है। लेकिन ग़लत निर्णय हो जाने पर सर्वनाश हो जाता है। इकहत्तर के रजाकार (देशद्रोही) अब पूरे देश में फैल गये हैं। उन सारे रजाकारों के बच्चे देश में सर्वत्र छा गये हैं। खूँख़ार राष्ट्रनायक और उसके सहयोगियों को यदि इस वक़्त अपने वक्ष में स्थान दिया गया तो चारो तरफ़ फैले रजाकारों के भाई-बंद और यार-दोस्तों से देश की हालत एक ऐसी जगह पर जा पहुँचेगी कि आत्महत्या करने के सिवा लोगों के पास और कोई चारा नहीं रहेगा। जो इस जन-आंदोलन में शामिल हो जाना चाह रहे हैं--उसमें घातकों के बहुत-से सहयोगी शामिल होना चाहते हैं--इस वक़्त उन्हें अलग करना बहुत ज़रूरी है।

यौन-सामग्री के बतौर जो स्त्रियाँ राष्ट्र के उच्च पदों पर विराजमान लोगों द्वारा इस्तेमाल में लायी गयी हैं, उनके दूसरी बार उत्पीड़ित होने का कोई कारण नहीं बनता। यह आंदोलन सभी सुविधाभोगियों के विरुद्ध है, वंचितों के विरुद्ध नहीं--किसी इस्तेमाल

की गयी वस्तु के विरुद्ध नहीं।

आइए, हम अपना लक्ष्य फिर एक बार निर्धारित करें। हम अपनी दृढ़ता को एक बार फिर जाँच लें और एक,बड़े उद्देश्य को पूरा करने के लिए कमर कस लें। हम एकत्र हों एक संभावना के लिए और यात्रा करें—अपने गंतव्य की ओर, सिर्फ़ एक ही गंतव्य की ओर।

50

1. अलग-अलग धर्म के व्यक्तियों के सामाजिक रीति-रिवाज़ अलग-अलग होते हैं। एक विवाह समारोह में कुशकुंडिका के होमकुंड के उत्तर-पश्चिम में एक सिलबट्टे पर मेरी नज़र पड़ी। उस सिलबट्टे के सामने वर ने वधू को पीछे से जकड़कर उसकी अंजली के नीचे अपनी अंजली रखी तथा वधू ने अपने पैर का आधा हिस्सा उस सिलबट्टे पर चढ़ा दिया। वर ने कहा, इस सिलबट्टे पर खड़ी हो जाओ—**'ॐ इमम् अश्मानम आरोह'** तुम ठीक इस सिलबट्टे की तरह स्थिर रहो **अस्मेव त्वं स्थिरा भव।** और सिलबट्टे पर पैर रखे हुए स्त्री बोली—मैं एक लड़की आग के समक्ष खड़ी होकर कहती हूँ—मेरा पति दीर्घायु हो—**शतुवर्षाणि जीवतु।**

जिस सिलबट्टे पर उस स्त्री ने पाँव रखा, वह पीसने का पत्थर था। उस पत्थर पर चढ़ने का एक मंत्र है—**'अस्मेव त्वं स्थिरा भव।'** ऐसी स्थिति में सिलबट्टे का क्या काम? वह सिलबट्टा यदि पुरुष चिह्न का प्रतीक है तो पति देवता वरारोहा वधू रूपी शिला पर अपनी ऊँची इच्छाओं को पीसेगा। उस 'पुं' नामक नरक से बचने की इच्छा में ज्यों ही पुत्र का जन्म होगा त्यों ही इच्छाओं की पूर्ति होगी। सिर्फ़ पति ही नहीं, वधू रूपी सिलबट्टे पर पीसने के लिए लोढ़े और भी कई हैं जिसमें ससुराल के सभी हैं। क्योंकि उनकी भी इच्छा-अनिच्छा है। स्त्री को परिवार रूपी सिलबट्टे पर पीसा जाएगा, इसीलिए पति मंत्र पढ़ता है—तुम इस पारिवारिक यात्रा में पत्थर की तरह रहो—**अश्वमेव त्वं स्थिरा भव।** क्योंकि पीसने में अभ्यस्त सभी व्यक्ति जानते हैं कि पीसने की क्रिया में यदि पाटा (सिल) इधर-उधर हिले या आवाज़ करे तो पीसने में असुविधा होती है। इसलिए बहू तुम **'अस्मेव त्वं स्थिरा भव'** इधर-उधर मत हिलना-डुलना।

मैं एक अन्य धर्म के विवाह में गई थी। गहनों से लदी बहू को सिर नीचा करके बैठाया गया था। उसकी निर्वाक् नतमस्तक मुद्रा और साज-शृंगार इस अनुष्ठान का एक मुख्य उपादान था। मुझे लगा कि बाद की ज़िंदगी में बहू को निर्वाक् और नतमस्तक रहने के लिए यह एक रिहर्सल चल रहा है।

काज़ी के आकर 'फलाँ के बेटे के साथ फलाँ का इतने रुपये के दानमोहर

से विवाह के लिए राजी है या नहीं' पूछते ही बहू सुबककर रो पड़ी।

काज़ी ने कहा—अलाहामदुलिल्लाह ! इसके बाद कन्या के पिता ने वर के हाथों उसे समर्पित किया और वर ने उसे ग्रहण किया। इस अनुष्ठान में मुझे लगा कि गुड़िया रूपी बहू के पास जाकर इज़ाज़त माँगना और न माँगना दोनों एक ही बात है। इस विवाह में दानमोहर के रुपये को लेकर दोनों पक्षों में मोलभाव होने लगा। कन्या पक्ष रुपया बढ़ाना चाह रहा था और वर पक्ष कम करना। यह रुपया दृश्यमान नहीं था सिर्फ़ इस राशि का उच्चारण मात्र हो रहा था। वर पक्ष राशि कम करना इसलिए चाह रहा था क्योंकि बहू को तलाक़ देने पर रुपया वापस देना पड़ता है। और, कन्या पक्ष इसलिए बढ़ाना चाह रहा था, क्योंकि रुपया देने में असमर्थ होने पर वे लड़की का त्याग नहीं करेंगे।

वर पक्ष ने हजरत मुहम्मद (सा.) का हवाला दिया, "हजरत ने कहा है उस विवाह में बरकत ज़रूर ज़्यादा होती है, जिसमें मोहर कम होता है।" मुहम्मद ने यह भी कहा है, "वह स्त्री अति उत्तम होती है, जो दिखावे में बहुत सुंदर है एवं जिसका मोहर अति नगण्य।" (दिखने में असुंदर स्त्री को महानवी भी पसंद नहीं करते थे।)

इस मोल भाव का विवाह मेरे लिए मांस के बाज़ार की तरह लग रहा था। औरत जाति के शरीर को मांस का भक्षण करने के लिए एक कामुक पुरुष ले जा रहा था। वह मांस को जूठा करेगा इसलिए मांस वाला कन्यापक्ष उसकी क्षतिपूर्ति की माँग कर रहा था। यह क्षतिपूर्ति जूठा करने को एवज में माँगी जा रही थी। कुछ डिसपोजेबल सामान होते हैं, जिन्हें एक बार इस्तेमाल करने के बाद दूसरी बार इस्तेमाल किये जाने पर वे स्वास्थ्य को हानि पहुँचाने वाले और अमर्यादापूर्ण हो जाते हैं। सैनिटरी नैपकिन को भी एक बार इस्तेमाल के बाद फेंक देना पड़ता है। हमारे समाज में स्त्री जाति है डिसपोजेबल सैनिटरी नैपकिन की तरह। एक पुरुष द्वारा इस्तेमाल किये जाने पर वह अछूत हो जाती है, सिर से पाँव तक अयोग्य हो जाती है।

एक बार स्त्री-स्वतंत्रता में विश्वास रखने वाले एक पुरुष ने अपनी भावी पत्नी से कहा—"शादी के बाद मैं तुम्हें पूरी स्वतंत्रता दूँगा।"

इस वाक्य को सुनकर भावी पत्नी सहित वहाँ उपस्थित सभी शुभचिंतक चकित और हर्षित हुए। सिर्फ़ मेरे सीने में 'दूँगा' शब्द का काँटा चुभा रहा। क्योंकि उस पुरुष ने अपनी उदारता की आड़ में यह बात बहुत अच्छी तरह समझा दी कि स्वतंत्रता देने का हक़दार सिर्फ़ पुरुष है। स्त्री को स्वतंत्रता उसका पति दान करता है।

मानो स्वतंत्रता नामक सामग्री पुरुषों की मुट्ठी में रहती है। वे चाहने पर स्त्री को उसका दान करते हैं, न चाहने पर नहीं देते। हमारे इस उदार पुरुष की भी बहुत इच्छा है कि वह अपनी स्त्री को स्वतंत्रता देगा। स्त्री भी इसलिए खुशी से फूली नहीं समा रही है। इस बात को अस्वीकार नहीं किया जा सकता कि पुरुषों द्वारा स्वतंत्रता दिये जाने पर स्त्री धन्य हो जाती है, पुरुषों द्वारा दया किये जाने पर स्त्री

पुलकित होती है। पुरुषों द्वारा दक्षिणा दिये जाने पर स्त्री कृतार्थ होती है।

मैं सभी श्रेणी के पुरुषों से 'दूँगा' शब्द वर्जित करने को कहती हूँ। स्त्री को मूर्ख बनाने की सारी चतुराई को प्रतिबंधित करने को कहती हूँ। स्त्री एक पूर्ण व्यक्ति है। पृथ्वी पर ज़िंदा रहने का अधिकार, चलने का, बोलने का, प्यार करने का, घृणा करने का अधिकार उसे जन्म से है। अपने अधिकारों का दायित्व कोई किसी के हाथों सुपुर्द नहीं करता। जो रिश्ता मनुष्य के अधिकारों का हरण करता है, वह रिश्ता कभी कल्याणकारी नहीं होता। जो रिश्ता मनुष्य की स्वतंत्रता का रोड़ा बनता है, वह रिश्ता कभी मंगलदायक नहीं होता।

अब और अनर्थ नहीं, और उत्पीड़न नहीं, नारियों, जाग जाओ, सचेतन हो। स्त्री को अपनी स्वतंत्रता की भीख न माँगनी पड़े। स्त्री को पुरुषों के बाज़ार में अपना व्यक्तित्व बेचना न पड़े।

मनुष्य जब क्षुधार्त्त होता है, उसकी स्वाभाविक प्रवृत्ति होती है छीनकर खाने की। स्त्री क्षुधार्त्त हो, स्त्री अपना पंजा भुक्खड़ों के पेट में गड़ा दे। स्त्री मनुष्य बने, स्त्री एक संपूर्ण मनुष्य बने।

51

कभी-कभी मुझे लगता है कि मैं अफ़ीम खाकर मर जाऊँ। अफ़ीम खाने पर आकाश में उड़ूँगी, बादलों के बीच खेलूँगी—वह खेल खेलते-खेलते अचानक एक दिन शरीर के पुर्जों का 'स्क्रू' खुलने से बेकार हो जाऊँगी—मुझे कुछ पता नहीं चलेगा, लेकिन कोई आकर नाड़ी पकड़ते ही चौंक जाएगा।

इस बीच मुझे मरने की बहुत इच्छा हो रही है। बचपन में मैंने एक बार इलेक्ट्रिक साकेट में एक कील घुसाकर जाँचा था मौत दिखने में कैसी होती है। समुद्र देखते ही मुझे उसमें तैरकर देखने की इच्छा होती है। यह जानने की इच्छा होती है कि लहरों के डंक से शरीर में कैसी अनुभूति होती है। मर्सिडिज गाड़ी हाथ लगने पर इच्छा होती है कि आँख-कान बंद कर एक्सीलरेटर को ज़ोर से दबाऊँ।

मेरे मर जाने पर भी पृथ्वी पर सुबह होगी, दोपहर पार कर शाम होगी और शाम के बाद रात होगी। मेरे मर जाने पर मेरी निंदा करने वाले अपने चूतड़ पर ताली बजा-बजाकर हँसेंगे। मेरे शुभचिंतक कितने दिनों तक शोक में डूबे हुए घूमेंगे? ज़्यादा दिनों तक नहीं।

इस शहर में मेरी भलाई चाहने वाले बहुत-से लोग हैं, निंदा करने वाले भी कम नहीं। वे मेरे टस-से-मस होते ही मुझ पर धावा बोल देते हैं। मेरे क़दम तेज़ी से उठते देख मेरे पैरों के नीचे की ज़मीन खोदने आ जाते हैं। क्या मैं किसी के

लिए भी रत्तीभर नुक़सान का कारण हूँ? नहीं, ऐसी कोई बात नहीं। दरअसल, मैं किसी का हाथ पकड़कर नहीं चलती, आधी रात में बुरा सपना देखने के डर से किसी के वक्ष में मुँह नहीं छिपाती—यह बात कोई सह नहीं पाता। और सहाता नहीं है इसलिए टोकरी खोलकर कोई काला नाग मेरी (कमरे की) ओर छोड़ देते हैं। मौका पाकर इस साँप ने मुझे सौ-सौ बार लहूलुहान किया है। मेरा एक ही दोष है, मैं किसी तने हुए फन को देखकर विचलित नहीं होती। हालाँकि मैं इसे गुण ही समझती हूँ। अपने स्वस्थ स्नायुतंत्र के आगे मैं कृतज्ञ होकर नतमस्तक होती हूँ। आज मैं बहुत स्वार्थी की तरह अपनी बात कह रही हूँ। मैं किसी के कंधे का सहारा नहीं लेती, इसलिए चौड़े और छिछले दोनों तरह के कंधे वाले पुरुष कम दुश्चिंता, कम अपमान और कम लांछन से नहीं तड़पते। ठीक उसकी तरह क्या वे लड़कियाँ भी नहीं तड़पतीं जिनके कंधे पर भार दिये हुए वे अपने को मुट्ठियों में सौंप देती हैं।

एक लंबे जीवन का सफर अकेले ही तय करूँगी—ऐसा सोचकर मैंने अपने जूते के नीचे मोटा 'तलवा' लगाया है। मेरे जूते की तरफ़ देखकर मर्दों का बदन जलने लगता है—यह बात मैं अच्छी तरह जानती हूँ। साथ ही, उन लड़कियों के जूते की तरफ़ देखकर भी वे ईर्ष्याभरी दृष्टि नहीं फेंकते जो किसी बात की परवाह करने वाली घटना को तुच्छ समझती हैं। किसी की परवाह नहीं करूँगी, यह मेरी अपनी बात है। परवाह न करने से यदि मेरी क्षति अधिक नहीं होती तो तुम पुरुष हो इसीलिए कितने बड़े ईश्वर बन गये हो कि मुझे 'देख लेने' की धमकी देते हो। मौका पाकर किसी कलंक से मढ़ देना चाहते हो।

मेरे निरीह माँ-बाप, मेरे लिए तरह-तरह की दुश्चिंता के शिकार हैं। वे शिकार इसलिए हैं क्योंकि उनकी सोलह पीढ़ियों में कभी कोई बंधन तोड़कर खड़ा नहीं हुआ। इतना ही नहीं, खड़े होकर झूठे पुरुषों के मुँह पर थूका नहीं। मुझे ठीक से मालूम नहीं कि मेरे निरीह रिश्तेदार मन-ही-मन मेरी मृत्यु की कामना करते हैं या नहीं, ताकि उन्हें समस्त दुखदायी समाचारों से मुक्ति मिल जाए। ऐसा हो भी सकता है नहीं भी। इसका अर्थ यह नहीं है कि आजकल मैं मर जाने की बात सोच रही हूँ। मुझमें मर जाने की इच्छा इसलिए होती है क्योंकि यदि मैं अपनी तरह न जी सकूँ, तो भला जीऊँ ही क्यों? मुझे दूसरे की इच्छा पर क्यों जीना होगा, जीवनयापन करना होगा? दूसरे जिसे पसंद करते हैं, उसे पसंद न करने के बावजूद 'हलो, हाय' करके अपनी शाम मुझे क्यों बर्बाद करनी पड़ेगी। इसलिए कि मैं लड़की हूँ? मैं लड़की हूँ, इसलिए चिल्लाकर नहीं कह सकती कि मैं घृणा करती हूँ, घृणा करती हूँ, घृणा करती हूँ। या फिर घृणा जैसी निकृष्ट बात लड़कियों में नहीं रहनी चाहिए। लड़कियाँ होंगी पूत पवित्र सर्व सहा।

मैं बहुत अच्छी तरह जानती हूँ कि इस शहर में मेरे योग्य एक भी पुरुष नहीं। जिस किसी भी पुरुष की तरफ़ मैं देखती हूँ वह किसी-न-किसी तरफ़ से मेरी तुलना

में तुच्छ और निकृष्ट है। इस शहर में एक भी पुरुष नहीं जिसकी हथेली पर मैं दुविधाहीन होकर अपने विश्वास की सारी उँगलियाँ रख सकूँ। इस शहर में एक भी सामान्य पुरुष नहीं जिसे मैं हृदय की जड़ों को उखाड़कर कह सकूँ कि मैं उसे प्यार करती हूँ। इस शहर में मेरी प्रतिभा को धारण करने की योग्यता किसी भी पुरुष में नहीं के बराबर है। मेरी मेधा और चिंतन के अगाध सौंदर्य को ग्रहण करने की शक्ति किसी में भी नहीं है। मेरे बोध तक पहुँचने के लिए जितनी लंबी बाँह की ज़रूरत है, वह किसी के पास नहीं।

मेरी स्वतंत्रता को छू सके, ऐसा साहस किसी में नहीं देखा । मुझे प्यार करने का दुस्साहस किसी कापुरुष में न हो। बार-बार मैं सिर्फ़ अपनी ही बातों में लौट जा रही हूँ। अपनी ही बातों में लौट जाने का कोई कारण न हो, ऐसी बात भी तो नहीं है। क्योंकि मैं एक स्त्री हूँ। मैं अपने अनुभव, अपने बोध और विश्वास से सभी नारियों को स्पर्श करती हूँ। ताकि प्रत्येक स्त्री जीवित रहने जैसा जीवित रहे। ताकि ज़िंदा रहने के लिए ज़रूरी हवा की ज़रा भी कमी न हो। यदि अभाव ही हो तो भला ज़िंदा ही क्यों रहना? सिर झुकाकर ज़िंदा रहना क्या इतना लालचभरा होता है कि स्त्री निर्लज्ज होकर जीवित रहे!

मेरे पिता मेडिकल कॉलेज में पढ़ाते थे—"अफ़ीम खाने से बहुत पीसफुल डेथ होती है।" आँख मूँदते ही मेरे पिता का कंठ स्वर मेरे कानों में गूँजता है—अफ़ीम खाने से पीसफुल डेथ...मेरे पिता बहुत अच्छे शिक्षक थे। उन्होंने अपने छात्र-छात्राओं को इतना समझाया था कि अफ़ीम खाने पर लगता है कि बादलों के बीच मँडरा रहा हूँ, और सामने अनंत नीला आकाश है।

रह-रहकर मेरे अंदर इस तरह की मृत्यु कामना उजागर होती है, लेकिन यह बात सच नहीं कि कुचक्रियों के गाल पर थप्पड़ कसने की ताक़त मेरी कलाई में कम है। कुछ कम नहीं है, मेरी तरह दूसरी स्त्रियाँ भी एक बार डटकर खड़ी हो जाएँ। अगर मैं मुक़ाबला कर सकती हूँ तो देश की दूसरी स्त्रियाँ क्यों नहीं कर पाएँगी?

52

तसलीमा नसरीन मर गई थी। हाँ वह मर गई थी। अब जीवित हो उठी है। अब वह निर्मल हवा से अपने फेफड़ों को पूरी तरह भर लेना चाह रही है। अब हरियाली की सुगंधि ले पा रही है, अब वह भीग पा रही है—धूप में, पानी में, पूनम में। उसने देखा है, मौत कितनी भयंकर, कितनी कुरूप है। उसने देखा है, मृत्यु कितनी वीभत्स, कितनी घिनौनी है। जो व्यक्ति एक बार मृत्यु से लौट आता है, वह जानता है कि ज़िंदा रहना सुंदर और कितना भीषण आनंददायक है।

मैं ज़िंदा हूँ। फुटपाथ पर टायर जलाकर जो अर्धनंगी औरतें चावल पकाती हैं, मैं उनसे भी कहती हूँ ज़िंदा रहो। चेहरे पर क्रीम-पाउडर लगाकर पार्क में बैठी उत्सुक रमणी से कहती हूँ ज़िंदा रहो।

वातानुकूलित घर की अलंकृत दुःखिता से कहती हूँ, ज़िंदा रहो। आधी रात नशे में धुत पति की पत्नी से भी कहती हूँ, ज़िंदा रहो स्त्रियो...नारी, तुम जीवित हो उठो। प्रचण्ड झंझा के साथ जीवित हो उठो।

उनकी बातें मत सोचो। वे मनुष्य नहीं, पुरुष हैं। वे तुम्हारी शाम की चाय में छिपकर ज़हर मिला देंगे। वे अँधरी रात में तुम्हारे गले में रस्सी बाँधकर आम के पेड़ में या घर के सिलिंग फ़ैन में झुला देंगे, वे गिरोह बाँधकर तुमसे बलात्कार करेंगे, वे काँचपुर पुल के पास तुम्हारी छाती में चाकू मार देंगे, वे चलती हुई ट्रेन के नीचे तुम्हें धकेल देंगे, वे तेज़ ब्लेड से तुम्हारा गाल चीर देंगे, वे तुम्हारी देह पर किरासन डालकर आग लगा देंगे। वे मनुष्य नहीं, पुरुष हैं।

उन्होंने जेरूसेलम में, हिमालय पर, हेरा पर्वत पर बैठकर धर्म की रचना की है। इस धर्म को उन्होंने पवित्र घोषित किया है। इस पवित्रता के बहाने वे तुम्हें कीचड़ में धकेल देंगे। वे तुम्हें अपने पैरों तले जगह दे रहे हैं, वे तुम्हें पाकशाला में भेज रहे हैं, वे तुमसे साज-सिंगार करा रहे हैं, वे तुम्हें बिस्तर पर चढ़ाते रहे हैं, और जब चाहा तब बिस्तर से उतार देते हैं। वे तुम्हें ढँक रहे हैं और ज़रूरत पड़ने पर नंगा कर रहे हैं। वे तुम पर लातें बरसा रहे हैं। वे दोषी ठहरायेंगे ही। वे मनुष्य नहीं, पुरुष हैं।

नारी तुम जीवित होओ। साँसों में ताज़ी हवा ग्रहण करो। यह आकाश तुम्हारा है, आकाश के सारे नक्षत्र तुम्हारे हैं। ये झाऊ-पत्ते तुम्हारे हैं। यह नदी का सावन, अरण्य तुम्हारा है। ये बादलों के झुंड, यह आबोहवा तुम्हारे लिए है। यह मिट्टी, यह घास, घास के फूल, पक्षी, यह समुद्र तुम्हारा ही है। वे तुम्हारे कोई नहीं, वे पुरुष हैं। वे तुम्हें निगल जाएँगे, वे तुम्हें सौ-सौ टुकड़े में नोच डालेंगे। वे तुम्हें पीस-पीसकर तुम्हारा नामोनिशान मिटा देंगे।

हाँ, ऐसा करेंगे, क्योंकि वे मनुष्य नहीं, पुरुष हैं। नारी, तुम जो मुँह के बल पड़ी हुई हो, तुम्हारे सारे बदन में पुरुष के पैने दाँतों के निशान हैं। तुम्हें सूँघने के लिए आया हुआ एक कुत्ता भी दर्द के मारे नीला पड़ जाएगा, तुम्हें देखने के लिए आए हुए कौवे-चील भी अपने नाखून छिपाएँगे और तुम्हें फिर से यदि कोई काटे तो वह कोई सूअर नहीं, कोई काला नाग कोई पुरुष ही होगा,। नारी! तुम उठो अपनी रीढ़ की हड्डी सीधी करके एक बार खड़ी हो जाओ। तुम चलो। यह रास्ता तुम्हारा है, यह मैदान तुम्हारा है। यह सरसों के खेत तुम्हारे हैं, रोशनी का पथ तुम्हारा है। दिगंत तक तुम्हें जितना कुछ दिखाई देता है, वह सब तुम्हारा है।

मैंने मृत्यु देखी है। आग देखी है। साँप का डँसना देखा है। मैंने अँधेरा देखा

है, खाई देखी है, जाल देखा है। मैं देखते-देखते धीरे-धीरे समृद्ध जीवन की तरफ़ बढ़ रही हूँ। मैं यह सब देखते-देखते रेल-पुल पार कर रही हूँ, पार कर रही हूँ काँचपुर ब्रिज, आमतला, पार कर रही हूँ घना अंधकार। मैं स्त्री हूँ इसलिए आज मुझे अहंकार होता है। मैं स्त्री हूँ इसलिए अपने खून की हर बूँद को शुद्ध समझती हूँ। स्त्री हूँ इसलिए शरीर के एक-एक रोमकूप को पवित्र समझती हूँ। स्त्री होने के नाते अपने स्नायुतंत्र को सत्य और सरल समझती हूँ।

तुम यदि स्त्री हो, तो तुम इसी तरह मृत्यु को पछाड़कर जीवित हो जाओ। वे तुम्हें सतीत्व सिखाएँगे, वे तुम्हें चिता पर चढ़ाएँगे, वे तुम्हें नारीत्व समझाएँगे, वे तुम्हें मातृत्व का महत्त्व बतायेंगे। यह सब ग़लत सीख है, यह सब पाप है। इस बिछाये हुए जाल पर एक बार यदि पैर रखोगी तो यह तुम्हें चुभेगा। वे तुम्हें गोद में उठाकर नाचने लगेंगे, वे तुम्हें चारदीवारी में चुन देंगे, सोने की ज़ंजीर देंगे। पालतू तोते के पिंजड़े में जिस प्रकार दाना दिया जाता है उसी तरह खाने को दाने देंगे। अगर तुम मनुष्य हो तो एक बार ज़ंजीर तोड़कर खड़ी हो जाओ। दोनों हाथों से बंधन तोड़ दो। ये हाथ तुम्हारे हैं। दोनों पैर तुम्हारे हैं। दोनों आँखों से जीवन को देखो, ये आँखें तुम्हारी हैं। तुम 'हो-हो' कर हँसो, ये होंठ और गले तुम्हारे हैं। तुम सिर से पाँव तक अपनी हो। तुम पूरी तरह अपनी हो।

वह देखो, वे तुम्हें नोच खाने आ रहे हैं, वे तुम्हें चखने आ रहे हैं, फाड़ने आ रहे हैं, वे मृत्यु का दूसरा नाम हैं। वे वीभत्सता का एक और नाम हैं, वे तुम्हें लीलने आ रहे हैं, चाटने आ रहे हैं, वे तुम्हें दलने आ रहे हैं, वे पुरुप हैं, मनुष्य नहीं। नारी तुम सतर्क हो जाओ। तुम्हारी ओर दौड़ते पुरुष की मुख्य वजह काम और अनियंत्रित क्रोध है। तुम पर हुक्म चलाने की नाराज़गी।

नारी यह दुनिया तुम्हारी है। इस दुनिया में तुम अपनी इच्छा से जिओ। यह दुनिया यदि एक नदी है, तुम उस पूरी नदी में तैरती रहो। यह दुनिया यदि एक आकाश है, तुम पूरे आकाश में विचरण करती फिरो। जीवन यदि तुम्हारा है, जो दरअसल तुम्हारा ही है, तो वह जीवन तुम जैसी इच्छा हो, जिओ। नारी तुम अपना हक़ ख़ुद हासिल करो।

मैंने मृत्यु देखी है। मैंने पाप देखा है, कीचड़ देखा है। अब और किसी स्त्री को इतना कँटीला तार न पार होना पड़े, सौ बार छिन्न-भिन्न न होना पड़े। किसी स्त्री को अब अपने गंतव्य तक पहुँचने के लिए ऐसा दुर्गम अरण्य पार न होना पड़े। और किसी स्त्री को इस तरह से जंगली भैंसे न दौड़ाएँ, उसे अब पुरुष की गुफा से लहूलुहान होकर न निकलना पड़े।

जो स्त्री कुपोषण का शिकार है, उससे कहती हूँ, ज़िंदा रहो। जो खून की कमी की शिकार है, उससे भी कहती हूँ, ज़िंदा रहो। जो स्त्री बंध्यत्व (बाँझपन) को

शिकार है, वे जो प्रसव में कष्ट पा रही हैं, उनसे भी कहती हूँ, जीवित रहो। सवेरे-सवेरे झुंड में एकत्र होकर पैदल जाती हुई बालिकाओं से कहती हूँ, ज़िंदा रहो, उपले पाथने वाली लड़की से भी कहती हूँ, ज़िंदा रहो। ज़िंदा रहो नारियो! बहुत अच्छी तरह अपना जीवन जिओ।

यह देखो, मैं सारे दुखों को झाड़कर खड़ी हो गई हूँ। मुझे देखो, मैंने किसी अश्लीलता, किसी भी तरह की अस्वस्थता के साथ समझौता नहीं किया। तुम सुंदर का हाथ पकड़ो नारियों! तुम स्वप्न का हाथ पकड़ो।

53

बहुत-से लोगों का कहना है, 'पूर्वाभास' पत्रिका ने आपके साथ इतनी शत्रुता की, इसके बाद भी आप उसमें लिखती हैं। 'शतुत्रा' शब्द के मामले में मैं आपत्ति नहीं करती, क्योंकि यह बात सच है कि एक लेखक को जो न्यूनतम मर्यादा दी जानी चाहिए--'पूर्वाभास' ने वह नहीं दी। हालाँकि मैं पूर्वाभास की नियमित लेखिका और स्तंभकार थी। इस शत्रुता के विरुद्ध मेरे लिए करने को कुछ नहीं था, मेरे लिए संभव नहीं था कि गुंडे लगाकर 'पूर्वाभास' की कलाई मरोड़ दूँ या कसकर दो थप्पड़ लगा दूँ। संभव नहीं, इसलिए कह रही हूँ कि मुझे वह शोभा नहीं देता। अहीरी टोला से मस्तान जुगाड़ करना किसी 'लड़की जात' का काम नहीं।

मैं कहीं से किसी मित्रता की अपेक्षा नहीं रखती—यदि मैं एक राहगीर हूँ तो पथ में नहीं, और यदि गृहवधु हूँ तो गृह में नहीं। मैं यदि कर्मचारी हूँ तो कार्यक्षेत्र में नहीं। यदि मैं एक लेखक हूँ तो किसी पत्रिका के बलबूते पर नहीं। मित्रता की आशा करना निहायत बेवकूफ़ी के सिवाय और कुछ नहीं है। यह मैं जानती हूँ। क्योंकि 'लड़कीनुमा' चीज़ निहायत इस्तेमाल की चीज़ है। जब तक यह इस्तेमाल के योग्य है, तब तक इसकी कद्र है। लकड़ी में घुन लगने पर और लोहे में ज़ंग लगने पर उस लकड़ी और लोहे की क़द्र पहले जैसी नहीं रहती। उसी तरह लड़की नामक चीज़ जब बेकार हो जाती है, तब उसे भी लकड़ी या लोहे की तरह जूते या कमीज़ की तरह फेंक दिया जाता है।

फेंक दिया जाना शायद लड़कियों की निश्चित नियति होती है। और अगर यह बात सच है तो मान-मर्यादा, श्रद्धा-भक्ति आदि कीमती बातों का, कितनी ही प्रतिभाशाली लड़की हो, दावा नहीं कर सकती। इसीलिए 'पूर्वाभास' के अशोभन आचरण पर भी मैं चुप रहती हूँ। चुप रहने का कारण यह है कि चाहे मैं कितनी ही बड़ी स्तंभकार होऊँ, आख़िर हूँ तो एक लड़की ही। मेरा 'लड़की' नामक परिचय

सब कुछ तोड़ते-फोड़ते हुए आगे आ जाता है। चूँकि मनुष्य के इतिहास में नहीं है, चरित्र में नहीं है, नीति और नियम में नहीं है कि लड़कियाँ मूल रूप से मनुष्य ही हैं। हालाँकि जब वह वकील है तो वकील ही है, जब वह चिकित्सक है तो चिकित्सक ही है, जब वह लेखक है तो लेखक ही है। लेकिन उस आगे बढ़ रही लड़की के 'मुख्य एवं एक मात्र' लड़की परिचय को लेकर सारे चिड़ीमार नाच नाचने लगते हैं। 'पूर्वाभास' इन सबसे अलग नहीं। इनसे अलग कुछ भी नहीं।

स्त्री की सुरक्षा कहीं भी नहीं है—घर में भी नहीं, बाहर भी नहीं। जब तक दूसरे की 'जायदाद' के रूप में वह दूसरे का स्वार्थ-सिद्धि करेगी, तब तक लोग उसका गुणगान करेंगे। सुरक्षा के रूप में उसे ढाँकेंगे, आड़ करेंगे। उसके मुट्ठी खोलकर निकलने की कोशिश करते ही वही प्रशंसक फुंफकार उठेंगे। उसी समय मुखौटे से उनका असली चेहरा निकल पड़ता है।

स्त्री इन मुखौटों को नहीं पहचानती। स्त्री इन मुखौटों को बार-बार विकृत चेहरा समझने की ग़लती करती है। किसी की छाया में स्त्री अपने आपको सुरक्षित सोचकर ग़लती करती है। स्त्री भूल जाती है कि पुरुष कोई पेड़ नहीं, जो केवल छाया ही देगा। पुरुष छाया देने के बहाने अपनी जड़ें बढ़ाकर स्त्री का रूप-रस सब सोख लेता है, स्त्री के रूप, गुण, गंध का शोषण करता है।

कई लोग पूछते हैं, आपको 'पूर्वाभास' में लिखते हुए शर्म नहीं आती, जिस पूर्वाभास ने आपको इस तरह से डुबोया। डुबोया है, इस बात को मैं अस्वीकार नहीं करती। इस दुनिया में एक ज़िंदा तिनका है। कोई भी चाहने पर उसे डुबो सकता है, चाहने पर डुबोए रख सकता है। आज उसे यह डुबोएगा, कल कोई दूसरा डुबोएगा। कोई दया करके उसे अचानक एक दिन जल-समाधि दे देगा। स्त्री तो खुद की नियंता नहीं होती। डूबते-तिरते उसे जल-जीवन पार करना पड़ता है। हाँ, मुझे लज्जा आती है, लेकिन अपने लिए नहीं, उन लोगों के लिए जो जब मन चाहता है स्त्री को डुबाते-बहाते हैं। लज्जा होती है उन प्रगतिवादियों के लिए, जो सामाजिक शृंखला को तोड़कर बाहर निकल आयी प्रगति के पक्ष में खड़ी नारी को फिर बिकाऊ बना देते हैं। लज्जा होती है उन लोगों के लिए, जो खुद एक बार भी अपने क्रिया-कलाप से लज्जित नहीं होते।

मुझे कोई सम्मान देगा या नहीं—यह मेरे सोचने का विषय नहीं है। इस समाज प्रदत्त तुच्छ सम्मान के लिए यदि मैं प्राण न्योछावर कर बैठी रही तो इससे मुझे ही हानि होगी। यह सिर्फ मेरी ही क्षति नहीं, समस्त स्त्री जाति की क्षति है—जो स्त्री खड़ी होती है, जो स्त्री रास्ते में चलती है, सीढ़ियाँ चढ़ती है, जो स्त्री सत्य और साम्य के पक्ष में स्पष्ट उच्चारण करती है। यह सिर्फ़ मेरी क्षति नहीं, समस्त स्त्री जाति की क्षति है।

जो सम्मान स्त्री के लिए रखा रहता है, वह है मातृत्व का सम्मान, बार्धक्य

का सम्मान, पूरी मात्रा में सामाजिक रीति के अनुसार 'नारीत्व' अर्जित करने का सम्मान, सौंदर्य का सम्मान आदि। इसके अलावा उसे अन्य सम्मान देने में मनुष्य को कंजूसी होती है। कंजूसी इसलिए होती है, क्योंकि उन्हें इसकी आदत नहीं, रीति नहीं, रिवाज़ नहीं। उन्हें मैं दोष भी नहीं देती। उन्होंने अपने पिता को देखा है। पिता के पिता ने अपने पिता को देखा है। उनके खून में, उनके हाड़-मांस में पूर्व पीढ़ियों की संक्रामक बीमारी समा गई है। जिस बीमारी से अंधा होकर वे स्त्री को 'मनुष्य' के रूप में नहीं देखते, जिस बीमारी से स्नायु विकृति होने के कारण वे स्त्री को 'मनुष्य' के रूप में नहीं पहचानते। उन्हें मैं भला क्या दोष दूँ?

54

आपको मैं 'डॉली' कहकर ही पुकार रही हूँ। डॉली इब्राहिम नहीं, डॉली अनवर भी नहीं, सिर्फ डॉली। आपके साथ मेरा कोई परिचय नहीं था। कुछ लोग ऐसे हैं जिनके साथ परिचय करने की कोई ज़रूरत महसूस नहीं होती, वे यों ही दिल में अनुभव किये जाते हैं। स्मिता पाटिल के साथ मेरा कोई परिचय नहीं था, लेकिन स्मिता के मरने के बाद मैं इतने लंबे समय तक ग़मगीन थी कि किसी क़रीबी रिश्तेदार के मरने पर भी शायद इतने दिनों की उदासी मुझे न घेर पाती।

डॉली एक अख़बार में आपकी 'पारिवारिक अशांति' की बातें लिखी गई थीं। अख़बार में तो कई तरह की बातें लिखी जाती हैं। मैं सीधे या किसी विश्वस्त सूत्र के जरिए आपके पारिवारिक या व्यक्तिगत किसी भी तरह के सुख या दुख के बारे में जानकर नहीं। अगर अख़बार की बातों को ही सच मान लूँ तो सत्य यह है कि आपने पिछले सोमवार को डाक से आए एक रजिस्टर्ड लेटर को लेने से इनकार किया, क्योंकि आपको यह पता चल गया था कि वह आपके पति का तलाक़नामा था। आपके पति एक सफल व्यवसायी हैं या डाकसाइट में एक इंजीनियर या प्रसिद्ध अभिनेता—यह मेरी चर्चा का विषय नहीं। मेरा विषय आप ही हैं आप डॉली हैं, आपने कला के एक क्षेत्र में अच्छा काम किया है, आपकी प्रतिभा का सम्मान न करूँ, इतना दुस्साहस मुझमें नहीं। लेकिन यह दुस्साहस तो आपका खुद से ही हुआ है—अपनी प्रतिभा को आपने खुद ही असम्मानित किया है। प्रतिभा से जब परिवार बड़ा हो जाता है, प्रतिभा से जब तलाक़नामा बड़ा हो जाता है, तब अभागे प्रतिभाशाली के लिए दुःखी होने के सिवाय और कुछ करने को नहीं रहता।

डॉली आपको शर्म नहीं आयी कीटनाशक दवा गले में उतारते हुए? छिः डॉली, छिः! मैं समस्त नारी की तरफ से आपको धिक्कारती हूँ। छिः! आपके पति आपके

घर से अपना सामान उठाकर ले गए, आपको तलाक़नामा भेज दिया । इसलिए आप इतना शोकाकुल हुईं? इतना शोकाकुल कि आपको आत्महत्या करनी पड़ी?

आपका संबंध ठीक नहीं था तो इससे क्या! आदमी कई-कई तरह रिश्तों के बीच से होकर आगे बढ़ता है। आदमी तो एक लहरों वाली नदी की तरह है, इसलिए रिश्ते बनेंगे-बिगड़ेंगे नदी के तट की तरह। नदी इतनी टूटती-फूटती है, फिर भी क्या रुकी रहती है ? मनुष्य तो कोई स्थिर जलाशय नहीं है कि किसी की चोट उसे इतना आघात कर देगी कि वह शोकाच्छन्न होकर धीरे-धीरे मौत की तरफ़ बढ़ेगा। मनुष्य किसी की संपदा नहीं, न ही संपत्ति है कि किसी के अभाव में उसकी अवहेलना होनी चाहिए। आदमी किसी का निजी बगीचा नहीं जो किसी की देख-रेख के बिना जंगली पेड़-पौधों के बीहड़ में तब्दील हो जाएगा।

आपने अपने आपको इतना तुच्छ, इतना निकृष्ट, इतना अकिंचन क्यों समझा? जीवन में एक-दो असफलताएँ ज़रूर आपके हाथ लगीं, लेकिन क्या सफलता आपको कम मिली है, डॉली?

मैं जानती हूँ आपको दुःख मिला। दुःख किसे नहीं मिलता? आपकी तरह शिक्षित, प्रतिभावान लड़की जब इन दुनियावी दुःखों से परेशान होती है, जब तकलीफ़ नामक चीज़ इतनी ताक़तवर हो जाती है तो आमतौर पर आदमी दुःख से डरने को बाध्य हो जाता है। लेकिन डॉली क्या यह अनुचित नहीं है? क्या एक तुच्छ तलाकनामे के सामने अपने मूल्यवान जीवन की बलि चढ़ा देना अन्याय नहीं है? नितांत व्यक्तिगत अनुभूतियों के सामने पराजित होना क्या अनुचित नहीं है?

आत्महत्या करके आपको क्या फ़ायदा हुआ? क्या क्षति होती यदि आप आत्महत्या नहीं करतीं? क्या आपका ज़िंदा रहना तकलीफ़देह होता? जो घर-घर में परिवार बसाये हुए हैं, क्या उनका जीवन बहुत सहनीय और सराहनीय है? क्या अकेला जीवन इतना असह्य होता है कि उसे जिया ही नहीं जा सकता ? समाज से डर गईं? इस नष्ट समाज के मुँह पर आप 'सूर्यदीर्घत बाड़ी' के 'जयगुण' चरित्र की सम्मानित अभिनेत्री होकर यदि नहीं थूक पायीं, तो दूसरा कौन थूकेगा? क्या फ़ायदा हुआ खुदकुशी करके? ज़िंदगी तो फिर से आपके पास वापस नहीं आएगी कि आप एक बार फिर किसी अच्छे चरित्र में अभिनय करके संतुष्टि पाएँगी? मनुष्य को इकलौती ज़िंदगी मिलती है, इसलिए फुटपाथ का भिखारी भी ज़िंदा रहना चाहता है। कैंसर से मरते हुए रोगी में भी ज़िंदा रहने की कितनी बेचैनी होती है। लेकिन एक स्वस्थ, सुंदर जीवन को आपने अपने ही हाथों से ख़त्म कर दिया? डॉली, आप पर मुझे बहुत गुस्सा आता है।

आपने स्त्री होकर जन्म लिया। स्त्री को अपने जन्म का प्रायश्चित्त इसी तरह करना पड़ता है, इसी तरह से उसे पार होना पड़ेगा। बाँस से बना लंबा पुल, पार होने पड़ेंगे। ऊबड़-खबड़ रास्ते, कीचड़-पानी पार होना पड़ेगा, घना जंगल और पर्वत।

स्त्री के रास्ते कभी समतल नहीं होते। ये ऊबड़-खबड़ रास्ते आपको क्यों इतना सताने लगे, जहाँ हम जैसी अन्य सभी स्त्रियाँ इन ऊबड़-खबड़ रास्तों की आदी होकर भी गतिमय और प्राणवान हैं।

ज़िंदगी तो आपकी थी। आपके बाप की नहीं, माँ की नहीं, भाई की नहीं, पति की नहीं, सिर्फ आपकी। अवश्य ही आपने ज़िंदगी को इतने हिस्सों में तोड़ा, इतनी दुविधा में विभक्त किया कि अपनी ज़िंदगी को आख़िरकार अपना नहीं बना पायीं। दूसरे के प्यार-अवहेलना, प्रेम-घृणा आपको नियंत्रित करते थे। अपने आपको नियंत्रित करने की क्षमता आपमें नहीं थी। आपके ऊपर मुझे बहुत गुस्सा आता है डॉली!

आत्महत्या यदि सभी समस्या का समाधान है तो घर-घर में आत्महत्या करके सभी स्त्रियों को निश्चिंत हो जाना चाहिए। शिक्षा मनुष्य को ज़िंदा रहने की प्रेरणा देती है। कला मनुष्य को ज़िंदा रहने का साहस दिलाती है। गाँवों, कस्बों या शहरों में अनगिनत फ़ातिमा, जोहरा, खालिदा और सरस्वती जैसी लड़कियाँ आत्महत्या कर रही हैं। क्या आप उनसे थोड़ा अलग नहीं थीं डॉली ? जो स्त्रियाँ समझती हैं कि पति के अलावा उनका कोई आश्रय नहीं, सहारा नहीं, क्या मैं आपको उसी श्रेणी में रखूँ?

आप बहुत भावुक थीं। कुछ-कुछ दिल वाले आदमी भी होते हैं, उनकी अपेक्षा भावुक व्यक्ति मुझे ज्यादा पसंद है। लेकिन आपकी भावुकता ने आपके मस्तिष्क को विकृत कर दिया? आपकी भावुकता आपकी ही घातक क्यों होगी? धिक्कार है आपको! सौ धिक्कार आपके असहिष्णु हृदय को।

मैं आपको समस्त स्त्रियों की ओर से धिक्कारती हूँ डॉली। आपकी तरह डरपोक, कमज़ोर और पुरुषकातर प्राणी दुनिया में जन्म न ले।

55

चिकित्सा विज्ञान में 'कास्मेटिक स्टिच' नाम की एक तरह की 'स्टिच' है। शल्य क्रिया यानी चीर फाड़ के बाद रोगी के चमड़े में यह स्टिच या सिलाई की जाती है। यह सिलाई इस प्रकार होती है कि चमड़े के बाहर ज़रा-सी भी सूई न चलाकर भीतर से सूई घुसाकर सिलाई की जाती है। परिणामस्वरूप सिलाई सूखने के बाद, वहाँ कोई शल्य क्रिया हुई है या उस स्थान को किसी धारदार उपकरण से काटा गया हैं, यह पता नहीं चलता।

हमारे देश में दो तरह से चमड़े की सिलाई की जाती है। मैं ..ाय या घोड़े के चमड़े की नहीं, आदमी के चमड़े की बात कर रही हूँ। इस चमड़े में आमतौर पर 'चार स्टिच' किया जाता है। उस सिलाई का दाग, यदि दस टाँके पड़े तो दस

दूना बीस टाँके के दाग दिखाई देते हैं और मनुष्य अपने बाकी जीवन तक उस दाग को ढोते रहने के लिए बाध्य होता है। दूसरी जो सिलाई है उसे कास्मेटिक स्टिच कहा जाता है। उसका निशान बिल्कुल नहीं रहता, ऐसी बात नहीं। ढूँढ़ने पर एक पतला धागानुमा निशान दिखाई देगा। सिलाई चाहे जितनी ही बड़ी क्यों न हो बारह टाँके या अठारह टाँके, सब में उसी एक सूत की छाया रहेगी। कास्मेटिक स्टिच अत्यंत आधुनिक सिलाई है। उन्नत देशों में इससे भी ज्यादा आधुनिक सिलाई है। पर हमारे देश में 'चार स्टिच' सिलाई ही ज्यादा प्रचलित है। 'कास्मेटिक सिलाई' का प्रयोग बहुत कम होता है। लेकिन कुछ विशेष मामलों में इसका प्रयोग होता है, ज्यादातर कुँवारी लड़कियों के मामले में। अविवाहित लड़कियों के शरीर में सभी तरह की, शल्यक्रिया के बाद कास्मेटिक स्टिच की जाती है। लड़कियों द्वारा कास्मेटिक सिलाई के लिए न कहने पर भी शल्य चिकित्सक खुद ही उत्साही होकर लड़कियों के मामले में इस बारे में दिलचस्पी दिखाते हैं।

अगल-बग़ल के दो मेजों पर सोलह-सत्रह साल की एक लड़की और एक लड़के का 'एपेनडिसेक्टमी ऑपरेशन' हो रहा था। लड़की की कास्मेटिक स्टिच और लड़के की 'चार स्टिच' की गयी। दोनों की सिलाई में अंतर क्यों हुआ, यह जानना चाहा तो चिकित्सक ने कहा, लड़की की शादी जैसी घटना को सुगम करने के लिए यह व्यवस्था की गयी। शरीर के किसी भी दाग़ या त्रुटि से लड़कों को कोई असुविधा नहीं होती। असुविधा तो लड़कियों को ही होती है। शादी के मामले में लड़कियों का शरीर बहुत महत्त्वपूर्ण विषय है, लेकिन लड़कों के लिए नहीं। लड़कियों का शरीर यदि बेदाग़ न हुआ तो शादी के बाज़ार में उनकी कीमत गिर जाती है। चूँकि लड़कों के साथ ऐसी कोई समस्या नहीं आती, इसलिए शल्य चिकित्सक लड़कों के लिए इस तरह की सिलाई की ज़रूरत महसूस नहीं करते।

देह ही लड़कियों की मुख्य संपत्ति समझी जाती है। इसलिए बचपन से ही लड़कियों को बालों की देखरेख और त्वचा के साज-सँभार के बारे में उपदेश दिया जाता है कि लड़कियाँ विद्या नहीं, बुद्धि नहीं, सिर्फ काया को ही मुख्य और एकमात्र उपयोगी वस्तु समझें। इसलिए त्वचा और बालों के सौंदर्य की रक्षा के लिए विभिन्न प्रसाधन सामग्रियों से जैसे बाज़ार भर गया है, वैसे ही गली-गली में ब्यूटी पार्लरों की भी भीड़ लग गई है। उस दिन न्यू मार्केट के बाहर के एक दुकानदार से पूछ रही थी बिक्री कैसी होती है? दुकानदार ने कहा, "हम लोग कोई स्नो-पाउडर थोड़े ही बेचते हैं जो बिक्री अच्छी होगी।"

लड़कों की खाल रूखी हो या बाल तितर-बितर हों तो कोई फ़र्क़ नहीं पड़ता। लेकिन लड़कियों के मामले में इस तरह की उदासीनता पर आपत्ति उठती है। लड़कियों को अपना शरीर घिस-घिसकर साफ रखना पड़ता है। आँखों में काज़ल, गालों में पाउडर, होंठों में लिपस्टिक और नाखूनों पर पॉलिश लगाना पड़ता है। कान, नाक,

गला, पैर, कलाई में गहने पहनने पड़ते हैं। लड़कियों के शरीर और एकमात्र शरीर को ही संपत्ति कहकर घोषित किया जाता है। शरीर जिनका मुख्य है वे अगर काली या कुरूप हों तो चाहे कितनी बड़ी विदुषी क्यों न हों, कितनी ही गुणवान क्यों न हों, उनकी शादी जल्दी नहीं होती। और जिसकी देह सुडौल है, जिसका चेहरा सुंदर और आकर्षक है, उसकी विद्या-बुद्धि की लोग परवाह नहीं करते। उम्र होने से पहले ही शादी के लिए लाइन लग जाती है। चूँकि शादी ही लड़कियों की एकमात्र मंजिल समझी जाती है, इसलिए सुपात्र के हाथों लड़की को समर्पित करके लड़की और उसके अभिभावकगण, जो लड़की के जन्म लेने पर गले में काँटा अटकाए हुए थे, मुक्ति पा जाते हैं।

शल्य चिकित्सक सिर्फ़ लड़कियों के लिए कास्मेटिक स्टिच का प्रयोग करते हैं। संभवतः इससे लड़कियाँ बहुत खुश होती हैं। जबकि यह बात किसी आज़ाद लड़की के लिए ग्राह्य नहीं होनी चाहिए। चूँकि कास्मेटिक स्टिच आधुनिक तकनीक है, तो फिर इस आधुनिक तकनीक से पुरुष को क्यों वंचित किया जाता है? अगर इस स्टिच का प्रयोग करना ही है तो स्त्री-पुरुष दोनों ही तरह के रोगियों के लिए इस पद्धति का प्रयोग किया जाए।

क्या पक्षपात हमेशा कल्याणकर या मंगलदायक होता है? मैं स्त्री हूँ इसलिए इस पक्षपात का समर्थन करना ही होगा, चूँकि यह पक्षपात एक विशेष श्रेणी की स्त्रियों के लिए है। स्त्री के प्रति दिखाई गई इस तरह की सहानुभूति का मैं समर्थन नहीं करती। स्त्री के प्रति इस विशेष आचार को मैं अनाचार समझे बिना नहीं रह सकती।

आज की यह अतिरिक्त देखरेख असलियत में कोई देखरेख नहीं है। आज का यह अतिरिक्त प्यार असलियत में कोई प्यार नहीं है। आज की यह अतिरिक्त सेवा असलियत में कोई सेवा नहीं है। स्त्री के प्रति यह अतिरिक्त सारी चीज़ें ही स्त्री के पतन के सारे दरवाज़े खोल देती हैं।

56

एक बार मैंने एक व्यक्ति से रुपये उधार लिए थे। रुपये उधार लेने की आदत मेरी बिल्कुल नहीं है। ऐसे भी दिन गए हैं जब मैं दोनों जून भूखी रही। ग़रीबी की चरम सीमा पर पहुँचकर भी मैंने अपने आपको अडिग बनाये रखा—इस बात का एक तरह से मुझे गर्व है। फिर भी मज़बूर होकर मुझे एक बार कुछ रुपये उधार लेने पड़े थे। जिससे मैंने उधार लिया था, वह आदमी मुझे बहन कहता था। मैं समझती हूँ यह रिश्ता यथासंभव सभ्य और ईमानदार होता है।

शर्त यह थी कि सात दिनों के बाद मैं रुपये वापस कर दूँगी। लेकिन आश्चर्य की बात है कि उस आदमी ने दूसरे ही दिन मुझे फ़ोन किया। उससे फ़ोन रुपये के लिए नहीं किया था। मैंने पूछा, क्या आज ही आपको रुपये चाहिए? लेकिन आज रुपये देना मेरे लिए संभव नहीं। मैंने जिस दिन देने की बात कही है, उसी दिन दूँगी। दूसरे ही दिन वह आदमी मेरे दफ़्तर में आया। उसे दफ़्तर में देखकर मैं हैरान रह गई।

मैंने कहा, "भैया, उस दिन से पहले मैं आपके रुपये नहीं दे सकती।" वह आदमी हँसकर बोला, "नहीं-नहीं ऐसी कोई बात नहीं।" उसके अगले दिन वह आदमी मेरे घर पर आया। मैंने पूछा, "क्या बात है?" वह हँसा। बोला, "नहीं, रुपये के लिए नहीं आया। इस रास्ते से गुज़र रहा था तो सोचा मिलता चलूँ।" यह मिलते जाने की घटना फिर अगले दिन भी घटी और उसके बाद वाले दिन भी।

इधर सात दिनों से पहले रुपये लौटाना मेरे लिए संभव नहीं था। और उस आदमी का आना-जाना भी मेरे लिए क्रमशः असहनीय हो उठा। उसके बाद एक बात स्पष्ट रूप से मैं समझ गई कि मज़बूरी मेरे गले की आवाज़ को इतना कमज़ोर किये हुए थी कि मैं चाहकर भी उस आदमी को घर से निकल जाने को नहीं कह सकती थी, मज़बूरी मेरी रीढ़ की हड्डी को इतना कमज़ोर किये हुए थी कि मैं चाहकर भी अपनी गर्दन सीधी करके खड़ी नहीं हो पा रही थी। इन सात दिनों तक, जिन सात दिनों में जब तक मैं उसके रुपये वापस नहीं कर पाई, घर-बाहर एक अस्वस्थ वातावरण में मुझे साँस लेनी पड़ी थी, अनिच्छा के साथ मुझे समझौता करना पड़ा था। वह आदमी हर रोज़ मेरे घर पर आता रहा। नहीं, रुपये लेने नहीं, बिना मतलब के ही आया। चाय-बिस्कुट खाकर दो-चार इधर-उधर की बातें करके चला गया। संभवतः वह चाहता था कि मैं उस के ऋण से कभी मुक्ति न पाऊँ, और यदि कभी भी मैं उससे मुक्त हो गयी तो अब मैं साफ़ समझ रही हूँ कि वह आदमी असंतुष्ट हो सकता है।

किसी भी तरह की मज़बूरी मनुष्य को कहाँ तक ले जा सकती है, या ले जाती है, यह मैं बहुत अच्छी तरह अनुभव कर रही हूँ। कुछ रुपये के लिए मैं मज़बूर थी, वह भी सिर्फ़ सात दिनों के लिए। इन सात दिनों के अंदर मैं खूब अच्छी तरह समझ चुकी हूँ कि मज़बूरी नामक चीज़ कितनी भयानक परिणति की तरफ़ मनुष्य को क्रमशः धकेलती रहती है। ऐसे व्यक्ति को, जो व्यक्ति जीवन की मज़बूरियों का शिकार है? मैं जानती हूँ, मैं बहुत गहरा[illegible] जानती हूँ कि बहुत-से लोग मज़बूरी के शिकार हैं, विशेषकर लड़कियाँ। भूख की मज़बूरी, कपड़े की मज़बूरी, आवास की मज़बूरी। ऐसी कितनी ही लड़कियाँ इस समाज में हैं? रिश्ते चाहे कितने ही घनिष्ठ क्यों न हों, मज़बूरी पर इसका कोई फ़र्क़ नहीं पड़ता।

मज़बूरी आख़िर मज़बूरी होती है। चूँकि किसी भी तरह की आर्थिक और

सामाजिक स्वतंत्रता लड़कियों को नहीं होती—इसीलिए जीवनयापन की छोटी-से-छोटी ज़रूरतों के लिए भी वे मज़बूर होती हैं। कोई पिता के पास, कोई-कोई पति के पास, कोई पुत्र के पास। लड़कियाँ इस पिता, पति और पुत्र को भिन्न-भिन्न उम्र का सहयोगी समझती हैं।

यदि स्त्री को किसी तरह की मज़बूरी न रहे? यदि सभी प्रकार की मज़बूरी से स्त्री मुक्त हो सके, अर्थात् जिस तरह की मुक्ति स्त्री के लिए ज़रूरी है तो क्या किसी की हिम्मत होगी कि वह स्त्री का रास्ता रोककर खड़ा हो सके? क्या किसी की हिम्मत होगी स्त्री को सोने की ज़ंजीरों से बाँधने की?

स्त्री तमाम मज़बूरियों से मुक्त हो? यह मज़बूरी ही स्त्री के मनुष्य होने में एकमात्र बाधा है। विभिन्न घटनाओं के साथ स्त्री को जोड़कर, अमानुष बनाकर रखना समाज की बहुत पुरानी आदत है। स्त्री समस्त मज़बूरियों से मुक्त हो।

स्त्री एक बार खुद को खुद की सहायिका समझे। अगर जाल तोड़ना है तो स्त्री ही तोड़े। अगर बंद कमरे की कुंडी तोड़नी पड़े तो स्त्री ही उसे तोड़े। लोग उस पर थूकेंगे, लोग उसे दरिद्र कहकर गाली देंगे। इससे क्या? लोगों की बातों से क्या होता है? इन्हीं लोगों के मुँह पर स्त्रियाँ थूकने की आदत डालें। स्त्री इन्हीं लोगों के चेहरों पर कालिख पोतने की आदत डालें।

हम स्त्रियाँ आदत नहीं डालतीं, इसीलिए ऐसा नहीं कर पाती हैं। बच्चे को खड़ा करने, दौड़ाने की आदत डाली जाती है इसीलिए वह खड़ा होता है, दौड़ता है। नारी भी एक तरह से शिशु ही है, जिसे शारीरिक रूप से छोड़कर किसी और रूप में बढ़ने ही नहीं दिया जाता। ये अपंग स्त्रियाँ पूर्ण रूप से बढ़ें, उनमें चेतना और ज्ञान का स्वस्थ विकास हो। स्त्री एक बार खुद को ही खुद का सहायक समझकर देखे।

57

एक विदेशी सज्जन के साथ बांग्लादेश के बारे में चर्चा हो रही थी। इस देश की प्रधानमंत्री एक स्त्री है, यह जानकर वे बहुत प्रफुल्लित हुए। बोले, आपके देश में नारी-स्वतंत्रता इतनी अधिक है कि स्त्री भी यहाँ प्रधानमंत्री बनती हैं। उस व्यक्ति की बातें सुनकर मैं अचानक हैरान रह गई। स्त्री स्वतंत्रता है, इस वज़ह से क्या इस देश की प्रधानमंत्री एक स्त्री है? विरोधी दल की नेता भी! तो क्या इसका यह अर्थ निकलता है कि देश में स्त्री-पुरुष में और कोई भेद नहीं, अधिकारों में अंतर नहीं किया जाता?

नहीं, ऐसी बात नहीं है। मैंने उस विदेशी सज्जन को समझाया कि राजनीति

में ऊँचा पद उन्हें पति और पिता की 'मिल्कियत' के तौर पर मिला है, अपने गुणों से नहीं।

माननीय प्रधानमंत्री जी, आपका क्या कहना है? और साथ ही, विरोधी दल की नेता की हैसियत से मैडम आपकी क्या राय है? क्या आप लोग इस बात को स्वीकार नहीं करतीं? हालाँकि आप दोनों पति और पिता का नाम भुनाकर ऊपर उठी हैं, देश का शासनतंत्र अब आपकी मुट्ठी में है, फिर भी मैं गर्वित हूँ। इसलिए कि आप दोनों स्त्री हैं। लेकिन स्त्री होने से भी क्या फ़ायदा यदि क़ानून को हिलाएँ लेकिन उस पलटें नहीं। सारे नियम बेहूदे और बकवास बनकर ही तो रह गए। संविधान-संशोधन का बिल, इनडेमनिटी बिल, ब्याज, मूल्य-वृद्धि आदि समस्याओं की बात मैं नहीं कर रही हूँ। मेरी समस्या है—स्त्री। तृतीय विश्व की थकी-हारी, बीमार, कमज़ोर, बेवकूफ, अंधी और बहरी स्त्री।

राजनीति में उतरते ही आप लोगों ने सिर पर आँचल डाल लिया है। लेकिन पुरुष नेताओं ने तो टोपी नहीं लगाई। इस्लाम यदि लड़कियों के सिर पर कपड़ा रखने की बात कहता है, तो पुरुष की टोपी और दाढ़ी की बात भी कहता है। लेकिन इस देश में स्त्री को जितना धर्म पालन के लिए बाध्य किया जाता है, उतना पुरुष को नहीं। आपका क्या ख़्याल है प्रधानमंत्री साहिबा और विरोधी दल की नेता? मुझे मालूम है कि आपमें से कोई भी सिर ढँकने की आदी नहीं हैं। जिस लड़की ने कॉलेज, विश्वविद्यालय में पढ़ाई-लिखाई की है, जो लड़की एक लेफ्टिनेंट जनरल की पत्नी है, वह अवश्य ही साड़ी के आँचल से बाल ढँककर नहीं घूमती होगी। लेकिन आप लोग अब ऐसा कर रही हैं क्योंकि आपके सहयात्री पुरुषों ने सिखा दिया है कि सिर पर आँचल न रखने से इस देश की आम जनता का विश्वास अर्जित नहीं किया जा सकता है। इसीलिए आँचल से माथा ढँककर आप आम जनता के समर्थन की कामना करती हैं।

क्या यह खुद को धोखा देना नहीं है, जिस प्रकार आप लोग दे रही हैं। अवश्य ही आप लोग इस बात को नहीं भूली होंगी और यह भूलने की बात भी नहीं है क्योंकि लड़की का जन्म लेने पर यह समाज उसको खूब अच्छी तरह समझा देता है कि वह स्त्री है। स्त्री है, इसीलिए उसका दाहिने जाना मना, बायें जाना मना, उत्तर जाना मना और दक्षिण जाना मना है। यह भूल जाने वाली बात तो नहीं कि वह इन तमान मनाही के बीच बड़ा होने वाला आदमी है। एक बार भी तमाम मनाही को लेकर आपके मन में क्षोभ नहीं हुआ? मैं जानती हूँ, हुआ ही होगा। स्त्री मात्र को ही होता है। यदि हुआ तो क्या अब करने को कुछ नहीं है, उन तमाम मनाहियों के ख़िलाफ? प्रशासन तो आपके हाथ में है, क्षमता भी अभी आपकी मुट्ठी में है। यदि यह बात सच नहीं है कि इने-गिने पुरुषों की उँगलियों के इशारे पर आप लोग चल रही हैं, बोल रही हैं, तो फिर स्त्री को दमित करने वाली विभिन्न व्यवस्थाओं

के विरुद्ध आप लोग एक बार डटकर खड़ी क्यों नहीं हो रही हैं? क्या आपको शर्म नहीं आती कि गवाही देने के लिए खड़ा होकर कलीमुद्दीन या कि रईसुद्दीन अकेले ही जो बात कह सकते हैं, आप लोगों में से किसी एक की बात को वह अहमियत नहीं मिलती? इसके लिए दो की ज़रूरत होती है। यानी खालिदा और हसीना दोनों मिलकर एक अबुल कलाम होता है।

आज एसिड बल्ब, कल बलात्कार, परसों क़त्ल—यह तो इस देश की रोज़ की घटना है, और इस तरह की घटनाओं की आड़ में से, आसपास से असली अपराधी भाग निकल रहे हैं। क्या ये सूराख़ अब भी उसी तरह खुले ही रहेंगे? माननीय प्रधानमंत्री, आप वीरांगना हैं इसलिए हमें बहुत गर्व है। आपको इस वक़्त मैं अपनी सर्वोत्तम श्रद्धा ज्ञापित करती हूँ।

आपके लिए आगे-पीछे हॉर्न बजाती गाड़ियाँ जाती हैं। हमारे लिए उस तरह के पहरे की व्यवस्था नहीं है। निकल आइए न, एक बार शहर के रास्ते पर। रात के अँधेरे में फुटपाथ पर चलने के लिए एक बार आइए न! गणिका समझकर आप पर पुरुष का लोभातुर पंजा कैसे झपट्टा मारता है देखिए! विरोधी दल की नेता, मैं आपसे भी कहती हूँ—क्या आपने अपनी आँखों से कभी देखा है कि इस शहर के फुटपाथ पर स्त्रियाँ किस तरह दस-दस रुपये में बिक रही हैं? क्या देखकर नहीं लगता कि यह दरअसल हमारा ही पानी के भाव बिकना है? क्या लगता नहीं कि स्त्रियाँ दरअसल आलू, परवल, कद्दू जैसी कोई चीज़ हैं? और, आप भी चाहे जितनी भी ऊपर हों इससे बाहर नहीं हैं।

आप लोग यदि स्त्री होकर देश से वेश्यालयों को ख़त्म करके लड़कियों के पुनर्वास की व्यवस्था नहीं कर सकतीं तो दूसरा कौन करेगा? आप लोग एक पति का और एक पिता का प्रतिनिधित्व कर रही हैं। हालाँकि यह अलग बात है कि दोनों की मौत का बदला लेने के लिए ताक़त की ज़रूरत होती है। यदि ऐसे बोध का जन्म होता है, यदि आपके मन में कुछ और चेतना का संचार होता है, यदि लगे कि देश के गाँवों-कस्बों में, शहर में, बाल-विवाह, बहुविवाह, वधू-हत्या, अपहरण, बलात्कार, स्त्री के ख़रीद-फ़रोख़्त को रोकने की ज़रूरत है—तो मेरा गहरा विश्वास है कि इस बारे में जितना एक पुरुष शासक उत्साही होगा, उससे ज़्यादा उत्साही होंगी आप लोग। और, यही उचित भी है।

संपदा-संपत्ति जीवनयापन के लिए और मनुष्य की मर्यादा बनाए रखने के लिए ज़रूरी है, पर मुस्लिम उत्तराधिकार क़ानून के तहत लड़कियों के असम्मान की विभिन्न तरह की बनी-बनायी योजनाएँ हैं। स्त्री के मरने पर पति उसकी संपत्ति का चौथाई पाता है, उनकी कोई संतान न रहने पर पति आधा हिस्सा पाता है, लेकिन पति के मरने पर पत्नी उसकी संपत्ति का सिर्फ़ आठवाँ हिस्सा ही पाती है, उनकी कोई संतान न रहने पर स्त्री को चौथाई हिस्सा मिलता है। स्त्री और पुरुष के बीच संपत्ति

के विभाजन में ऐसी विषमता क्यों? विषमता संतान के मामले में क्यों? लड़का और लड़की रहने पर लड़की को आधी संपत्ति मिलती है। मृतक पिता और माता का अन्य उत्तराधिकारी न होने पर इकलौता लड़का अपने माता और पिता की सब संपत्ति का मालिक होता है। लेकिन इसी मामले में इकलौती लड़की होने पर उसे अपने मृत माता-पिता की संपत्ति का आधा हिस्सा ही मिलता है। पति एवं पत्नी के मामले में लड़के और लड़की के मामले में संपत्ति का ऐसा विषम बँटवारा क्यों? प्रधानमंत्री एवं विरोधी पक्ष की नेता आप ही बताएँ, जिस तरह से धनी एवं दरिद्र का अंतर मिटाना चाहिए, उसी तरह क्या स्त्री एवं पुरुष का अंतर नहीं? यदि यह दूरी या यह असमानता ख़त्म करना संभव नहीं है तो फिर ज़मीन-जायदाद का राष्ट्रीयकरण कर डालिए न प्रधानमंत्री जी, जो सबसे ज़्यादा सहायक होगा। या यह भी संभव नहीं; क्यों चारों तरफ़ से पुरुष सलाहकारों का दबाव, मध्य-कालीन धर्म का दबाव, साम्राज्यवाद का दबाव, विदेशी सहायता का दबाव है—और यही सब आपको सत्ता में बनाये रखेंगे। चूँकि आप अपने पति की एकमात्र प्रतिनिधि ठहरीं—इसलिए आपका अपना कोई विचार नहीं, विवेचना नहीं, बोध नहीं, धर्म नहीं, आदेश नहीं, अध्यादेश भी नहीं।

58

1. देलमीरा आगुसतीनी, उरुग्वे की लड़की है। उसने दस साल की उम्र से कविता लिखना शुरू किया। देलमीरा ने अपनी 'सुदूर से' शीर्षक कविता में लिखा है—"तुम्हारे दूर चले जाने पर मुझे फूटकर रुलाई आती है तुम्हारे पैरों की आहट सुनकर नींद में मैं नाच उठती हूँ।" अवश्य ही हम सोच सकते हैं कि वह किसी से बहुत गहराई से प्यार करती थी, जिसके निकट वह प्रार्थना करती है। देलमीरा लिखती है—"मेरा हृदय और तुम आमने-सामने खड़े हैं, समुद्र और आकाश की तरह/इनके बीच उड़ते मेघ की तरह चले जा रहे स्रोत और समय, जीवन और मृत्यु।"

देलमीरा जिसे प्यार करती थी, उसने जिसे जीवन साथी बनाया था, वही उसके लेखन का एकमात्र रोड़ा बनकर सामने आया। देलमीरा अंततः इस प्रतिबंध को नहीं मान पाई। उसने अपने पति से तलाक माँग लिया था। बदले में पति ने उसकी हत्या कर डाली और खुद भी आत्मघाती हो गया। सन् 1886 में देलमीरा आगुस्तीनी का जन्म हुआ था और वह सिर्फ़ अट्ठाइस साल ज़िन्दा रह पायी थी। पाठकों, आइए आज हम लोग देलमीरा आगुस्तीनी को सर्वोच्च श्रद्धा ज्ञापित करें और उसके हत्यारे पति को शाप दें।

2. जूलिया द बारजोंस की एक कविता का शीर्षक है 'जूलिया द बारजोसेफ़'।

अपने आमने-सामने खड़ी होकर जूलिया ने कहा है–"जो कंठ स्वर मेरी कविता में बातें करता है, वह तुम्हारा नहीं, मेरा कंठ-स्वर है/तुम अगर पोशाक हो, तो मैं उसकी खुशबू/हमारे बीच फैली हुई है गहरी खाई/तुम सामाजिक झूठ के कगार पर खड़ी एक फीकी गुड़िया हो/मैं सत्य, मैं वीर्यवान अग्निकन्या/तुम अपनी इस पृथ्वी की तरह स्वार्थी हो, मैं नहीं/मैं, अपनी अस्मिता लिए अपना सब कुछ देकर जुए पर बैठ सकती हूँ/तुम एक निपुण गृहस्थ लड़की हो श्रीमती जूलिया/मैं नहीं। मैं ज़िंदगी हूँ। मैं शक्ति हूँ। मैं स्त्री हूँ/तुम, अपने पति, अपने मालिक की अधिकृत वस्तु हो। मैं नहीं/मैं, किसी की संपत्ति नहीं, मैं सबकी हूँ, मैं सबके लिए, सबको मैं हूँ/खुद को मैंने शुभ विचारों और स्निग्ध भावना से सँजोया है। तुम, अपने बाल सँवारा करो, चेहरे पर प्रसाधन लगाओ, मैं नहीं/मेरे बालों को हवा सँवारा करती है, मेरे चेहरे को सूर्य रँगता है। तुम घर की वधू हो, एक पाली-पोसी विनयी स्त्री/मैं कट्टरता और कुसंस्कार से थकी-चुकी नहीं/मैं द्रुतगामी अश्व-सी पृथ्वी पर ढूँढ़ती फिर रही हूँ थोड़ी-सी समता।"

सन् 1941 में जूलिया द बारजोंस का जन्म प्योर्तोरिको में हुआ था। वह बड़ी होकर भी वहीं रह गयी। बहुत ज्यादा शराब पीने के कारण अस्वस्थता में जीवन का अधिकांश समय अस्पताल में ही बीता। 1953 में न्यूयार्क शहर के रास्ते पर, अज्ञात परिचित जूलिया द बारजोंस एक दिन मरी हुई मिली। ज़िंदा रहते हुए, मामूली प्रसिद्धि पाने वाली जूलिया आज प्योर्तोरिको के प्रमुख कवि के रूप में ख्याति पा रही है।

3. केवियिंत्री जुआना फर्नांडिज़ का जन्म 1895 में हुआ। कैप्टन डी. इबारव्यूरो से शादी करके अपना नाम रखा–जुआना द इबारव्यूरो। उरुग्वे के विभिन्न राज्यों में घूमघाम कर मोंटेविडियो शहर में आकर जुआना स्थायी तौर पर रहने लगी। सन् 1919 में उसका पहला काव्य-संग्रह प्रकाशित हुआ और उसकी प्रतिभा की ख़बर चारों तरफ़ फैल गई। 1929 में लैटिन अमेरिका और स्पेन भर में मिली अगाध ख्याति और व्यक्तित्व के अनुरूप जुआना ने अपना नाम रखा 'जुआना द अमेरिका'। 'बंधन' शीर्षक एक कविता में उसने लिखा है–"मुझमें आई है बाढ़ तुम्हारे लिए/मुझे पान करो/स्फटिक भी मेरे झरने की स्वच्छता को देखकर ईर्ष्या करता है/मैंने पंख फैलाये हैं तुम्हारे लिए/मुझे छानो/रात की तितली मैं, तुम्हारी अधीरता की आग के चारों तरफ़ नाचती-बिर्राती/...मेरे बालों में मोतियों की माला के बदले लटकते हैं लंबे काँटे/कानों में लटकते हैं पद्यराग मणियों के बदले दो टुकड़े धधकते कोयले/मुझे देखकर/मेरे दर्द को देखकर तुम हँस रहे हो/एक दिन तुम ही रोओगे/और इसके बाद ही तुम मेरे बनोगे/इससे पहले जो तुम कभी नहीं बने।"

4. म्रिरिदा नाइत आतिक/मोरक्को की कवयित्री है। म्रिरिदा आजिलाल शहर की एक गणिका थी। वह बहुत अच्छा गाना गाती थी। उसके गाने की ख्याति दूर-दूर

तक फैली हुई थी। घर में आने वालों को म्रिरिदा गाना सुनाती थी। वह पहाड़ की सीधी-सादी लड़कियों की जीवनचर्या को लेकर गाना लिखती रही। युद्ध के बाद म्रिरिदा की उम्र उस वक़्त तीस वर्ष भी नहीं थी, जब उसे न तो वेश्यालय में, न माकदाज में एवं न ही उसके गाँव मोरक्को के एटलस पहाड़ के तासाउके में ही जगह मिली। 1959 में रेले येलोग नामक एक पारसी सैनिक (जिसके साथ म्रिरिदा की अच्छी दोस्ती थी) ने उसकी कविताओं का फ़ारसी अनुवाद प्रकाशित किया।

म्रिरिदा की एक कविता का शीर्षक है–'धुएँ की तरह।' कविता इस प्रकार है–'परित्यक्ता लड़कियों की तुम रक्षा करती हो लल्ला हालिमा (एक मुसलमान फ़क़ीरन का नाम है लाल्ला हालिमा, जो अविवाहित माताओं को आश्रय देती थीं) किस पर तुम विश्वास कर सकते हो कृपालु ईश्वर? यही कि मैं, मैं अब किसी पुरुष का कभी विश्वास नहीं करूँगी/उनकी प्रतिज्ञा धुएँ और धुंध की तरह है/बछड़ों को लेकर जब चराने जाता मैदान में/संगीतज्ञ के लड़के ने वचन दिया था/एक खच्चर ज़्यादा प्यासा न होने पर/अधिक जल नहीं पीता सैनिक अपने पराक्रम का पदक लेकर ज़िंदा रहता है/जितना वह पाना चाहता है, पाता जाता है औरों की तरह/सिर्फ वह खच्चर प्यासा न होने पर/कभी पानी पीना नहीं चाहता/दस युवक/दस विधुर/दस प्रौढ़/सभी ने मुझे विवाह का वचन दिया/लेकिन किसी ने अपना वचन नहीं निभाया/उनकी तमाम प्यास मिटायी है मैंने/और वे फिर पान करने चले गये कहीं और/किसे तुम विश्वास करोगे, मेरे कृपालु ईश्वर? यह मैं/मैं किसी पुरुष पर विश्वास नहीं कर सकती/उनकी समस्त स्वीकारोक्ति धुएँ की तरह है/धुएँ की तरह।''

5. कवि एडिथ सोडारग्रां का सन् 1892 में सेंट पीटर्सबर्ग में जन्म हुआ था। वहाँ उनके माता-पिता ने स्वीडिशभाषी लोगों को लेकर एक विशाल समूह का गठन किया। रूसी क्रांति के बाद, एडिथ और उसकी माँ ने रूस के सीमांत के पास फ़िललैंड में आश्रय लिया। वहाँ चरम दरिद्रता के बीच उनके दिन बीते। हेलसिंकी में उसकी कविता के पहली बार प्रकाशित होने के बाद इने-गिने समीक्षकों के अलावा सभी ने उसकी निंदा की। उस वक़्त एडिथ बहुत अकेली पड़ गई थी। युवा क्रांतिकारी लेखिका हैगार अलसेन के अलावा किसी ने उसका साथ नहीं दिया। हैगार ने ही युवा फिनिश कवियों तक एडिथ की कविताएँ पहुँचाईं। सन् 1923 में टी. बी. रोग से पीड़ित होकर भोजन के अभाव के कारण कवि एडिथ सोडारग्रां की मृत्यु हो गई। मृत्यु के बाद फिललैंड एवं स्वीडेन में एडिथ को स्वीडिश कविता के एक उन्नायक के रूप में जाना गया और उसकी ख्याति में उत्तरोत्तर वृद्धि हुई।

एडिथ सोडारग्रां की एक कविता का शीर्षक है–'दुःख'। वह लिखती है–''सुख की कोई संगति नहीं, सुख की कोई भावना नहीं, सुख का कुछ भी नहीं/सुख का स्पर्श करने पर सुख टूट जाता है, नष्ट हो जाता है/गहरी नींद में भोर के गुंजन में बहकर सुख आता है/गहरी नीली भावना पर रुई की तरह मेघ जैसा उड़कर आता

है सुख/सुख है दोपहर की जलती धूप में सोये पड़े रहने का खुला मैदान/सुख कोई शक्ति नहीं, वह सिर्फ़ सोता है और ज़िंदा रहता है/और कुछ नहीं जानता, कुछ नहीं.../क्या तुम दुख को जानते हो? वह अपनी वज्रमुट्ठी सहित कितना शक्तिवान एवं विशाल है?/क्या तुम दुख को समझते हो? वह अपनी रक्ताभ आँखों में अश्रुजल सहित आशान्वित हो हँसता है/ हमारे लिए जो कुछ ज़रूरी है दुख सब कुछ देता है/मृत्यु कोठरी की चाबी देता है/वह दरवाज़े की तरफ़ हमारे दुविधाग्रस्त शरीर को धकेल देता है/... वह लोभी लड़की जाति के गले का अलंकार नोचता है/ वह दरवाज़े पर खड़ा रहता है, जब पुरुष उसके प्यार को त्याग कर चला जाता है.../वह मोती और फूल देता है, वह गीत और स्वप्न देता है/वह हमें सहस्र चुंबन देता है, वे सारे अदृश्य चुंबन हैं/वह हमें सिर्फ़ एक चुंबन देता है जो सच है/वह हमें आश्चर्यपूर्ण एक हृदय एवं तीव्र आकांक्षा देता है/वह देता है ज़िंदगी की सर्वोच्च उपलब्धि/प्यार, एकाकीपन एवं मृत्यु का सफ़ेद चेहरा।"

6. रानी एलिज़ाबेथ ने (1533-1603) भी अपनी कविता लिखी है। लिखती हैं—"मुझसे आशा की जाती है बहुत कुछ की/लेकिन मुझसे कुछ किया नहीं जाता/रानी एलिज़ाबेथ तो बंदिनी है।" बंदिनी कौन नहीं? जुआना, म्रिरिदा, देलमीरा, जूलिया, एडिथ कौन नहीं? गणिका, गृहिणी और भिखारन से लेकर इंग्लैंड की रानी भी बंदिनी। रानी? चाहे वह कितनी ही बड़ी रानी हो, वह स्त्री ही तो है।

59

साहित्य-चर्चा के क्षेत्र में उतरने से मेरा बद से बदतर बनना कुछ कम नहीं हुआ। लेकिन मुझमें सारी बुराई को लाँघते जाने का साहस था, इसीलिए शायद अब तक ज़िंदा हूँ और, साहस के साथ कह सकती हूँ कि ज़िंदा रहूँगी।

मेरे माता-पिता हमेशा से मुझसे बहुत नाराज़ रहते थे। मेरे प्रभावशाली पिता कविता से ज़्यादा स्टैटिक्स डिनामिक्स के प्रति ज़्यादा रुचि दिखाते थे, मेडीसिन सर्जरी याद करने पर पिताजी मेरे लिए टोकरी भर सेब-अंगूर ले आते थे। मेरी धर्मांध माताजी कविता से ज़्यादा नमाज़ पढ़ना और वह मुझसे रोज़ा रखना पसंद करती थीं। शाम को बेवज़ह लिखने-पढ़ने में समय बर्बाद न करके वह मुझसे कुरान की कुछ आयतें पढ़ने को कहती थीं।

एक सफ़ेद काग़ज पर कविता लिखकर अपने बड़े भाई को एक दिन पढ़ने के लिए दी थी। भैया ने कहा—"काग़ज से हवाई जहाज़ बना सकती हो? यह देखो।" कहकर उस काग़ज से हवाई जाहज़ बनाकर अपनी फूँक से उड़ा दिया था।

मेरी छोटी बहन चॉकलेट खाना बहुत पंसद करती थी। एक बार उसके हाथ

में दो पैकेट चॉकलेट देकर बोली—"देख तो, यह कविता कैसी बनी?" मेरी बहन ने चॉकलेट मुँह में रखकर गाल का एक हिस्सा फुलाया और बहुत गंभीर चेहरा बनाकर बोली—"रवीन्द्रनाथ की तरह नहीं लिख सकती?"

मैं फिर भी नहीं रुकी। छिप-छिपकर लिखती गई। छिपाकर ही पत्रिका में छपने के लिए भेजा। पत्रिका में छपने पर घर वालों ने उसे उलट-पुलटकर देखा और बोले—"ठीक ही है, बुरी नहीं है।"

लिखते-लिखते सन् 1986 में बहुत साहस करके एक कविता-संग्रह निकाला। उस किताब को छापने का दायित्व मेरा ही था, तय हुआ था कि 'नासास प्रकाशनी' उस किताब की ज़िल्दसाज़ी और वितरण का दायित्व लेगी। उस वर्ष फरवरी के अंत में काँचा पुस्तक मेले में वह पुस्तक आयी, वह भी अड़तालीस पृष्ठ के बदले चालीस पन्ने की। उस वक़्त आकाश काला हो चला था और तूफान शुरू ही हुआ था, रात काफ़ी हो रही थी, उसी आँधी-तूफान की रात में पुराने ढाका में ज़िल्द वाले का घर ढूँढ़ निकाला। उसने डाँटकर कहा, "जैसा हुआ है ठीक है। नया कुछ नहीं होगा।" यह सुनकर उस रात मैं बहुत रोयी थी।

इसके बाद बीच-बीच में बहुत डर-डर कर यह सोचकर नासास प्रकाशनी में जाती थी कि बिक्री का कुछ पैसा-वैसा मिल जाएगा।

प्रकाशक हर बार कहते थे, "दो महीने बाद आइए।" इसके बाद, क़रीब दो साल बाद मैं अपनी किताबों का पूरा बंडल वापस ले आयी। सारी-की-सारी किताबें दीमक चाट गयी थी।

तीन साल बाद फिर ज़ेब का पैसा ख़र्च करके किताब छापने का भूत सवार हुआ। किताब क़रीब-क़रीब पूरी छप चुकी थी। ख़ालिद अहसान ने आवरण बनाया था। एक दिन ख़ालिद अहसान और कवि हेलाल हाफ़िज ने 'अनिंद्य प्रकाशनी' के नजमुल हक़ से अनुरोध किया कि वे मेरी किताब का दायित्व लें। मैं भी वहाँ उपस्थित थी। नजमुल ने पहले थोड़ी-सी आनाकानी की, बाद में मान गये। तब मैं ही सबको हैरान करती हुई बोली थी, "यह किताब मैं 'अनिंद्य' को नहीं दूँगी। खुद ही छापूँगी।"

मुझे अब तक पता नहीं कि अंदर-ही-अंदर मुझमें इतना स्वाभिमान कहाँ से जन्मा। मैंने उस स्वाभिमान के सहारे ही पाया कि सिर्फ़ तीन महीने में मेरी किताब की बारह सौ प्रतियाँ बिक गयी थीं। इसके बाद एक अन्य प्रकाशक इस किताब का चतुर्थ संस्करण भी क़रीब-क़रीब ख़त्म कर चुके हैं। अब कई प्रकाशक मेरी किताब छापने के लिए मेरे घर पर धरना डाले पड़े रहते हैं।

मेरी कविता के संबंध में अलग-अलग लोगों की अलग-अलग धारणाएँ हैं। कोई बहुत ज्यादा उत्साही है तो कोई कहता है कि सारी अनुभूतियाँ 'व्यक्तिगत' हैं। व्यक्तिगत हों, चाहे समष्टिगत—अनुभूतियाँ स्पष्ट हैं। मैंने अपनी या औरों की

ज़िंदगी से यदि यह अनुभूतियाँ उधार ली हैं—मेरी सफलता इसी में है कि जिन कविताओं को मेरा 'व्यक्तिगत' कहकर आरोपित किया जा रहा है, उन कविताओं के लिए मेरे पास कम-से-कम दो हज़ार चिट्ठियाँ आई हैं। चिट्ठी लिखने वाली अधिकांश महिलाएँ ही हैं। उन लोगों ने लिखा है कि कविताओं में उनके जीवन की बातें लिखी हुई हैं। मेरा व्यक्तिगत मामला जब और कई लोगों का व्यक्तिगत मामला बन जाता है, तब संभवतः वह व्यक्तिगत नहीं रहता। दो हज़ार चिट्ठियों की तादाद गिनती में कोई ज़्यादा नहीं है। लेकिन वे और भी बहुत-से लोगों का प्रतिनिधित्व कर रही हैं। कुल मिलाकर जो सामने आता है, हताश होने लायक कुछ नहीं है। सिर्फ़ चिट्ठी ही क्यों, आम लोगों की क़तार में खड़ा होकर क्या मैं उनकी तकलीफ़ों की तह तक नहीं पहुँच पाई?

तरह-तरह के अनुभव के बीच से मुझे आगे बढ़ना पड़ता है। इस ज़िंदगी में जितने बंधन मिले हैं, स्नेह भी कम नहीं मिला। पिछली फ़रवरी में सिलहट से अट्ठारह-उन्नीस वर्ष का एक लड़का आया था। पुस्तक मेले में मुझे पाकर मारे खुशी के उछल पड़ा। बोला। आपको एक बार देखने के लिए सिहलट से ढाका आया हूँ। मेरे माता-पिता, बहन को आपकी लेखनी इतनी पंसद है कि मैं सिलहट में अपने घर बुलाने के लिए आपको निमंत्रण देने आया हूँ। आप एक दिन आइए, यह रहा मेरा फ़ोन नंबर। आप जाएँगी, मुझे यह सूचना मिलते ही मैं खुद आकर आपको वापसी का टिकट दे जाऊँगा। इस विनम्र लड़के ने अत्यंत आग्रह के साथ मेरी किताबों पर मुझसे हस्ताक्षर लिये। इसके कुछ दिनों बाद, उसी उम्र का एक और लड़का आकर 'विपरीत खेल' में उतरा, मेरी एक कविता दिखाकर बोला, "मैं दसे रुपये में बिकना चाहता हूँ!"

मैंने चौंककर कहा—"मतलब?"

लड़के ने कहा—"इस कविता में आपने दस-पाँच रुपये में लड़का ख़रीदना चाहा है।"

मैंने काफ़ी गंभीर होकर कहा—"यह कविता है!"

लड़के ने कहा—"सिर्फ़ कविता?"

मैंने कहा—"हाँ, सिर्फ़ कविता!"

वह लड़का चला गया। उसका दुस्साहस देखकर मैं हैरान रह गई। इसीलिए कह रही हूँ, कविता लिखना शुरू करके चारों तरफ़ देख-सुनकर मैं कम हैरान नहीं हुई। हैरानी में डालने वाली एक और घटना है। उस दिन एक सज्जन क़रीब घंटा भर मेरी कविताओं की तारीफ़ करते रहे और अंत में बोले—"नौ वर्ष की उम्र में आपके साथ जो घटना घटी थी, उसे आपने बहुत बारीकी से प्रकट किया है।"

मैंने पूछा, "मेरी नौ वर्ष की उम्र, मतलब?"

सज्जन ने कहा, "आपकी बीमार उँगली कविता की बात कह रहा हूँ।"

मैंने हैरान होकर कहा, "उसमें क्या है?"

"वही, जब आपने शशिकांत राजबाड़ी देखना चाहा था और वह बूढ़ा..." इसके बाद मुझे हँसना चाहिए या रोना, मैं ठीक से समझ नहीं पाई थी। कहा, "आपसे किसने कहा कि वह मेरी खुद की कहानी है?"

सज्जन चुप हो गये। मैंने उन्हें समझाया, "इस समाज में बच्चियाँ भी किस तरह से छेड़ी जाती हैं, मैंने उसका एक सरल वर्णन मात्र किया है। 'मैं' शैली में लिखने का अर्थ है—मैं अपने अंदर सबकी वेदना को धारण करती हूँ। इसीलिए 'मैं' शैली में लिखते हुए स्वयं को अधिक स्वच्छंद अनुभव करती हूँ। बट दिस इज़ नॉट माई ऑटोग्रॉफ़ी!"

उस तरह की कोई घटना मेरी ज़िंदगी में नहीं घटी है। इसलिए मैं अहंकार नहीं कर रही हूँ। यह मेरे साथ भी घट सकती थी, लेकिन ये समस्याएँ 'मेरी' या 'उसकी' कहकर क्यों सोची जाती हैं? हम सब मिलकर यह क्यों नहीं सोचते कि ये समस्याएँ हम सभी की हैं। हम सबकी । पाठक पढ़ रहे हैं। लेकिन इन पाठकों के पढ़ने से क्या फ़ायदा, जो किसी की समस्या को सबकी समस्या नहीं समझते। सबकी अनुभूति को अपने अंदर धारण नहीं करते। तब तो यह भी एक तरह की क्षति है—शब्दों का अपव्यवहार!

60

1. रोग-निर्णय करने के लिए 'आल्ट्रासोनोग्राफी' अब एक बहुत लोकप्रिय पद्धति है। मान लीजिए, पेट फूल गया है, पेट में कहीं कड़ा हो गया है, दर्द हो रहा है आदि। किसी भी तरह की असुविधा वाले रोगी जब चिकित्सक के पास जाते हैं, और विभिन्न तरह की जाँच करके भी जब कुछ पता नहीं चलता है या थोड़ा-बहुत संदेह रह जाता है तो सीधे 'आल्ट्रासोनोग्राफ़ी' के लिए कह देते हैं।

'आल्ट्रासोनोग्राम' यह बता देगा कि पेट में साधारण ट्यूमर है या कैंसर। इससे यह भी पता चल जाएगा कि यह किस जगह पर है। इसका गठन, आकार, स्वभाव और परिणाम आदि सारी बातें स्पष्ट हो जाती हैं। पहले इस देश में यह सुविधा नहीं थी, इधर कुछ वर्षों से 'आल्टासोनोग्राम' की सुविधा मिल जाने से चिकित्सा के क्षेत्र में काफ़ी तरक्की हुई है।

गर्भ में भ्रूण की उत्पत्ति होने पर 'अल्ट्रासोनोग्राम' भ्रूण का आकार-प्रकार, स्थिति, लिंग आदि सब कुछ प्रत्यक्ष दिखा देता है। विज्ञान के समक्ष इसलिए कृतज्ञ होना पड़ता है क्योंकि सोलह सप्ताह के बाद भ्रूण के लिंग-निर्धारण करने की क्षमता भी वह रखता है लेकिन यह कृतज्ञता अंततः कहाँ आकर पहुँची, यदि सुनना पड़े कि

भ्रूण के लिंग-निर्णय के इस सुनहरे अवसर का लोग ग़लत इस्तेमाल कर रहे हैं। यदि देखना पड़े कि भ्रूण लड़की का होने पर गर्भपात कराया जा रहा है।

हाँ, भारत में भी अनगिनत गर्भपात हो रहे हैं। 'आल्ट्रासोनोग्राम' की सुविधा लोग इस तरह से ले रहे हैं कि किसी लड़की को वे जनमने नहीं दे रहे हैं। लड़की के जन्म को रोकने की सुविधा मिल जाने के कारण, 'ऑल्ट्रासोनोग्राम' पड़ोसी भारत में अभी बहुत लोकप्रिय है। मैं समझती हूँ कि हमारे देश में भी जन्मरोध की इस महामारी के फैलने में देर नहीं लगेगी। क्योंकि लोग कन्या-जन्म की कामना नहीं करते। कई पुत्रों के जन्म के बाद लड़की के जन्म लेने पर कोई दुखी नहीं होता। लेकिन कोई भी पूर्ण चेतना में, स्वेच्छा लड़की जन्म को रोकने के अलावा उसका विस्तार नहीं चाहता।

मनुष्य अभी सुख और स्वप्न के जल में रात-दिन तैर सकता है। लड़की जनने की कोई दुस्सह लज्जा, वेदना, अपमान, असंतोष, लांछन और कठिनाइयाँ किसी बहू को भोगनी नहीं पड़ेगी। आह! क्या मज़ा है! गर्भवती स्त्रियाँ अब खुशी से नाचें। अनचाही संतान को रोकने का इंतज़ाम करें। अरब के लोग जब गुफा में निवास करते थे, तब लड़की के जन्म लेने पर उसे ज़मीन में गाड़ देते थे। और यह गर्व की बात है कि कन्या को अब हम गर्भ में ही खत्म कर देंगे। हम लोग मज़े से पक्के मकानों में रह रहे हैं, गुफा में नहीं। हम लोग पढ़े-लिखे, सभ्य आदमी हैं और हम अभी गर्भपात के पीछे पड़े हैं।

सच कहिए तो इसके पीछे क्यों न पड़ें? सतीदाह की आग अभी-अभी बुझी है, क्या उसके अंदर एवं संस्कार में जले हुए का दाग़ नहीं है? दहेज की आग, अत्याचार की आग, धर्म के विभिन्न नियमों और शास्त्रों की आग—किसी भी आग में क्या स्त्रियाँ नहीं जलतीं? सतीदाह बुझी है, लेकिन यह धर्मदाह एवं समाजदाह की आग में क्या आत्मजा को शौक़ से जलाने के लिए लाते हैं!

2. बांग्ला में एक कहावत है—"भाग्यवान की बीवी मरती है और अभागे की गाय।" यह कहावत बहुत पुरानी ज़रूर है, लेकिन अब भी इक्कीसवीं शताब्दी की दहलीज़ पर यह ज़रा भी बेमेल नहीं हुई। बीवी के जाने पर बीवी मिल जाती है, लेकिन गाय के चले जाने पर गाय नहीं मिलती, नयी गाय लेने के लिए पॉकेट से कुछ रुपये निकालने पड़ते हैं। लेकिन घर में नई बीवी के आने पर जेब में कुछ रुपये भी आ जाते हैं। ऐसी स्थिति में बीवी की अवहेलना तो की जा सकती है पर गाय की नहीं की जा सकती। किसी भी पत्नी या स्त्री के बदले में गाय को मूल्यवान समझा जाता है। हाल में ही "इस देश की एक लड़की के साथ भारत की छह गायों की अदला-बदली हो रही है।" यह समाचार पढ़-सुनकर बहुत-से लोग हैरान रह गये थे। छिः-छिः यह क्या किया! लेकिन मैं उल्टे ही हैरान रह गई—एक लड़की के बदले में छह गायों का मिलना। इस सौभाग्य से मैं ईर्ष्या किए बिना नहीं

रह पाई। यह तो एक अकल्पनीय घटना है--जिसे एक लड़की के बदले में छह गायें मिल रही हैं, वह अवश्य ही अधिक फ़ायदे में है।

भारत की बड़ी-बड़ी छह गायें बांग्लादेश के एक कृषक की लड़की की तुलना में अधिक आकर्षक, अधिक उत्पादक एवं निःसंदेह अधिक मूल्यवान हैं। मुझे लगता है, वे लोग लड़की लेकर ठगे ही जा रहे हैं। जहाँ लड़की जाति का मूल्य दो पैसा भी नहीं, वहाँ छह गायों को देकर जिन लोगों ने उन्हें सम्मानित किया, मैं उनके उन तस्करों की शुक्रगुजार हूँ।

लड़की जाति की कीमत सभ्य समाज नहीं देता, वे गर्भ में ही लड़कियों को हत्या कर डालते हैं वैसी स्थिति में तस्कर मात्र एक लड़की--वह भी एक दीनहीन, बेसहारा लड़की के बदले में छह-छह ज़िंदा गायें दे रहे हैं। उस लड़की से वे शरीर का धन्धा कराएँगे, यही न! वे यहाँ पर लड़कियों को असभ्य बनाएँगे और सभ्य व्यक्ति अपनी इच्छा से उनका उपभोग करेंगे। यह कौन-सी बड़ी बात है, क्या समाज की सभ्य लड़कियाँ पुरुषों की मर्जी के मुताबिक़ इस्तेमाल नहीं हो रही हैं! यह कोई नई प्रताड़ना, नया भ्रम-जाल या नया जगत् नहीं। हमारे सभ्य घरों की लड़कियाँ तो बिना पैसे के ही बिक जाती हैं, और समाज-परित्यक्ताओं के लिए कम-से-कम छह-सात गायें तो आ ही रही हैं। अच्छा ही तो है। इस तरह से स्त्री का मूल्य कुछ बढ़ता है।

3. मुझे बहुत रोने की इच्छा होती है। एक बार जी भरकर रोने की इच्छा होती है। दुनिया की तमाम स्त्रियों से कहती हूँ--आओ, हम लोग अपने लिए एक बार रोयें। अपने लिए हम सब रोयें। आओ, एक बार हम लोग चीख़-चीख़कर रोयें, धूल में लोट कर रोयें। हम सब तो एक-एक निर्वाक् पत्थर हैं, हम लोग सिर्फ़ आँखें फाड़-फाड़कर देखती रहती हैं। हमें लेकर लोग मज़ेदार खेल खेल रहे हैं, हम लोग कोई विरोध नहीं कर रही हैं। अपने जन्म के लिए, हमें इस घर से उस घर, इस देश से उस देश भेजे जाने के कारण एक बार हम सब ख़ूब रोयें।

61

'मकसूदुल मो मेनीन' नामक एक किताब है। यह किताब हमारे अशिक्षित, अपढ़ और असभ्य मुसलमानों के लिए एक बेहद दिलचस्प किताब है। शायद अब तक इसकी कई लाख प्रतियाँ बिक चुकी हैं। मुसलमान होकर जन्म लेने के प्रमाण के रूप में 'खतना' करना एवं घर में एक 'मकसूदुल मो मेनीन' रखना फ़र्ज़ है, ऐसा ज़्यादातर मुसलमान समझते हैं।

'मकसूदुल मो मेनीन' या बहिश्त की कुंजी के पहले पन्ने में लिखा हुआ है, ''यदि स्वर्ग सुख, शांति चाहते हो तो दोहाजने, मकसूदुल मेनीन ख़रीद कर बीवियों

को दो। पति भक्ति करके यदि लेना चाहो पूँजी, पति से ख़रीदने को कहो बहिश्त की कुंजी।"

उस किताब के साढ़े चार सौ पन्नों में लिखी गई बातें एक सेहतमंद को बीमार करने के लिए काफ़ी हैं। किताब के 343 से 356 पृष्ठों तक स्त्रियों के लिए पैंतीस नसीहतें लिखी गई हैं। इन नसीहतों को पढ़ने से बीवियों को मान-मर्यादा के बारे में लंबी-चौड़ी जानकारी हासिल होगी। मैं उनमें से कुछ नसीहतों का नमूना दे रही हूँ–

"पति को कभी अपने से असंतुष्ट नहीं होने दीजिएगा, वह जिस तरह से चलाना चाहे, उसके इशारे पर चलते जाइए। आपके पति यदि आपसे कहें कि तुम दोनों हाथ बाँधकर पूरी रात मेरे सामने खड़ी रहो, वैसा करने के लिए आप बाध्य भी हों तो ऐसा करने पर खुदा और रसूल आप पर संतुष्ट रहेंगे।" (7वीं नसीहत)।

"अगर आपके पति आपके पास ही हैं तो कभी बिना उनकी इज़ाज़त के नफल नमाज़, नफल रोज़ा, नफल इबादत जैसे काम मत कीजिएगा, और उससे पहले खाना मत खाइएगा। यदि नफल, रोज़ा, नमाज़ या इबादत करना हो तो पति की इज़ाज़त लेकर उन्हें संतुष्ट रखकर कीजिएगा। क्योंकि नफल इबादत से पति की खिदमत में ज्यादा बरकत मिलेगी।" (10वीं नसीहत)

"शौहर की इज़ाज़त के बिना उसके घर का कोई भी सामान किसी को मत दीजिएगा, दान-ख़ैरात भी नहीं कीजिएगा। पड़ोसियों के घर या ख़ानदान वालों में भी मत जाइएगा। क्योंकि पति की इज़ाज़त के बिना ये सारे काम करना महापाप है।" (11वीं नसीहत)

"पति के किसी भी गुनाह की बात कभी किसी से मत कहिएगा। हमेशा अपने पति के सुख में सुखी और उसके दुख में दुखी होइएगा।" (12वीं नसीहत)

"हमेशा पति के मिज़ाज को समझते हुए सलूक करते रहिए। जब देखिए, पति खुश मिज़ाज हैं तो हँस-हँस कर पेश आइए और जब देखें कि संज़ीदा (गंभीर) हैं तो आप हँस-हँसकर कोई व्यवहार न करें। इससे वे गुस्सा होकर पीट भी सकते हैं या फिर कोई तेज़ बात कह सकते हैं, इसमें कोई शक़ नहीं। इसलिए शुरू से ही सावधान रहकर कोई भी व्यवहार करना उचित है।" (18वीं नसीहत)

"पति यदि कभी कोई कमी पाकर आपको मारें या पीटें या गाली-गलौज़ करें तो इसके लिए आपको मुँह फुलाकर या मन में गुस्सा दबाकर दूर नहीं रहना चाहिए। बल्कि हाथ-पाँव पड़कर अनुनय-विनय करके जिससे संभव हो, उन्हें मनाने की कोशिश करनी चाहिए।" (19वीं नसीहत)

"बड़ी चालाकी से अपने-अपने पति के साथ मिलकर ज़िंदगी काटते रहिए। यदि कभी वे आपकी मुहब्बत में पड़कर आपका हाथ-पाँव दबाना चाहें या दूसरी कोई खिदमत करना चाहें, तो पूरी ताक़त से आप कभी वैसा नहीं करने देंगी। क्योंकि आपके माता-पिता यदि ऐसा करना चाहें तो आपको अच्छा लगेगा? नहीं, नहीं। इस

तरह से यदि देखें तो माता-पिता से भी बढ़कर है पति का सम्मान।'' (20वीं नसीहत)

''आपके पति आपको जैसे चलाना चाहें, आप उसी तरह चलिए और वे जैसा भी करें, आप उसी में संतुष्ट रहें। किसी भी काम में और किसी भी बात में उनके खिलाफ़ मत जाइए।'' (29वीं नसीहत)

''खुदा के रजिस्टर में जिसके भाग्य में जो लिखा गया है, उसे मान लेना ही कर्त्तव्य है। जिसका पति पागल, जाहिल, या बेवकूफ़ है, उसके लिए उसे ही आसमान का चाँद मानना चाहिए। उसके पैरों तले सिर झुकाकर ज़िंदगी काटने से ही दूसरे जन्म में बहिश्त का अमन-चैन भोग सकेंगी।'' (34वीं नसीहत)

''पति चाहे बड़ा आदमी हो या छोटा, धनी हो या ग़रीब, विद्वान हो या मूर्ख, अंधा हो चाहे काना, लँगड़ा हो चाहे अपाहिज़, रूपवान हो या कुरूप, हमेशा संतुष्ट होकर उसके क़दमों में अपने जीवन को लुटा दीजिए और हमेशा दोनों मिलकर मुहब्बत के साथ ज़िंदगी बिताने की कोशिश करते रहिए।'' (35वीं नसीहत)

इस तरह मुसलमान मर्द अपनी बीवियों के लिए जन्नत के सुख और सुकून 'मकसूदुल मो मेनीन' की सहायता से पहुँचा रहे हैं। और हमारी मुसलमान बीवियाँ सिर झुकाकर पुरुषों द्वारा रचित तमाम नसीहतों को मान रही हैं।

लानत है, बीवियो, लानत! अगर तुममें थोड़ी भी लाज बची है, यदि एक बार भी तुम खुद को मनुष्य समझती हो तो आओ—एक साथ ऊँची आवाज़ में 'मकसूदुल मो मेनीन' जैसी फूहड़, बकवास, बेतुकी और बेहूदे प्रकाशन को ज़ब्त करने को कहो।

हमारे संविधान में क्या तो स्त्री-पुरुष के समान अधिकार की बात कही गई है। एक तरफ़ तो 'समान अधिकार' का धुआँ है, दूसरी तरफ़ धर्म के नाम पर स्त्री को 'अमानुष' बनाने की तैयारी चल रही है। सिर्फ़ एक ही कारण से इस पुस्तक को प्रतिबंधित न करने की बात कही जा रही है—इस पुस्तक में अद्भुत चिकित्सा प्रणाली का वर्णन किया गया है। लेकिन उससे तो एक विज्ञान निर्भर सभ्य देश को लज्जित होना चाहिए—''घर में आग लगने पर ज़ोर-ज़ोर से 'अल्लाहो-अकबर' कहने पर खुदा की दुआ से आग बुझ जाती है।'' इस बात का मैं यक़ीन नहीं करती। बैक्टीरिया के आक्रमण करने पर फोड़ा निकलता है और उस फोड़े को ख़त्म करने के लिए एंटीबायटिक की ज़रूरत पड़ती है। शरीर के किसी स्थान में फोड़ा होने पर शहादत उँगली को मिट्टी में कुछ देर तक सटाये रखकर कोई एक दुआ पढ़ने से उस फोड़े के दूर होने की कोई वज़ह नहीं दिखती। आँखों की रोशनी लौटाने और तरह-तरह के आँखों के रोग और अंधेपन आदि दूर करने के लिए किसी आयत या दुआ की ज़रूरत नहीं होती। बाँझ स्त्री को बच्चा होने के लिए एक तदबीर लिखकर गले में झुला देने और चालीस लौंग में सात-सात बार एक दुआ पढ़कर रोज़ रात में खाने से क्या गर्भ में संतान आ जाती है। मान लीजिए, बच्चेदानी की नली (फैलोपियन ट्यूब) के बंद होने के कारण किसी स्त्री को बच्चा नहीं हो रहा है यानी कोई भी

डिंबाणु उस नली से गुज़र कर बच्चेदानी में नहीं पहुँच सकता, जहाँ उसके साथ शुक्राणु का मिलन होगा, तो क्या कुरान की लाखों आयतें घोलकर उसे पिलाने से भी वह किसी संतान को जन्म दे पाएगी? मुझे मालूम है, नहीं दे पाएगी। और पाठकगण इस बात को अवश्य ही मानेंगे।

बुखार होने पर, माता यानी चेचक निकलने पर, महामारी होने पर, ज़रूरत से ज़्यादा रक्तस्राव होने पर कमर में जिन तावीज़ों के लटकाने की तदबीर बतायी गयी है और स्वस्थ हो जाने की गारंटी दी गई है, उसे देखकर मैं हैरान रह जाती हूँ। बुख़ार कोई रोग नहीं, रोग का लक्षण मात्र है। रोग का कारण ढूँढ़कर, जिस जीवाणु द्वारा रोग की उत्पत्ति होती है, उस जीवाणुनाशक दवा का व्यवहार करने पर ही बुखार ठीक हो सकता है। महामारी होने पर शरीर का पूरा जलीय तत्त्व निकल जाता है, तब उतना ही जलीय तत्त्व रोगी के शरीर में पहुँचाया जाता है, साथ ही महामारी के जीवाणुनाशक दवा का प्रयोग किया जाता है। आमतौर पर बच्चेदानी में एक तरह के ट्यूमर के कारण अतिरिक्त रक्त-स्राव होता है, रक्तस्राव का कारण ढूँढ़कर दवा देकर या शल्य चिकित्सा के द्वारा उसे ठीक किया जाता है। लेकिन देश के अधिकांश लोग झाड़-फूँक, तावीज़-कवच पर भरोसा करके जीते हैं। और विश्वास करते-करते अधिकांश लोगों की मौत हो जाती है और बाकी लोग अपने आख़िरी वक़्त में चिकित्सक के पास आते हैं।

इस अशिक्षा, इस धार्मिक कुसंस्कार, इस सर्वग्रासी अस्वस्थता से आक्रांत होकर अब ऐसी एक महामारी शुरू हुई है कि बहुत जल्द ही 'मकसूदुल मो मेनीन' एवं इस तरह के कुचक्र में डालने वाली किताबों के छपने पर रोक न लगाई गई तो क़ौम एक कमज़ोरों और कंकालों से भरी कौम में तब्दील हो जाएगी, और वर्तमान चिकित्सा-व्यवस्था भी इस महामारी को नहीं रोक पाएगी।

62

इस शहर में जिन इने-गिने लोगों के साथ बात करना मैं पंसद करती हूँ, कवि, फ़रहाद मजहर उनमें से एक हैं। वे एक ग़ैर सरकारी प्रतिष्ठान के निदेशक, लेखाकार, कवि, गीतकार एवं गायक भी हैं। उनके सारे परिचयों को स्वीकारते हुए भी, कवि के रूप में उनकी पहचान को ही मैं अहमियत देती हूँ। फ़रहाद मजहर बांग्ला जुबान के बारे में अक्सर अपनी एक धारणा व्यक्त करते हैं। जैसे कि सीधे-सीधे कहने पर यह कहना होगा कि जो बांग्ला भाषा पश्चिम बंगाल एवं हमारे देश में प्रचलित है—वह नितांत ही पश्चिम बंगाल की भाषा है, हमारी नहीं। बांग्लादेश की अपनी भाषा बनाने के लिए अरबी-फ़ारसी के शब्दों से युक्त हमारी 'जुबान या भाषा' को

लिखने-पढ़ने के प्रयोग में लाना होगा। वे इस्लामी संस्कृति को भी काफ़ी नये नज़रिए से देखते हैं, क्योंकि यह संस्कृति हमें पश्चिम बंगाल की भाषा से अलग एक भाषा देगी।

भाषा के बारे में फ़रहाद मजहर के इस सोच और तर्क को मैंने कभी नहीं स्वीकारा। इसका कारण यह है कि—मैं नहीं मानती कि इस पार (पूर्व बंगाल) के बंगालियों की बोलचाल की भाषा में अरबी-फ़रासी या उर्दू शब्दों का प्रयोग बहुत ज़्यादा है। ऐसे शब्द जिनका बोलचाल की भाषा में इस्तेमाल होता है, लिखने में उन शब्दों का प्रयोग अप्रचलित नहीं है। जैसे—नाश्ता, गोसल, पानी जो पश्चिम बंगाल में हमारे नाटकों में 'एयेचो' (आए हो), 'खेयेचो' (खा चुके हो), 'करलुम' (किया है), 'बललुम' (बोला है), 'दोबो' (देंगे) शब्दों का प्रयोग नहीं होता। इसके अलावा जिस स्वातंत्र्य में बोध और विश्वास है, जैसे—कृष्णचूड़ा (गुलमोहर) के लाल बताने पर हम लोग फागुन के और एक रंग को समझते हैं। इस तरह देश, काल, परिवेश, राजनीति में कुछ अंतर को छोड़ देने पर जो बचता है, उसे यदि पश्चिम बंगाल की बांग्ला कहकर आरोप लगाया जाए, तो बहुत अन्याय होगा। साथ ही, यदि शुद्ध बांग्ला में बेवज़ह अरबी-फ़ारसी शब्द मिलाकर उसका खतना किया जाए तो यह भी अन्याय होगा।

कोई प्रचलित या मौखिक शब्द, जो अब तक लेखन में प्रवेश नहीं कर सका है, मेरा यह सोचना है कि उस शब्द के प्रचलन में कोई आपत्ति नहीं, लेकिन पुराने ढाका के कुछ उर्दूभाषियों की उर्दू को 'प्रचलित' समझना अनुकूल नहीं जान पड़ता। फ़रहाद मजहर को एक चिंतक के रूप में मैं श्रद्धा करती थी, अब भी करती हूँ। हालाँकि इस एक मामले को लेकर उनके साथ उससे असहमति जताने का साहस और दुस्साहस मैंने दिखाया है।

उस दिन बात-बात में कवि शमसुर रहमान से मैंने पूछा, "आपके गद्य में उर्दू शब्दों का अधिक प्रयोग क्यों है?"

शमसुर रहमान ने कहा, "ये शब्द प्रचलित हैं, इसीलिए।"

मैंने कहा, "अधिकांश शब्दों का अर्थ मैं ही नहीं जानती। लेकिन आप कह रहे हैं, प्रचलित हैं या फिर आपको प्रचलित लगने का कारण यह है कि आपकी बीवी उर्दूभाषी हैं, और आपके घर में उर्दू की चर्चा होती है।"

शमसुर रहमान ने धीरे से हँसकर कहा, "वह तो आजकल बांग्ला में ही बोलती है।"

मैंने पूछा, "क्या आप भी एक इस्लामी बांग्ला भाषा बनाने की सोच रहे हैं, जो पश्चिम बंगाल की भाषा से अलग होगी?"

शमसुर रहमान ने कहा, "एक समय था जब पश्चिम बंगाल की भाषा में गद्य लिखा करता था, उस वक़्त हमारे ऊपर उस भाषा में लिखने के लिए सरकारी दबाव

था। लेकिन अब कोई दबाव नहीं है इसीलिए उर्दू-अरबी शब्दों को मिला रहा हूँ, इसके अलावा हमारे अधिकांश शब्द तो विदेशी ही हैं।''

मैंने पूछा, ''जो शब्द अब तक आ चुके हैं, जैसे—चेयर, टेबुल, स्कूल, कॉलेज स्वेटर, दावत, पोशाक, पॉलिश, पेंशन इन्हें लेकर तो कोई समस्या नहीं है। लेकिन आप नये सिरे से जिन शब्दों का प्रयोग चाह रहे हैं, इसका कारण क्या उन शब्दों का बांग्ला प्रयोग नहीं है या फिर है भी तो बहुत विरल है?''

शमसुर रहमान ने कहा, ''नहीं, ऐसी बात नहीं। प्रयोग तो है। लेकिन भाषा में नया कुछ शब्द आने पर बुरा ही क्या है? भाषा तो इससे और ज़्यादा समृद्ध ही होगी।''

मैं शमसुर रहमान के इस तर्क को भी नहीं मान सकती। भाषा में नयापन लाने और समृद्धि के लिए बांग्ला इतनी भिखारन नहीं कि दूसरी भाषा से शब्दों के हरण करने या उधार लेने की ज़रूरत पड़ेगी। हमारे पास जो भी है, उसे ही लेकर हमे क्यों न संतुष्ट रहें। बल्कि सभी सच्चे साहित्यकारों को शब्द-भंडार में वृद्धि करने की बजाय साहित्य के गुणों को समृद्ध करने में ज़्यादा आग्रह दिखाना चाहिए।

कवि शमसुर रहमान को मैं बहुत श्रद्धा करती हूँ, कवि और कॉलमिस्ट हुमायूँ आज़ाद को भी। श्रद्धा अटूट रखकर भी मैं समझती हूँ, हुमायूँ आज़ाद के इस देश की अनपढ़ी और भोली जनता के सामने रवींद्रनाथ को एक नारी विद्वेषी के रूप में प्रस्तुत किया है, जो जनता 'रवींद्रनाथ को' एक हिंदू के अलावा कुछ नहीं समझती है।

रवींद्रनाथ उत्सव में वे आरोप लगाते हैं कि, ''रवींद्रनाथ ने किसी मुसलमान को लेकर कहानी नहीं लिखी'' और, जिस देश में रवींद्र संगीत को प्रतिबंधित करने का षड्यंत्र चलता है, जिस देश में प्रचार के जरिए रवींद्र संगीत के कुछ विशेष शब्दों पर निषेधाज्ञा जारी की जाती है, उस देश की उसी जनता के लिए रवींद्रनाथ के स्त्री-संबंधी अवधारणा की निंदा करके हुमायूँ आज़ाद ने अपना स्तंभ लिखा है। अपनी मूल्यवान रचना में वे लिखते हैं, ''रवींद्रनाथ का मूल वक्तव्य है, स्त्री के रूप का कोई मूल्य नहीं, ज्ञान का मूल्य और भी नहीं है। स्त्री की महिमा उसके गृहकार्य या दासीवृत्ति में है और उसे बंदी बनाये रखना होगा।''

जबकि रवींद्रनाथ के गीत, कविता, कहानी, उपन्यास में स्त्री इतने विस्तार में अधिकार जमाये हुए है, जो उस समय के समाज के लिए कल्पनातीत था। उस समय स्त्री, शिक्षा-कला-संस्कृति में बेहद पिछड़ी हुई प्राणी थी। रवींद्रनाथ उस शिथिल समाज का अतिक्रमण करके बहुत आगे निकल चुके थे इसीलिए 'घरे बाइरे' (घर-बाहर) उपन्यास में विमला का पति के दोस्त के प्रति आग्रह प्रकट करना उन्हें अन्यायपूर्ण नहीं लगा। 'नष्टनीड़' में चारुलता, अमल से प्रेमासक्त होने के कारण ज़रा भी कुंठित नहीं। 'स्त्रीर-पत्र' में मृणाल ने जिस कारण से घर छोड़ा था, मुझे लगता है आज

से डेढ़ सौ वर्ष बाद भी इस देश का व्यक्ति तन और मन से उतनी स्वतंत्रता अर्जित नहीं कर पाएगा, जितना 'स्त्रीर-पत्र' में मृणाल ने अर्जित किया है।

रवींद्रनाथ अपने समय और समाज से बहुत आगे थे—यह बात रवींद्रनाथ के दुश्मन भी स्वीकार करेंगे। मुझे आशंका है कि एक स्वेच्छाचारी सरकार ने इस देश के लिए एक राष्ट्र धर्म बनाया है, जिस धर्म से आक्रांत होकर मनुष्य भारत विरोधी मनोभाव का शिकार होता है और देश में इस्लामी तंत्र चालू करना चाहता है। उसके इस स्वप्न में मदद कर रही हैं स्वतंत्रता विरोधी शक्तियाँ। साथ ही, मैं यह भी कहने को बाध्य हो रही हूँ कि फ़रहाद मजहर, शमसुर रहमान और हुमायूँ आज़ाद भी उनके अशुभ हाथ को और मजबूत कर रहे हैं।

'हिंदू रवींद्रनाथ' को पीछे छोड़कर जो लोग 'मुसलमान क़ाजी नजरुल इसलाम' के 'इस्लामी ग़ज़ल' में डूबे रहते हैं, वे अवश्य ही हुमायूँ आज़ाद को अब आदर्श मानेंगे और बुद्धिजीवियों को दल में शामिल करके दल को और मजबूत करेंगे।

वे एक स्वंतत्र इस्लामी भाषा का दावा करते हैं, जिस भाषा को बनाने का दायित्व, कवि फ़रहाद मजहर एवं कवि शमसुर रहमान ने लिया है। उन्हें भला कौन रोक सकता है? रजाकारों के अलम्बरदार इस नई जुबान में पाकिस्तान और पाकिस्तानी गंध पाकर फूले नहीं समायेंगे। जमात-शिविर के लोग तेज़ी से छुरे नचा-नचाकर प्रगतिवादी केले काटेंगे। राष्ट्रधर्म बनाकर जो लोग सोचते हैं कि एक महान काम कर लिया वे अब देश के शिक्षित, सचेतन और सम्मानित लोगों को साथ लेकर अपनी सार्थकता प्रमाणित करेंगे।

63

बड़ी होने के बाद एक लड़की चाहे जितना ही रेडीमेड पोशाक क्यों न पहनती हो, बीच-बीच में दर्जी के पास उसे जाना ही पड़ता है। जब कभी कोई कपड़ा ख़रीदा गया या कोई दे गया तो घर में सिलाई मशीन न रहने पर दर्जी के पास जाना ही पड़ता है। और जो लोग रेडीमेड कपड़े पंसद नहीं करते, उन्हें तो अक्सर जाना ही पड़ता है। साड़ी पहनने वाली लड़की को तो ब्लाउज़ पीस लेकर दर्जी के पास जाना ही पड़ता है। इस तरह सभी लड़कियों को कुछ-न-कुछ दर्जी का अनुभव है ही। दर्जी नाप लेता है, नाप लिखता है, कपड़े का किनारा काटकर स्लिप में स्टेपल करता है। दर्जी इसके अलावा भी 'और कुछ' करता है।

दर्जी और जो कुछ करता है, उसे सिर्फ़ लड़कियाँ ही जानती हैं। लड़कियाँ यह बात किसी से नहीं, कहतीं, क्योंकि यह बड़े शर्म की बात है। यह कोई बताने वाली बात नहीं है। दर्जी थोड़ी-सी आड़ या एकांत में खड़ा होकर एक फीता लेकर

हाथ का नाप, गले का नाप, कमर का नाप, नितंब का नाप एवं सीने का नाप लेता है। यह नाप देते हुए लड़कियों को अक्सर एक समस्या का सामना करना पड़ता है, वह यह कि सीने का नाप लेते हुए पुरुष दर्जी लड़कियों के सीने में अशोभन 'कुछ' करता है। फीते से नाप लेते हुए शरीर में उँगली का स्पर्श कोई बात नहीं, लेकिन ऐसे बहुत कम ही दर्जी हैं जो इस स्पर्श से खुद को दूर रख पाते हैं। दर्जी के पास कपड़े सिलाती हों और यह स्पर्श तथा यंत्रणा न भोगी हों--ऐसी लड़कियाँ इस देश में बहुत कम ही होंगी।

पुरुष में तरह-तरह की विकृतियाँ होती हैं, यह भी उसी तरह की एक विकृति है। दिन में तीस कपड़े और ब्लाउज़ का नाप लेते हुए वह तीस स्तनों को स्पर्श करने का सौभाग्य प्राप्त करता है। पुरुष इस संख्याधिक्य को सौभाग्य ही समझता है। अपनी दूषित उँगलियों को ही सुख का वाहक समझता है।

पुरुषों को शर्म नहीं है कि वे यह अवैध एवं असभ्य काम बेझिझक करते हैं। यह देखकर उल्टे नारी ही लज्जित होती है। वह लज्जा से लाल हो जाती है, अपमान से नीली हो जाती है, गुस्से से बैंगनी हो जाती है। लड़कियों के सिर्फ़ चेहरे का रंग ही बदलता जाता है। ऐसे नाना रंग लेकर चुपचाप प्रस्थान करने के अलावा आमतौर पर और कोई घटना नहीं घटती। लेकिन दोषी व्यक्ति मन-ही-मन डंका बजाकर हँस पड़ता है।

उस दिन एक दुकान में कुछ ख़रीदारी करने गई थी। देखा, पास की दर्जी की दुकान में अचानक कोलाहल हो रहा है। भीड़ हटाकर देखा, पच्चीस-छब्बीस साल की एक युवती ने दर्जी की नाक पर कुछ घूँसे जड़ दिये हैं। दर्जी चुप था, लड़की कह रही थी—"मैंने इसे क्यों मारा, यह मुझसे नहीं, इससे पूछिए!" लड़की जिस कपड़े के लिए नाप दे रही थी, उसे उठाकर चली गई। नहीं, कपड़ा काटने या सिलाई में कोई गड़बड़ी नहीं हुई। यह लड़की पहली बार कपड़ा सिलाने आई थी। वह शरीर का नाप दे रही थी, दर्जी छाती का नाप लेने के लिए ज्यों ही बढ़ा, मुक्का खाकर वह अचकचा गया। मैंने उस लड़की को मन-ही-मन 'शाब्बाश...' कहा था।

लड़कियों से मैं जो कुछ कह रही हूँ, हो सकता है यह कोई बहुत बड़ी समस्या नहीं हो, लेकिन यह समस्या है। इन स्पर्शों से शरीर की कोई क्षति नहीं होती। लेकिन इस तरह के अवांछित स्पर्श या दबाव को आप क्यों झेलें? आप विरोध कीजिए, मुँह से विरोध करने पर सिर्फ़ लोग इकट्ठा होते हैं। इतने दिनों से जो होता आया है—उसमें कोई फ़र्क नहीं पड़ता। आप डटकर चोट कीजिए। उससे लोग जानेंगे कि लड़कियाँ भी हमला कर सकती हैं, लड़कियाँ भी थप्पड़ लात और घूँसे आदि मार सकती हैं, जो अब तक लड़के ही कर सकते थे। इसे ठीक जगह पर इस्तेमाल करना सीख लेने पर तरह-तरह के अवांछित स्पर्श, दबाव, पत्थर मारने, थूकने, धक्का देने जैसी मुसीबतों का हल निकल सकता है। समाज अपने-आप नहीं बदल जाता। इसे

बदलने के लिए अब अपने को भी इस तरह से आगे लाना होगा। किसी भी अन्याय का विरोध करना होगा। शायद यह बहुत छोटा-सा अपराध है, कई लोग कहेंगे देश में कितने बड़े-बड़े अन्याय हो रहे हैं, अत्याचार हो रहा है, पहले उसे सँभालो–बड़े अपराधों को दूर होने पर मजाल है छोटे अपराध रह जाएँ।

नहीं, किसी अन्याय की उदारता दिखाकर अनदेखी करना यानी गुनहगार को शर्मिन्दा न कर खुद शर्मिन्दा होना, या फिर सभी तरह के अन्याय के लिए समाज व्यवस्था को दोषी ठहराकर सिर झुकाकर हट जाना, लड़कियों के लिए अब उचित नहीं।

लड़कियाँ अब पलट कर खड़ी होना सीखें। अगर शरीर पर कोई पत्थर फेंके या अश्लील फिकरा कसे, जो अक्सर किसी भी उम्र की लड़की के साथ किसी भी उम्र का लड़का करता है तो लड़कियाँ अवश्य ही पलट कर खड़ी हो जाएँ। लड़कियाँ अब डसना सीख लें।

पलटकर खड़ी होने की आदत लड़कियों में नहीं है। वे राह चलते सारी परेशानियों को घर तक ढोकर ले जाती हैं। सभी के लिए खुद को या फिर नियति को दोषी ठहराती हैं और आँसू बहाती हैं। लड़कियाँ अपना सारा क्षोभ रोकर गला देती हैं। क्षोभ को जमा करके उसे विस्फोटक का रूप नहीं लेने देतीं। लेकिन अब विस्फोट की ज़रूरत है। किसी तरह, विस्फोट के बिना वे चेतेंगी नहीं। अब सभी की भोथरी चेतना पर लक्ष्यभेदी पत्थर फेंकना होगा–और यह दायित्व जितना लड़कियों का है, उतना और किसी का नहीं।

64

मेरे शहर का नाम मयमनसिंह है। मयमनसिंह मेरे बचपन का नाम है, उफनते कैशोर्य का नाम है। जब मैं दिन भर की थकान के बाद घर लौटती हूँ, एक मेट्रोपॉलिटन सिटी की भीड़-भाड़ को पार कर, मैं जब अकेली होती हूँ, बहुत ही अकेली होती हूँ और कोई बात करने को नहीं, कोई पास बैठने वाला नहीं, उस समय मेरे ही वक्ष से कोई बड़े दुलार के साथ मुझसे कहता है, "सो जा!" मुझे मालूम है कौन मुझे बुलाता है, मैं अच्छी तरह पहचानती हूँ उसे। उसकी एक बड़ी नदी को पहचानती हूँ, उसके रास्तों को जानती हूँ, उसके घर-द्वार को जानती हूँ, उसके कासवन, उसके पेड़ों और उसके पूरे आकाश को मैं पहचानती हूँ। वह मेरा मयमनसिंह है। वह एक टुकड़ा शहर, वह शहर क्यों मुझे इतना प्रिय है? छह महीना या साल भर होने को है, मैंने उस शहर का मुँह नहीं देखा। लेकिन हर रात वह शहर मुझे पुचकारकर कहता है–"अच्छी बिटिया, सो जा।" वह शहर मेरी नींद खोलता है। मैं व्यस्तता के लिए

सिर से पाँव तक तैयार हो जाती हूँ।

मयमनसिंह मेरे गोपन प्यार का नाम है। वहाँ की धूल-मिट्टी में लोटकर मैं बड़ी हुई हूँ। वहाँ की जलवायु में घूमकर मेरी चेतना बड़ी हुई है। मयमनसिंह ने मुझे भीतर-बाहर से मनुष्य बनाया है। मुझे मनुष्य बनाने में एक और शख़्स का हाथ है, वे हैं मेरे पिता। मुझे मालूम नहीं, पिता के साथ मैंने कितनी सदियों से बातें नहीं कीं। सुना है, पिताजी का पहले वाला वह रुतबा नहीं है। पहले की तरह जूते की आवाज़ करते हुए सारे शहर में नहीं घूमते। बाज़ार की सबसे बड़ी रोहू मछली लाकर आँगन में नहीं पटकते। पिताजी पहले की तरह गर्व से नहीं कहते—इसका पेटी (पेट का हिस्सा) सारा हिस्सा फ्राई होगा, और सबसे बड़ा 'पीस' मेरी बड़ी बेटी को देना! क्या पिताजी को मालूम है कि उनकी बड़ी बेटी अब रोहू मछली का स्वाद और गंध तक भूल गई है।

बचपन में जब धीरे-धीरे 'लड़की' के रूप में बड़ी हो रही थी, चारों तरफ़ से शायद वैसा ही सीख रही थी। एक दिन माँ ने मुझे किसी एक घर में ले जाकर मेरे कान छिदवा दिए। उसे देखकर पिताजी ने आगबबूला होकर सारे घर को सिर पर उठा लिया। कई दिनों तक माँ के ऊपर तूफान मँडराता रहा। पिताजी का सीधा कहना था—मेरी लड़की पढ़ाई-लिखाई करेगी। उसे सजने-धजने की ज़रूरत नहीं। मेरे कान के छेद बिना इस्तेमाल के बंद हो गये। मैंने भी तो बहुत ज़्यादा 'लड़की' बनना चाहा था। स्कूली लड़कियों के हाथ हिलाने पर उनकी कलाई की काँच की चूड़ियाँ झनझना उठती थीं। लाल, हरी, नीली, कितने रंग की चूड़ियाँ। स्कूल के मैदान में एक चूड़ी वाली चूड़ियाँ लेकर बैठती थी। स्कूल की छुट्टी होने के बाद बहुत-सी लड़कियाँ चूड़ी ख़रीदने के लिए भीड़ लगा देती थीं। एक दिन मुझे भी शौक़ हुआ कि मैं भी चूड़ियाँ पहनूँ; मैं भी कलाई की चूड़ियों को झनझना कर बजाऊँ। उस दिन मैं अपनी दोनों कलाई भर चूड़ियाँ पहनकर घर गई थी। पिताजी दफ्तर से आते ही मुझे पास बुलाते थे, क्लास में आज क्या-क्या पढ़ाई हुई, रोज़ उसका हिसाब लेते थे। उस दिन पास जाते ही मैं झन-झन बजने लगी। पिताजी खाना खा रहे थे। खाना छोड़कर आँगन में गये, आँगन से एक बड़ा पत्थर उठा लाए। मुझसे बोले, कलाई में क्या है?

मैंने कहा, "सभी पहनती हैं।"

पिताजी क्रोधित हो गए, "मेज़ पर हाथ रखो।" मैंने हाथ रख दिया। पिताजी ने पत्थर से दो दर्जन चूड़ियाँ चूर-चूर कर दीं। "याद रखना आइंदा यह सब पहने मेरी नज़र न पड़े।"

चूड़ियाँ नहीं पहनते-पहनते न पहनने की आदत ही पड़ गई। अब पहनने पर पिताजी तोड़ने नहीं आएँगे, लेकिन अब भी नहीं पहनती। अटपटा-सा लगता है। मानो एक बेमतलब और फ़ालतू चीज़ को शरीर में धारण किए हुए हूँ, बोझ जैसा लगता है और तब उतार देती हूँ।

पिताजी होंठों पर कभी लिपस्टिक नहीं लगाने देते थे। जब धीरे-धीरे कैशोर्य पार हो रही थी, बड़ी ख़ाला, बहनों को देखकर सजने की इच्छा होती थी। होंठों पर हल्का-सा लिपस्टिक लगाने से पिताजी हथेली से या फिर सामने पड़े किसी रूमाल या कपड़े से लिपस्टिक पोंछ देते थे। कहते, "यह सब रंग क्यों लगाती हो? होंठों पर ऐसा कोई रंग देखने पर ज़िंदा नहीं छोड़ूँगा।"

मेरे वह भयंकर प्रभावशाली पिता, जिन्हें देखकर घर में जहाँ भी रहती थी, दौड़कर मेज़ पर बैठ जाती और सामने जो भी किताब मिलती, चाहे भूगोल हो या गणित, उठाकर ज़ोर-ज़ोर की आवाज़ के साथ पढ़ने लगती थी। जो पिता मुझे आँखों में काजल, होंठों पर लिपस्टिक नहीं लगाने देते थे, जो पिता मुझे कान में बूँदी और हाथ में चूड़ियाँ नहीं पहनने देते थे, उस पिता को मन-ही-मन बचपन में गुस्से से भरकर कितना कोसती रही हूँ।

लड़कियाँ किसी भी पर्व और उत्सव में सजधजकर निकलती थीं और मैं सीधे-सादे कपड़े पहनकर खिड़की पर खड़ी रहती थी। मुझे खुद के लिए कितना दुख होता था, क्या बताऊँ।

दरअसल, मैं तब नहीं समझती थी कि पिताजी ने मेरी चेतना में कितनी मूल्यवान वस्तु प्रवेश कराई थी। बड़ी होने के बाद सोना-गहना-हीरा मेरे पास बहुत आए, लेकिन मैंने उन सबके साथ खिलवाड़ किया है। मेरे लिए धागे का जो मोल है, एक तोला हीरे का भी वही मोल है। मैं किसी धातुवी आभूषण के प्रति आकर्षित नहीं हो पाई। पिताजी ने मुझे इन तुच्छातितुच्छ वस्तुओं के मोह से मुक्त किया है। क्या पिताजी जानते हैं कि उन्होंने ही मुझे सबसे ज़्यादा मनुष्य बनाया है।

वे कहते थे—पढ़ाई-लिखाई करो, ज्ञान से अधिक मूल्यवान पृथ्वी पर और कुछ नहीं। मैंने खेलना नहीं सीखा। मैंने नाच-गाना नहीं सीखा, मैंने घूमना नहीं सीखा, खाना पकाना नहीं सीखा, मैंने सिर्फ़ पढ़ना सीखा है। पिताजी ने मुझे पढ़ाते-पढ़ाते, पढ़ने की ऐसी आदत डाल दी कि न पढ़ने पर मेरी बेचैनी बढ़ जाती है, रात में नींद नहीं आती, क्या पिताजी ने मेरा कुछ बुरा किया है?

यह जो मैं मयमनसिंह से इतना प्यार करती हूँ, 'मेरा शहर...मेरा शहर' कहते हुए आधी रात को ऊष्मा से भर उठती हूँ, यह जो एक आश्चर्यभरा प्यार मुझे पुकार कर कहता है—"अच्छी बिटिया, सो जा!" क्या वह पिताजी के लिए नहीं? उस शहर में मेरे पिता का निवास है इसलिए वह शहर मेरे लिए इतना प्रिय हो उठा है। वह शहर जानता है मेरे मनुष्य होने की गाथा। वह शहर जानता है, मेरे पिता के प्रचंड व्यक्तित्व की गाथा। वह शहर जानता है, वहाँ से मेरे अचानक ग़ायब हो जाने वाली कथा। सिर्फ़ वह शहर ही जानता है, मेरे प्यारे-से एक पिता का निवास है, इसीलिए उस शहर को छाती में बसाए हुए इतनी दूर प्रवास में हर रात मैं सोने जाती हूँ।

क्या मेरे पिताजी जानते हैं, मेरी नींद और नींद से जागने की कहानी?

65

शारदीय 'देश' में प्रकाशित समरेश बसु के 'प्रजापति' उपन्यास को लेकर एक मुक़दमा चला था। 2 फरवरी, 1968 को 'प्रजापति' उपन्यास को प्रतिबंधित करने का अनुरोध करते हुए अमल मित्र नामक एक युवा एडवोकेट ने मुक़दमा दायर किया था। सरकार की तरफ़ से 'प्रजापति' पर अश्लीलता का आरोप लगाया गया। समरेश बसु की ओर से प्रथम एवं मुख्य गवाह थे बुद्धदेव बसु।

उस वर्ष सोलह नवंबर को बैंकशाल कोर्ट में कलकत्ता के चीफ़ प्रेसीडेंसी मजिस्ट्रेट, कुमार ज्योति सेनगुप्ता की अदालत में बुद्धदेव बसु गवाही देने आए । कोर्ट रूम उस वक़्त खचाखच भरा था। वहाँ उस वक़्त 'देश' पत्रिका के उस समय के संपादक अशोक कुमार सरकार, मुद्रक और प्रकाशक सीतांशु कुमार दासगुप्ता आए थे--अपराधी समरेश बसु के साथ। सागरमय घोष, संतोषकुमार घोष, कवि नरेश गुहा जैसे और भी कई लोग थे। बुद्धदेव बसु ने 'प्रजापति' के आरोपपूर्ण अंशों के विषय में कहा, उन अंशों में उन्हें अश्लीलता जैसा कुछ भी नहीं मिला। पृष्ठ संख्या 178, 179, 180 तथा 200 में बताई गई अश्लीलता को बुद्धदेव बसु ने ज़ोरदार तर्क से समझा दिया कि यह अश्लील नहीं है। यदि स्त्री-पुरुष के मिलन को अश्लील कहा जाता है तो प्राचीन काल से भारतीय साहित्य और कला में यह आता रहा है। किसी ने उस पर कभी निषेधाज्ञा जारी नहीं की। महाभारत या कालिदास के काव्य में, या कोणार्क, खजुराहो में, या पुरी के मंदिरों में इसका उदाहरण देखने को मिलता है। यह महान शिल्पकला के रूप में स्वीकृत है। बांग्ला साहित्य और भारतचंद्र के 'विद्या सुंदर' एवं बहुत-सी वैष्णव कविता में इस विषय में खुले आम लिखा गया है। याद होगा कि जयदेव का 'गीत गोविंद' एवं अन्य वैष्णव पदावलियाँ हमारे देश में धार्मिक साहित्य के रूप में स्वीकृत हैं। जिन कारणों से समरेश बसु के 'प्रजापति' को अश्लील कहा गया है, बुद्धदेव बसु ने कहा--वह धुआँ लगाने पर तो पहले महाभारत, बाइबिल सबको प्रतिबंधित करना होगा।

आरोप लगाने वाले वकील ने कहा, "प्राचीन पुराकीर्ति, महाकाव्य और धर्मग्रंथ के लिए अलग क़ानून है। वे उस क़ानून के तहत सुरक्षित हैं। पुरी, कोणार्क, खजुराहो, अजंता, एलोरा के स्थापत्य, मूर्तिकला एवं चित्रकला तथा धर्म ऐतिहासिक कारणों से क़ानून में संरक्षित हैं। वहीं क़ानून चिकित्सा शास्त्र के लिए भी एक रक्षा कवच है।"

रक्षा कवच न रहने पर महाभारत, रामायण, बाइबिल की तरह हदीस-कुरान पर भी पाबंदी लगनी चाहिए। सभी देशों में एक अलग क़ानून से पुराकीर्ति और धर्मग्रंथ सुरक्षित रहते हैं। अश्लीलता का दोष देना हो तो इससे बाहर के विभिन्न कीर्ति और शिल्प कला के विरुद्ध ही देना चाहिए। रक्षाकवच या संरक्षण का अलग क़ानून न रहे तो इन पर भी अश्लीलता का आरोप लगाया जा सकता था। जैसे--सियाम

की रात में तुम्हारे लिए स्त्री-संभोग वैध किया गया है। (सूरा बकारा आयत : 189)
पादटीका--रमजान की रात में प्रथम प्रहर में सो जाने पर पुनः जागकर खाद्य ग्रहण करना एवं स्त्री-गमन का नियम नहीं था। सहाबियों में कोई-कोई, शुरू-शुरू में इस नियम की अनदेखी कर देता था और फिर पछतावे भी ज़ाहिर करता था। इसलिए यह आयत नाज़िल हुई।

"तुम लोग मसजिद में इ' तिकाफरत स्थिति में उनके साथ मत मिलना।" (प्रागुक्त) लोग तुमसे रजःस्राव के बारे में पूछते हैं। कहते हो, 'वह अपवित्र है।' इसलिए तुम लोग रजःस्राव की हालत में स्त्री के सहवास से दूर रहोगे और साफ़-सुथरा न होने तक स्त्री के साथ संगम नहीं करोगे। इसलिए वे जब पूरी तरह परिशुद्ध होंगी, तब उनके निकट ठीक उसी तरह जाओगे जिस तरह अल्लाह ने तुम्हें आदेश दिया है। (सूरा बकारा, आयत : 222)

तुम्हारी स्त्री तुम्हारे अनाज का खेत है। इसलिए तुम लोग अपने उस खेत में जैसी मर्जी गमन कर सकते हो। (सूरा बकारा, आयत : 223)

इसके बाद यदि वह उसे तलाक दे तो वह उसके लिए वैध नहीं होगा, जब तक कि दूसरे शौहर के साथ उसका मेल नहीं होगा। (सूरा बकारा, आयत : 230)

स्त्री, संतान, ढेर सारे सोना-चाँदी और चिह्नित घोड़े, गाय, पशु एवं खेत-खलिहान के प्रति मोह को मनुष्य के लिए मनोरम बताया गया है। यह सब इस जीवन की भोग्यवस्तु हैं। (सूरा अल इमरान, आयत : 14)

उसने जब पूर्ण यौवन प्राप्त किया, मैंने तब उसे हिकमत और इल्म दिया। और इसी तरह मैं अच्छे काम करने वाले को इनाम दूँ। वह जिस स्त्री के घर में था, उसने उससे असत् कर्म की कामना की और दरवाज़ा बंद करके बोली--'आइस'। (सूरा यूसुफ, आयत : 22/23)

शहर की कुछ स्त्रियाँ बोलीं, 'आयीये' की स्त्री अपने युवक-दास के साथ बुरे काम की ख्वाहिश कर रही है, इश्क़ ने उसे उत्तेजित किया है। (सूरा यूसुफ आयत : 30)

औरत शैतान का रूप धारण करके निकट आती है और शैतान के रूप में वापस चली जाती है। जब तुम लोग किसी स्त्री को देखकर खुशी महसूस करते हो और तुम्हारे अंतर को वह पतित करती है, उस समय वह अपनी स्त्री की ओर मन को आकृष्ट कर लेता है और उसके साथ सहवास करता है, क्योंकि उसके अंतर में जो है, वह संगम द्वारा दूर हो जाएगा। (बुखारी हदीस)

बहुत ज़्यादा गर्मी में, भरे पेट में, पसीने से भरी देह में और रसोई के तुरंत बाद संगम मत करना, क्योंकि इससे औलाद जाहिल और बेवकूफ़ हो सकती है। (बुखारी हदीस)

पति अपनी पत्नी को चार कारणों से पीट सकता है। जिसमें एक है पति यदि सहवास की इच्छा से पत्नी को बुलाये और पत्नी न आए। (तिरमिजी हदीस)

महानवी (सा.) ने कहा है, सोमवार के सहवास से उत्पन्न संतान खुदा भक्त और कुरान में हाफ़िज़ होती है। मंगलवार के सहवास से उत्पन्न संतान मोमिन और अल्लाह का प्रिय पात्र होता है। बृहस्पतिवार को दूसरे पहर से पहले के सहवास की संतान बड़ा पंडित होती है। उस पर जादुई मंत्र का बाण भी असर नहीं करेगा। शुक्रवार को दूसरे पहर के पूर्व के सहवास की संतान अत्यंत उत्तम और सत्चरित्र होती है। (तिरमिजी)

धर्मग्रंथ कभी अश्लीलता के दोष से दूषित नहीं होता। इसके संरक्षण का अलग क़ानून है। रक्षा कवच है। इसीलिए महाभारत, रामायण, बाइबिल, कुरान हदीस सभी धर्म एवं धर्म संबंधित ग्रंथ ही रक्षा कवच के गुणों से पार पा जाते हैं और हम लोग भी उन्हें सिर पर चढ़ाए रखते हैं।

66

मैं कोई गुटबाज़ी नहीं करती। मैं अकेली हूँ। मेरा कोई संगठन नहीं, संस्था नहीं, समिति नहीं, परिषद नहीं। मैं जो कुछ भी लिखती हूँ, अपने ही दायित्व से लिखती हूँ। अकेली लिखती हूँ। मेरे पीछे कोई विशाल बाहुबल नहीं, जो सारी विपदा से मेरी रक्षा करेगा। मैं कोई खुशामदी बिल्ली नहीं।

इस ब्रह्मांड में मैं एक अकेली बिंदु की तरह हूँ। मेरी तरह इतना अकेला दूसरा कोई लेखक नहीं। मैं एक 'स्त्रीवादी पुरुष' को जानती हूँ। वे अपनी संस्था से स्त्रियों के लिए कुछ कल्याणकारी प्रचार-पत्र प्रकाशित करते हैं। किसी भी कल्याणकारी चीज़ का मैं समर्थन करती हूँ लेकिन वही संस्था जब स्त्री-कल्याणकारी दूसरी शक्ति का विरोध करती है, तब संस्था की कल्याण भावना पर मुझे संदेह होता है। मैं विश्वास करने के लिए बाध्य होती हूँ कि वे या उनकी संस्था दरअसल स्त्री की नहीं, अपने ही कल्याण की कामना करती हैं। अपनी ख्याति एवं संपन्नता के बाहर और जो कुछ भी है, वह नितांत दिखावे के सिवा और कुछ नहीं।

मुझे रोकने और ख़त्म करने की इच्छा रखने वाली ताक़तों की इस देश में कमी नहीं। जमात शिविर ने सरकार से मेरे लिए ऐसी सज़ा की माँग की है, जो एक नज़ीर हो। वे तो माँग करेंगे ही, इससे मुझे कोई अचरज नहीं क्योंकि धर्म संबंधी काल्पनिक और अतार्किक बातों का मैं विरोध करती हूँ। और, चूँकि वे धर्म को अपनी संपत्ति समझते हैं, इसलिए मैं जितने दिनों तक ज़िंदा रहूँगी, मेरे लिए आज 'सज़ा' तो कल 'फाँसी' की माँग करते ही रहेंगे। इस लेकर मैं ज़रा भी चिंतित नहीं हूँ। लेकिन प्रगति पक्ष की कथित शक्तियाँ जब नाम और बेनाम मुझ पर आक्रमण करती हैं, तब उनका घिनौना और वहशी चेहरा मेरे सामने उजागर हो जाता है।

मैं हैरान होती हूँ, बेहद हैरान होती हूँ।

मैं तो एक सामान्य लेखिका हूँ। समाज में पीड़ित सतायी हुई, दलित, दंशित स्त्रियाँ के लिए लिखती हूँ। नरमी से अब तक कुछ नहीं हुआ, इसलिए सख़्त बात कहती हूँ। निंदकों ने इसका नाम दिया है—'पुरुष-विद्वेष'। इस देश में यदि एक व्यक्ति मेरी प्रशंसा करता है.तो निंदा करते हैं सौ लोग। मैं निरक्षर, मूर्ख, मूढ़ और निर्बोध लोगों के देश से ज़्यादा प्रशंसा की आशा नहीं करती। मेरे असंख्य निंदकों के साथ एकजुट हुई है 'नारीवादी' नामधारी साम्राज्यवादी संस्था, अमेरिकी मदद प्राप्त असंख्य बाहुबली शक्तियाँ।

होने दीजिए एकजुट, होंगे क्यों नहीं। मैं तो अकेली हूँ, अकेले एक व्यक्ति को ख़त्म करने के लिए समय एवं शक्ति उस हद तक ख़र्च नहीं करना पड़ता। अकेले एक व्यक्ति को गाली देते हुए किसी को डर नहीं लगता, क्योंकि वह तो किसी गिरोह का नहीं, संगठन का सदस्य नहीं। आघात की प्रतिक्रिया में किसी प्रतिघात की आशंका नहीं। अकेले किसी व्यक्ति के बारे में निंदा रटाने से जब वह कुत्सा तेज़ी के साथ फैलती है, तब कोई विपरीत हवा नहीं रहती उसे लौटाने को। अकेले एक व्यक्ति का गला दबाने के लिए उस तरह के दुस्साहस की ज़रूरत नहीं होती।

मनुष्य के नियम से ही शायद मनुष्य 'असंख्य' का अनुगत होता है, 'विशाल' के लिए बाध्य होता है। मनुष्य के नियम से ही शायद मनुष्य खुद को इतना कमज़ोर सोंचता है कि एक 'सबल' के समक्ष वह समर्पित हो जाता है, आश्रित हो जाता है एक 'छत्रछाया' में।

मैं अकेली हूँ। अकेली हूँ, इसीलिए आज गर्व होता है। मैं किसी गिरोह या गुट के भाड़े का लेखन नहीं करती। मैं कोई बाहुबली या पालतू बिल्ली नहीं, 'पालतू' संख्याधिक्य मुझे मोहित नहीं करता। मैं अकेली हूँ। अकेली एक शक्ति बनकर दौड़ रही हूँ, समूची निंदा के मुँह पर थूकती हुई, सभी अशुभ शक्तियों के खिलाफ़ मैं जूझती रही हूँ। ताकि विडंबित, विपन्न, दुर्गत, निराश्रयी स्त्री किसी कमज़ोर कंधे का सहारा न लेकर, एक बड़ी ताक़त बनकर खड़ी हो सके! अपने पाँवों पर खड़ी हो सके।

स्त्री का सबसे बड़ा शत्रु है दुविधा एवं डर। उसके पैरों में पहनाई हुई है दुविधा की ज़ंजीर। उसके दिमाग़ में पीढ़ा डालकर बैठा है डर। दुविधा इसलिए कि कहीं कोई उसकी निंदा न कर दे। स्त्री दुविधा के चाकू से खुद को सौ टुकड़े करती है। स्त्री डर से नीली पड़ जाती है। इस नीलेपन को लोग मुग्ध दृष्टि से देखते हैं। उसके नीलाभ सौंदर्य की विभिन्न तरह से व्याख्या करते हैं। हाय स्त्री, एक बार इस डर के पंजे से खुद को बचाकर क्यों नहीं खड़ी होती, सीधी तनी मजबूत इरादों के साथ। किसी पराश्रयी लता की तरह नहीं, एक मजबूत पेड़ की तरह। जिसके पास एक

शक्तिशाली जड़ हो। स्त्री अकेली ही बन सकती है असंख्य। अकेली ही बन सकती है विपुल और विस्तृत।

67

'प्ले ब्वॉय' का जेफ़ कॉलिन्स अभी बड़े उल्लास से नाच रहा है, क्योंकि उसका मिशन सफल रहा। मास्को की लड़कियों को उसने नंगी करके छोड़ा है। झीनी पोशाक पहनकर मास्को की लड़कियों ने रेड स्क्वायर में तस्वीरें खिंचवाई हैं। जेफ़ कॉलिन्स ने मास्को की लड़कियों के विषय में कहा है—"पूरे यूरोप की तरह वे दुविधाहीन हैं, शरीर को लेकर लज्जित नहीं हैं। कमरे में अटे मर्दों के सामने झटपट कपड़े उतार देने में उन्हें ज़रा भी संकोच नहीं होता।"

जेफ़ कॉलिन्स ने सोचा था कि भूखे पाठकों की खाद्य-सूची में रूसी सुंदरियों का नया 'मेनू' बहुत अच्छा रहेगा। उन्हें इतनी आशा भी नहीं थी कि एक बार बुलाते ही मॉडल होने के लिए उमड़ पड़ेंगी। इतने दिनों की समाजवादी लड़कियाँ, जिन्होंने कम-से-कम अपने शरीर का बिजेनस करना नहीं सीखा। गोर्बाचेव और येल्तसिन के ध्वंस यज्ञ को पूँजी बनाकर जेफ़ कॉलिन्स सिर्फ़ मौक़े की तलाश में मास्को गये थे। उनकी गोपन इच्छा थी कि इसी बहाने और किसी चालाकी से कुछ रूसी सुंदरियों को भुनाया जा सकता है या नहीं।

नहीं, किसी भी तरह की चालाकी की ज़रूरत नहीं पड़ी। लड़कियाँ 'प्ले ब्वॉय' पत्रिका की मॉडल बनने के लिए क़तार में खड़ी हो गईं। सिर्फ़ रेड स्क्वायर ही नहीं, सेंट बासिल्स से सामने, स्पा-टाउन सोची में पुश्किन फाउंटेन में, रसिया होटल के स्वीमिंग पूल, कारीडोर, रेस्तराँ में अर्धनग्न रूसी सुंदरियों की तस्वीरें खींची गईं। लेनिन की मूर्ति के सामने सुंदरियों ने नितंब दिखाकर तस्वीरें खिंचवाई, जैसे कि लेनिन नहीं, लेनिन से महान हो गया है आज रूसी नारियों का नितंब। जेफ़ कॉलिन्स ग्लासनोस्त और येल्तसिन की जय-जयकार करके स्वदेश लौट गये थे। लेनिन तो वह व्यक्ति हैं, जिन्होंने स्त्री को बिकाऊ नहीं बनाना चाहा, स्त्री को गृहस्थ-दासत्व से मुक्त करना चाहा। लेनिन वह व्यक्तित्व हैं जिन्होंने स्त्री को 'मनुष्य' समझा, पूँजीवादी ज़ंजीर से निकालकर स्त्री को मुक्ति का रास्ता दिखाया। लेनिन अवश्य ही वह महान व्यक्ति हैं, जिन्होंने स्त्री को धार्मिक और सामाजिक ज़ंजीरों से मुक्त कराया है। स्त्री को रसोईघर और प्रसवगृह से कल-कारखानों में, जुलूस में, पाठशाला में ले आए। उसी लेनिन को सामने रखकर आज रूसी स्त्रियाँ जाँघें दिखाकर अपने को प्रदर्शित कर रही हैं। धिक्कार है इस पश्चिमी मोह को, धिक्कार है स्त्री देह के घिनौने कारोबार को।

सोवियत यूनियन के गाँवों-कस्बों में अब डिस्को चलता है, चलती है–'मिस सुंदरी प्रतियोगिता।' रूस की लड़कियाँ अब मेधा के अनुशीलन से सौंदर्य-प्रदर्शन को ज़्यादा महत्त्वपूर्ण समझ रही हैं। वे अभी वक्ष, कमर और नितंब के नाप को लेकर बहुत व्यस्त हैं। रास्ते में जहाँ-तहाँ यही सस्ती क़िस्म की किताबों का ढेर है, घर-घर में ब्लू फ़िल्म चल रही है।

बर्लिन की दीवार तोड़ देने के बाद पूर्वी जर्मनी के युवक सबसे पहले जर्मनी के 'ब्रोथेल' चकलाघरों में घुसे स्वतंत्रता का स्वाद उन्हें इन ब्रोथेलों में घुसकर ही मिला। और, दुख की बात यह है कि खुलेआम यौनता (सेक्स) को ही वे स्वतंत्रता सोच रहे हैं। रूस में अब औरत को बिकाऊ माल बनाने के पश्चिमी क़ायदे-क़ानून चल रहे हैं। स्त्री अब मनुष्य नहीं, भोग की वस्तु है। स्त्री-संभोग अब स्वतंत्रता का दूसरा नाम है।

यदि यही ग्लासनोस्त का चरम परिणाम है तो धिक्कार है ग्लासनोस्त को, धिक्कार है उनकी स्वतंत्रता को। कम्यूनिज़्म को मिटाकर अमेरिकी साम्राज्यवाद के साथ हाथ मिलाकर पश्चिमी थकान को ही वे घर में घुसाएँगे, इससे ज़्यादा कुछ नहीं। इससे ज़्यादा प्राप्ति उनकी नहीं है।

समाजवाद के मुँह के बल गिरने के बाद तेज़ी से स्त्री-द्रव्य की ख़रीद-बिक्री शुरू हुई है। स्त्री को विक्रय की ज़ंजीर में बाँधकर मूर्ख स्त्री-पुरुष दोनों ही अभी उल्लास से नाच रहे हैं। चुड़ैल नृत्य कर रहे हैं। स्त्री अभी उसे देश में पूँजीवादी देशों की तरह जायकेदार व्यंजन है। इसे चटखारे लेकर खाने वाले लेनिन के आदर्श में आग लगाकर विकृति की तरफ़ बढ़ रहे हैं।

हाय रे पतन! हाय दानवीय उल्लास! लेनिन आप क्षमा करें। अपने इन भोले-भाले वारिसों को क्षमा करें। जिन घरेलू स्त्रियों को आपने बंदी जीवन से मुक्त किया, वे ही स्त्रियाँ अब शौक़ से खुद को ज़ंजीरों में जकड़ रही हैं, वे ही स्त्रियाँ शौक़ से अब अपनी देह को प्रलोभन की वस्तु बना रही हैं। लेनिन आप लज्जा और घृणा से अपनी आँखें बंद कर लीजिए ताकि यह विकृत और घिनौनी सभ्यता आपको न देखनी पड़े।

68

पिछले रबिउल आवयाल 1402 हिजरी (12 सितंबर, '90) को चट्टग्राम की 'इस्लामी ऐक्यबद्धता' और 'हिज़बे इस्लामी' की ओर से 'इस्लाम की नज़र में महिला नेतृत्व' विषय पर एक पर्चा प्रकाशित किया गया। यह पर्चा 'इस्लामी ऐक्यबद्धता' के आयोजक मुफ्ती मुहम्मद इजहारूल इस्लाम द्वारा लिखा गया है। संविधान की धर्मनिरपेक्षता

के विषय में उन्होंने लिखा है, ''हमारे बुरे शासनकाल में धर्मनिरपेक्षता सहित एक दलीय शासन इस जाति के कंधों पर रखा गया और धीरे-धीरे दुनिया के दूसरे बृहत्तम मुस्लिम देश के जनसाधारण की चेतना में एक तरह के विद्रोही मनोभाव की उत्पत्ति हुई। परिणामस्वरूप मुज़ीब के पतन के बाद धीरे-धीरे राष्ट्रीय, इतिहास के पर्दे पर जियाउर रहमान का आगमन हुआ।'' धर्मनिरपेक्षता की प्रतिष्ठा के कारण कभी इस देश में किसी धर्मीय उच्छृंखलता की सृष्टि नहीं हुई। मुसलमानों के लिए उन्मुक्त थीं मस्जिदें, मदरसे। वे आज़ादी से नमाज़ पढ़ते थे, रोज़ा रखते थे, पूरे धूमधाम के साथ 'ईदुल फितर' मनाया है। पुराने ढाका से मुहर्रम का ताजिया निकला है, गाय का जिबह करके 'ईदुल आयहार उत्सव' मनाने में भी मुसलमानों को कभी रुकावट नहीं आयी। इस बेहिसाब आज़ादी को पाने के बाद भी आम लोगों के मन में विद्रोह की भावना उत्पन्न हुई थी और इसी कारण मुजीब का पतन हुआ—ऐसा दावा किया जाता है। दरअसल यह झूठी स्थापना है। हमारी नयी पीढ़ी को यह ग़लतफ़हमी में डाल सकती है। मुजीब के समय जनरोष का जिनको प्रत्यक्ष अनुभव है, वे अवश्य इस बात को मानेंगे कि जनरोष का कारण चाहे और कुछ भी रहा हो, धर्मनिरपेक्षता नहीं थी।

इस पर्चे में यह भी दावा किया गया है कि ''जियाउर रहमान ने राजनीतिक रूप से राष्ट्र को धर्मनिरपेक्षता से मुक्त करके संविधान में 'बिस्मल्लाहुर हमाने रहीम' का संयोजन किया है। नब्बे प्रतिशत मुसलमानों ने इस मिट्टी और आबोहवा में धर्मनिरपेक्षता के नाम पर लाये गये धर्मद्रोह के नागपाश से बाह्य रूप से मुक्त होकर चैन की साँस ली है।'' जबकि धर्मनिरपेक्षता के नाम पर इस देश में 'धर्मद्रोह' की कोई घटना नहीं घटी। जो भी सांप्रदायिक दंगे हुए हैं, वे धर्मनिरपेक्षता के रहते नहीं, बल्कि इस्लाम को राष्ट्रधर्म बनाने के बाद ही हुए।

1970 से लेकर मौजूदा सरकार तक के बनने-बदलने के जिन राजनीतिक कारणों का इस पर्चे में वर्णन किया गया, वे झूठे, ग़लत लेकिन सोचे-समझे थे। ऐसा इसलिए कह रही हूँ क्योंकि उद्देश्य यहाँ आकर स्पष्ट होता है—''जनरल इरशाद के व्यक्तिगत दुष्ट आचरण से लेकर राष्ट्रीय स्तर की आटरशी मूलक सभी ढकोसलेवाज़ी को लंबे नौ वर्षों तक 'अलामाए कुरान' सहित सभी स्तर की 'तौहिदी जनता' महज इस वजह से हज़म कर रही थी कि इरशाद विरोधी आंदोलन के केंद्रीय नेतृत्व में दो महिलाएँ थीं।''

यदि यही बात है, तो मेरा सवाल है कि तौहिदी जनता ने जब इरशाद का पतन किया और देश में चुनाव की एक व्यवस्था हुई तब इस जनता ने क्यों महिला और उसके दल का चुनाव किया? महिला और इरशाद के अलावा पुरुष प्रधान राजनीतिक दल तो इस देश में था ही और बहुत धूमधाम के साथ चुनाव में खड़ा

भी हुआ था। तौहिदी जनता की मुख्य आपत्ति महिला नेतृत्व से थी। मुफ्ती ने उसके उद्देश्य को कुरान हदीस के हवाले से और भी खुलासा किया है कि महिला नेतृत्व से किसी भी समस्या का समाधान नहीं होगा। बल्कि हमारी आशंका है कि इससे और ज़्यादा अशुभ और ग़ज़ब होगा। क्योंकि अल्लाह रसूल ने इरशाद किया है–''कभी उस क़ौम का भला नहीं होता जो किसी औरत को नेता चुनती है।'' (बुखारी शरीफ हदीस 4425)

मुफ्ती इजहारुल इस्लाम ने और भी लिखा है–''मुसलिम मिल्लत की निर्वाही क्षमता के जो अधिकारी हैं, उन्हें इमाम, ख़लीफ़ा, सुलतान या अमीरुल मो मेनीन कहा जाता है। यह इमाम या ख़लीफ़ा या राष्ट्र-सरकार का प्रधान महिला हो, ऐसा इस्लामी शरीयत में कोई विधान नहीं है। सड़े हुए दिमाग़ में इस्लाम नामक सरदर्द होने से भी इस देश के नब्बे प्रतिशत मुसलमान अब भी अल्लाह रसूल, अगले जन्म में विश्वास रखने वाले विधायी इस्लामी शरीयत और खुदायी शासन-अनुशासन के हामी हैं। राष्ट्र या सरकार का प्रधान महिला हो–इस तरह का कोई तर्क आज तक किसी बड़े आलिम के विचार द्वारा प्रकट नहीं हुआ।''

लेकिन मुफ़्ती इज़हारुल इस्लाम का दुर्भाग्य यह है कि देश की सरकार का प्रधान अब एक महिला ही है। किसी भी बड़े आलिम की परवाह न करते हुए ही देश की अधिकांश जनता ने इस महिला को निर्वाचित किया।

मुफ़्ती इजहारुल इस्लाम ने तर्क दिया है कि जिस तरह से पुरुष ही महिलाओं की देखभाल का शासक है, क्योंकि अल्लाह ने एक को दूसरे पर अधिकार करने की प्रधानता दी है और यही कारण है कि पुरुष (स्त्री के लिए) धन-संपत्ति का व्यय करता है। (सूरा निसा, आयत : 30)

''जब तुम्हारे शैतान, अमीर, शासक और मालदार लोग कंजूस होंगे और तुम्हारी तमाम कार्यावाली औरतों के सुपुर्द होगी, तब इस पृथ्वी का पेट उसकी पीठ की तुलना में (यानी दुनिया में न रहना ही) तुम्हारे लिए बेहतर होगा।'' (तिरमिजी शरीफ, दूसरा खंड, पृष्ठ 52)

''जब पुरुष, महिलाओं के माध्यम होंगे तब वे ख़त्म हो जाएँगे।'' (मुसतादरक अल् हकीम, चतुर्थ खंड, पृष्ठ 291)

उद्धृत अंशों को 'तर्क' देकर समझाते हुए मुफ़्ती ने कहा–''इस्लाम के इन सारे नियमों की रोशनी में राष्ट्र-प्रधान होना और नमाज़ का इमाम होना, दोनों ही महिलाओं के लिए समान रूप से हराम है। शरीयत की परिभाषा में नमाज़ पाठ करवाना और देश चलाना दोनों को इमामत कहा जाता है। यह इमामत पुरुष के अलावा नारी के लिए नैतिक नहीं। नमाज़ के इमामती में पेश किये जाने वाले मसले के सामने जिस तरह से किसी महिला के खड़ी हो जाने पर उसे वहाँ से हटा देना मुसल्लियों

का फ़र्ज़ बनता है, ठीक इस तरह 'राष्ट्र' नामक बड़ी मस्जिद के लिए पेश होने वाले मसले में किसी महिला के अधिष्ठित हो जाने पर उसे हटा देना सभी मुस्लिमों का फ़र्ज़ बनता है। खुदा द्रोह न करके बी. एन. पी. के देश चलाने पर हमें कोई आपत्ति नहीं होगी, लेकिन राष्ट्र-प्रधान के रूप में किसी महिला को हम क़बूल नहीं कर सकते। इस मामले में बांग्लादेश के अलामा-ए-कुरान मुर्शीद मशाइख और इस्लामी बुद्धिजीवी सहित सभी स्तर की मुसलिम जनता का कर्त्तव्य है कि महिला राष्ट्र-प्रधान होने के विरुद्ध आवाज़ उठाकर देश में समस्त नारी नेतृत्व को ख़त्म करके एक सचमुच के इस्लामी आंदोलन के जरिए अल्लाह की ज़मीन पर अल्लाह के हुक्म को प्रतिष्ठित करने की कोशिश में वह जानमाल से हिस्सेदारी करें।" मूल कथन यह है कि इस देश में एक हराम नेतृत्व विद्यमान है। आज पूरे देश की इमामती एक औरत कर रही है। इस तरह नमाज़ को इमामती करना तो एक तुच्छ बात है। देश को एक स्त्री चला रही है, अगरचे देश की मस्जिदों में नमाज़ पाठ करने का दायित्व भी स्त्री का हो सकता है! पिछले मिलादुन्नबी में प्रधानमंत्री सहित देश के पुरुष और स्त्री एक क़तार में खड़े होकर और बैठकर मिलाद पढ़ चुके हैं। यह दृश्य इससे पहले कल्पना से परे थे। कल्पना से बाहर की घटनाएँ ही अब घट रही हैं, और घटेंगी भी। हराम-हलाल की संज्ञा भी उन्हीं के साथ पलट रही है।

स्त्री अब देश की प्रधानमंत्री है। पुरुषों की आज्ञा महिलाओं के स्वीकार करने से शुभ को छोड़ अशुभ कुछ नहीं हुआ। वह ध्यान-धारणा अब मूल्यहीन, बेमानी और अतार्किक है। देश के लोग धर्म को हृदय में बैठाना चाहते हैं, शासन-व्यवस्था में नहीं, शरीयत को पोथी में बंद करके रखना चाहते हैं, यदि वह उठकर राजनीति में आसन जमाये तो जनता इतनी बेवकूफ़ नहीं कि इससे उसे सामूहिक संकट की आशंका नहीं होगी। आशंका है, इसीलिए देश की अस्सी फ़ीसदी जनता धर्म-भीरु होकर भी 'शरीयत विरोधी महिला नेतृत्व' की तरफ़ है। शरीयत की दुहाई देकर जनता को मूर्ख बनाने का जमाना अब जाता रहा। वह अब खुद ही खुद की भलाई के लिए नीति बना सकती है, बिना शरीयत की सहायता के ही। वह धर्म की अवहेलना नहीं कर रही है, लेकिन शरीयत को भी नहीं मान रही। तो फिर क्यों यह नहीं मान लेते कि धर्म भी दरअसल चौदह सौ वर्ष पहले की ढेर सारी तुच्छता, क्षुद्रता और समस्त अरबीय घटना-दुर्घटना से ऊपर उठकर एक ऐसे स्तर तक पहुँच गया था कि सच्चाई और बड़प्पन की बातों को छोड़कर बाक़ी झूठी और अधार्मिक बातों को वर्जित करने की क्षमता मनुष्य ने अर्जित कर ली थी। यही सचेतना लोग कभी मौजूदा सभी 'शरीयती क़ानून' को त्याग कर राष्ट्र-समाज और जीवन में कल्याण लाएँगे।

69

दुनिया में एक ऐसे व्यक्ति का जन्म हुआ था, जो अमीर और ग़रीब, स्त्री और पुरुष किसी में ग़ैरबराबरी नहीं देखना चाहता था। पृथ्वी पर एक मनुष्य ने जन्म लिया था—प्रातःस्मरणीय मनुष्य, जिसने कहा—"नारी श्रमिक आंदोलन का प्रधान लक्ष्य सिर्फ़ स्त्रियों के लिए औपचारिक समता हासिल करना नहीं, बल्कि अर्थनैतिक और सामाजिक क्षमता पाने के लिए भी संग्राम करना है। इसका मुख्य उद्देश्य था लड़कियों में सामाजिक उत्पादनशील श्रम के प्रति आकर्षण, 'घर की बाँदीगीरी' से उनका उद्धार, रसोईघर और शिशुगृह से चिरंतन और आत्मबद्ध आबोहवा के समक्ष विचित्र, हीन आत्मसमर्पण से मुक्ति।" (प्रावदा, 8 मार्च' 1990)

धरती पर एक व्यक्ति ने जन्म लिया था, उसने कहा था—"दुनिया के तमाम पूँजीवादी, बुर्जुआ प्रजातंत्रों में ही शिक्षा-संस्कृति, सभ्यता-स्वतंत्रता जैसी वज़नदार बातों के साथ ही विवाह का अधिकार और विवाह-विच्छेद, क़ानूनी बच्चों के साथ जारज संतानों के असामंजस्य, पुरुषों के लिए विशेष सुविधा, लड़कियों के लिए हीनता और लांछना के सभी क़ानूनों के साथ स्त्रियों के प्रति असामंजस्यपूर्ण अनोखे पैशाचिक, जघन्य क़िस्म के गंदे और पाशविक क़िस्म के बर्बरतापूर्ण तमाम नियम हैं।"

उस व्यक्ति ने और भी कहा है—"इस झूठ का नाश हो जब तक स्त्री जाति पीड़ित है, जब तक अत्याचारी वर्ग विद्यमान है, जब तक पूँजी और शेयर पर व्यक्तिगत मिल्कियत है और जब तक शोषक अतिरिक्त अनाज के बल पर भूखों को गुलामी में जकड़कर रख रहे हैं। तब तक जो सबकी स्वतंत्रता और समानता की बात कहते हैं, उन झूठों का नाश हो। हमें चाहिए पीड़ित स्त्री जाति की स्वतंत्रता और समान अधिकार। चाहिए अत्याचारी के विरुद्ध पूँजीपतियों के विरुद्ध, चोर-बाज़ारियों के विरुद्ध लड़ाई।" (प्रावादा, 6 नवंबर, 1969)

धरती पर एक व्यक्ति ने जन्म लिया था। उसने कहा था, "बुर्जुआ प्रजातंत्र सिर्फ़ लंबी-चौड़ी बातों, ज़ोरदार भाषण, आडंबपूर्ण वादों और स्वतंत्रता तथा समता की बड़ी-बड़ी आवाज़ उठाने वाला प्रजातंत्र है। लेकिन काम के समय यह प्रजातंत्र स्त्रियों की स्वतंत्रता-हीनता और विषमता, मेहनती और शोषितों की स्वतंत्रता-हीनता और विषमता को नज़रअंदाज़ करता है। नाश हो इस जघन्य झूठ का। अत्याचारी और पीड़ितों के बीच, शोषक और शोषितों के बीच कभी समता नहीं हो सकती, न है और न होगी। जब तक पुरुषों की गिरफ़्त से विशेष कानूनी सुविधा के जरिए स्त्रियों को स्वतंत्रता नहीं मिलती, जब तक पूँजी के चंगुल से श्रमिकों और पूँजीपति, ज़मींदार तथा साहूकार के चंगुल से मेहनती कृषकों को मुक्ति नहीं मिलती, तब तक 'स्वतंत्रता' नहीं मिल सकती। वह न है, और न होगी।" (उपर्युक्त)

धरती के कुछं असभ्य और उन्मादी लोग आज उसी प्रणम्य को पैरों तले गिराकर

नाच रहे हैं। संपन्नता और चमक-दमक के मोह में अंधी, उन्मादी भीड़ आज उस महान व्यक्ति की प्रतिमा को फेंक दे रही है। गले में रस्सी बाँधकर उन्होंने सभी सम्मानित स्मृतियों को उतार दिया है। वे 'समता' को खींचकर उतारते हैं, वे 'स्वतंत्रता को उतारते हैं। भूलुंठित लेनिन, आपने कहा था–"महिलाओं के सामाजिक जीवन के प्रत्येक जागरण और क्रिया-कलापों की सहायता करनी चाहिए ताकि वे अपने कूप-मंडूक, आत्मकेंद्रित घरेलू और पारिवारिक मानसिकता की संकीर्णता से बाहर आ सकें।"

ब्लादिमीर इलिच लेनिन, आपने कहा था–"ममतामयी माताओं की तरह दबी आवाज़ में कहने से बात नहीं बनेगी, ऊँची आवाज़ में बात करनी चाहिए, योद्धाओं की तरह साफ़-साफ़ कहना चाहिए। दिखा दीजिए कि आप लोग भी लड़ सकती हैं।" (डॉ. क्लारा सेत्किन–'हमारी स्मृति में लेनिन')

हमने तो लड़ना सीखा था महामति लेनिन! जो पूँजीवाद स्त्री को 'सांसारिक बाँदी' बनने को मजबूर कर देता है, जो पूँजीवाद औरत को वेश्यावृत्ति की ओर धकेल देता है, हम लोग उस पूँजीवाद के विरुद्ध बातें कर रहे थे। 'घरेलू दासत्व' से मुक्ति के लिए युद्ध कर रहे थे, एक ही आदर्श को सामने रखकर हम लोग आपके साथ एकात्म हुए थे। हमने विश्वास किया था–"स्त्रियाँ को दबाकर रखा है, दमघोंट कर रखा है, विमूढ़ किया है, दीन-हीन बनाकर रखा है, छोटे-से परिवार में बाँधकर रखा है। रसोई और शिशुपालन गृह में, अमानुषिक, अनुत्पादक, तुच्छ, दिमाग़ गर्म करने वाले, मन को बेकार बनाने वाले, हड्डियों को गलाने वाले काम में उनके श्रम की वर्बादी हो रही है।" हम लोगों ने इस बंधन से नारी मुक्ति का स्वप्न देखा था। हमारे संपूर्ण स्वप्न, संपूर्ण आशा, समस्त स्वतंत्रता के गले में रस्सी बाँधकर इसे उन्मादी शासक और उसके असंख्य लोभी अनुयायी आज खींच रहे हैं।

कभी समाजवाद के नाम से धरती के किसी-किसी देश में राष्ट्रीय शासन-पद्धति थी। समाजवाद अब वेमानी है, अपाहिज़ है–इससे सभ्यता और मानवता की कितनी क्षति हुई है, इससे तृतीय विश्व पर साम्राज्यवादी कब्जे की आशंका कितनी भयावह हुई, इसका हिसाब करके नहीं देखा गया। मैं खुले तौर पर इतना ही जानती हूँ कि स्त्रियों की बहुत हानि हुई। स्त्री की राजनैतिक, आर्थिक और सामाजिक स्वतंत्रता के लिए कल्याणकारी एक नीति या आदर्श की निर्मन हत्या हुई है।

लेनिन अब धूल में लोट रहे हैं, ब्लादिमीर इलिच लेनिन! अब चोटी से पैरों तक उनका सब कुछ नोचा-खसोटा जा रहा है। स्त्री को विक्रय करने की सामग्री बनाने के विरुद्ध, स्त्री की वेश्यावृत्ति के विरुद्ध, स्त्री के क्षुद्र तुच्छ पारिवारिक दासत्व के विरुद्ध इतिहास में जो आवाज़ सबसे ज़्यादा बुलंद थी–जो हाथ सबसे ज़्यादा काम करने वाला था, वह लेनिन का हाथ था। बेवकूफ़ इंसान आज उस इतिहास को रौंद रहा है। इसमें किसकी कितनी हानि होगी, मालूम नहीं। लेकिन इताना जानती

हूँ कि स्त्री की हानि सबसे ज़्यादा होगी।

हम स्त्रियाँ आज धूल में पड़े हुए लेनिन के लिए, पतित आदर्श के लिए, पतित साम्य के लिए, शोकसंतप्त मस्तक झुकाए खड़ी हैं।

70

सभ्यता के शुरू से समाज और राष्ट्र ने मनुष्य को परिचालित किया है और समाज तथा धर्म के परिचालक के रूप में युग-युग से पुरुष ही शासन करता आ रहा है। समाज और राष्ट्र ने तो किया ही है लेकिन स्त्री को सबसे ज़्यादा असम्मानित धर्म ने किया है। किसी भी धर्म की आड़ में स्त्री पर किया गया अत्याचार जब असह्य हो जाता है, तब उसे थोड़ा-सा सहने लायक बनाकर विधि निषेध के जरिए नये धर्म का आह्वान किया जाता है। बौद्ध धर्म की शुरुआत में अत्याचार के हाथों से बचने के लिए लाखों स्त्रियों ने 'भिक्षु संघ' में आश्रय लिया था। जर्मन समाजविज्ञानी आगुस्ट बेबल ने अपने 'उत्तक्यान इन दि पास्ट प्रेजेण्ट एण्ड फ़्यूचर' ग्रन्थ में लिखा है, "ईसाइयत का आविर्भाव होने पर दूसरे बदनसीबों की तरह स्त्रियाँ भी इतनी दुर्दशा से मुक्ति पाने के लिए इस धर्म के प्रति बहुत आग्रही और आकर्षित हुईं।" लेकिन ईसाई धर्म भी नारी-जीवन की दुर्दशा को दूर नहीं कर पाया। इस धर्म ने स्त्री को पुरुष के वश में रहने के लिए बाध्य किया। फ्लोरेंस नाइटिंगेल ने कहा है, "जीसस क्राइस्ट ने भी स्त्री का अधिकार कहने जैसा कुछ नहीं दिया। दासी वृत्ति को छोड़कर स्त्री के लिए और कोई काम समाज और धर्म द्वारा निर्दिष्ट नहीं किया गया।"

सामाजिक और धार्मिक रीति-नीति के अत्याचार से बहुत-सी स्त्रियाँ धर्मांतरित हुईं। हिंदू धर्म से ब्रह्म धर्म में आ गईं। इस्लाम धर्म में शिशु हत्या मना है, स्त्री का मेहराना, ख़र्च वहन करना आध्यतामूलक होने के कारण काफ़ी लोग इस धर्म के प्रति आकृष्ट हुए। लेकिन किसी भी धर्म ने स्त्री को 'मनुष्य' का सम्मान नहीं दिया।

विज्ञान की तमाम सुविधाओं को भोगकर एवं भ्रूण को उत्पत्ति और क्रम विकास पद्धति के विषय में संपूर्ण ज्ञान अर्जित करके भी हम लोग 'मनुष्य की अस्थि से मनुष्य की उत्पत्ति' जैसे अंधविश्वास को ख़त्म नहीं कर सकते। धर्म ने स्त्री को लेन-देन की सामग्री के रूप में, कीमती सामान के रूप में, मूल्यवान दासी के रूप में पहचाना है। धर्मग्रंथ में लिखा हुआ है—"दुनिया में सब कुछ भोग्य सामग्री है और इसमें सर्वोत्तम भोग्य सामग्री है नेक चरित्र वाली स्त्री।"

मेडिकल ज्यूरिसप्रुडेंस में कहा गया है कि कोई भी पुरुष अगर इजाज़त लेकर पंद्रह वर्ष से कम उम्र की किसी स्त्री (वह पत्नी भी हो सकती है) या कि इजाज़त

के बिना पंद्रह वर्ष से अधिक उम्र की किसी स्त्री अथवा, इज़ाज़त बगैर अपनी पत्नी के योनि में अपने लिंग का स्पर्श करे तो 'बलात्कार' माना जाता है। लेकिन तिरमिजी हदीस शरीफ़ में स्पष्ट लिखा हुआ है, यदि कोई व्यक्ति सहवास की इच्छा से स्त्री को बुलाता है तो वह तुरंत उसके सामने हाजिर हो जाए, अगर वह रसोईघर में खाना पकाने में व्यस्त हो तब भी।" ऐसी स्थिति में स्त्री की अनुमति लेना कोई अहमियत नहीं रखता। मुसलिम हदीस शरीफ़ में लिखा हुआ है—"जब कोई व्यक्ति अपनी पत्नी को बिस्तर पर बुलाता है, और उसके न आने पर अगर पति गुस्से में रात विताता है तो सुबह न होने तक फ़रिश्ते उस स्त्री को शाप देते हैं।" आख़िर स्त्री के कितना घृणित होने पर, कितना निकृष्ट होने पर ऐसा किया जा सकता है—"जो स्त्री बेशर्मी का काम करती है उसे अपने बिस्तर से अलग कर दो, और इस तरह की स्त्री की थोड़ी-बहुत पिटाई भी करो।" (तिरमिजी)

धर्म ने स्त्री को दासता की ज़ंजीर में बाँधा है, धर्म ने स्त्री को पुरुष की भोग्य-सामग्री के अलावा मनुष्य के रूप में स्वीकृति नहीं दी। इसीलिए तो—"यदि पति, पत्नी को आदेश करे तो वह जर्द पर्वत से काले पर्वत की तरफ़ एवं काले पर्वत से सफ़ेद पर्वत की तरफ़ दौड़ लगाये, यानी कि पति के आदेश का पालन करना उसका कर्त्तव्य है।" (अहमद)

हमारे देश में नमाज़, रोज़ा, धर्मोत्सव आदि का बहुत धूमधाम के साथ पालन होता है, लेकिन धर्म-ग्रंथ एवं विभिन्न धार्मिक पुस्तकों के बारे में कोई विस्तृत आलोचना नहीं होती। हालाँकि होना उचित है। क्योंकि सही ढंग से धर्म की चर्चा होने पर देश भर में धर्म व्यवसाय के विस्तार में जिस तरह से कमी आएगी, उसी तरह धर्म के कुसंस्कार वाले व्यक्तियों की संख्या में भी उल्लेखनीय कमी होगी।

स्त्री को तो मनुष्य नहीं माना गया। "स्त्री अनाज का खेत है। तुम अपने इच्छानुसार उस खेत में खेती करो।" (सूरा बकारा, आयत : 223) से यह अनुमति पाकर हजरत मुहम्मद (साहब) ने कहा है—"पति-पत्नी अगर एक साथ ऊँट की पीठ पर चढ़कर खुले में सैर कर रहे हों और उस हालत में अगर पति उसके साथ संभोग की इच्छा व्यक्त करे तो भी पत्नी किसी तरह की आपत्ति नहीं कर सकती। पति की अनुमति के विना नफल रोज़ा रखना स्त्री के लिए जायज़ नहीं और पति की अनुमति के बिना पति के घर से कहीं जाने या कोई सामान किसी को देने में पूरी तरह मनाही है। अगर कोई इस आदेश का पालन न करे तो फ़रिश्ते उसके प्रति शाप बरसाते हैं।"

स्त्री सिर्फ़ मांस का एक लोंदा भर है, जिस मांस के लोंदे को लेकर पुरुष खेलता है और उसके खेल के आनंद के लिए मांस के लोंदे को विभिन्न आकार धारण करने पड़ते हैं। स्त्री को किस स्तर तक मांस का लोंदा समझने पर ही हज़रत अली (रा.) यह कह सकते हैं, "अगर कोई स्त्री अपने एक स्तन से कबाब और

दूसरे स्तन से रसा बनाकर पति को समर्पित करे और पति यदि इससे भी उससे संतुष्ट न हो तो वह स्त्री कितनी ही पुण्यवती क्यों न हो, वह नरक में फेंकी जाएगी।''

वीसवीं शताब्दी के अंतिम चरण में आकर रूपकँवर को चिता की आग में धकेलकर हमारे पुरुषों ने सती दाह का मज़ा लूटा है। ''पति के पैरों तले स्त्री का बहिश्त (स्वर्ग) है।'' राष्ट्रीय तसबीह को जप-जपकर समाज, धर्म और राष्ट्र द्वारा शोषित-उत्पीड़ित स्त्रियों को याद रखनी पड़ती है, धर्म की पवित्र वाणी–''मैं यदि किसी व्यक्ति पर किसी के लिए सिज़दा करने का आदेश जारी करता, तो हर स्त्री को आदेश करता कि वह अपने पति का सिज़दा करें। क्योंकि अल्लाह ताला ने स्त्री जाति पर पति का हक़ तारी कर दिया है।'' (अबू दाउद)

सत्तर के दशक से दुनिया में नारी आंदोलन शुरू हुआ। पाश्चात्य यूरोप में उस आंदोलन के कुछ सफल होने के बावजूद एशिया, अफ्रीका, लैटिन अमेरिका में सामाजिक-आर्थिक और राजनीतिक तौर पर जिस तरह से स्त्रियाँ उत्पीड़ित हो रही हैं, उसे देखते हुए पूरी समाज-व्यवस्था और राष्ट्रीय ढाँचा बदलने के सिवाय जैसे नारी-मुक्ति संभव नहीं, उसी तरह धर्म की ज़ंजीर से बाहर आए बग़ैर नारी मुक्ति असंभव है।

71

आज से एक सौ बीस-पच्चीस साल पहले की बात है। इस उप महादेश का पुरुष-मनुष्य सत्तर-अस्सी शादियाँ किया करता था। शास्त्र ने इस मामले में उन्हें सिर्फ़ बढ़ावा ही दिया था। साथ ही समाज भी वाह वाही देता रहा। सिर्फ़ एक ही व्यक्ति इसके खिलाफ़ डटकर खड़ा हुआ था। आज यदि कोई स्त्री इस तरह विरोध करे तो सभी उसे एक शब्द में 'पुरुष विरोधी' की संज्ञा देंगे। लेकिन एक सौ इक्कीस-बाईस वर्ष पूर्व जिस व्यक्ति ने तमाम शास्त्रीय और धार्मिक आचार के विरुद्ध ज़ोरदार आवाज़ उठायी थी, सौभाग्य की बात है कि वे एक 'पुरुष' थे। इसलिए उन्हें चाहे कितना ही शास्त्रद्रोही, धर्मद्वेषी, नास्तिक और नराधम कहकर पुकारा गया, 'पुरुष-विद्वेषी' कहकर किसी ने नहीं पुकारा। हालाँकि उन्होंने कहा है, ''स्त्री जाति अपेक्षाकृत दुर्बल और नियम-दोष से पुरुष जाति के अधीन है। इस दुर्बलता और अधीनता के कारण स्त्रियाँ, पुरुष जाति के समक्ष झुककर और अपमानित होकर समय बिता रही हैं। प्रभुतासंपन्न सबल पुरुष जाति मनमाना अत्याचार और अन्यायपूर्ण आचरण करती रहती है और वे बिल्कुल निरुपाय होकर सब कुछ सहते हुए जीवन बिताती हैं।

दुनिया के लगभग सभी देशों में स्त्री की ऐसी हालत है। लेकिन इस अभागे

देश में पुरुष जाति की नृशंसता, स्वार्थपरता आदि दोषों के कारण स्त्री की जो दुर्दशा हुई है, वह अन्यत्र कहीं देखी नहीं जाती। यहाँ पुरुष जाति, कतिपय अतिगर्हित प्रथाओं के अंतर्गत हतभागी स्त्री को अनेक तरह की यातनाएँ देते चले आ रहे हैं।"

मुख्य रूप से विधवा-विवाह को निषिद्ध और 'बहुविवाह' प्रथा को ईश्वरचन्द्र विद्यासागर ने 'अतिगर्हित', 'अतिजघन्य' और 'अतिनृशंस' कहकर संबोधित किया था। हिंदू धर्म में सर्वत्र बाल-विवाह और बहुविवाह के पक्ष में विभिन्न तरह के आदेश और उपदेश वर्णित हैं, जैसे—कश्यप ने कहा, "जो कन्या अविवाहित अवस्था में पितृगृह में रजस्वला होती है, उसका पिता भ्रूण-हत्या के पाप में भागी होता है। उस कन्या को वृषली कहा जाता है। जो ज्ञानहीन ब्राह्मण उस कन्या का पाणिग्रहण करता है, वह अश्रद्धेय (जिसे श्राद्ध में निमंत्रित करने और भोजन कराने पर श्राद्ध दूषित होता है) और अपांक्तेय (जिसके साथ एक पंक्ति में बैठकर भोजन नहीं किया जाता) तथा वृषलीपति होता है।"—उद्वाह तत्त्व।

'यमसंहिता में यह भी कहा गया है—"कन्या को अविवाहित अवस्था में रजस्वला देखने पर माता, पिता, ज्येष्ठ भ्राता तीनों नरकगामी होते हैं। जो ब्राह्मण अज्ञानतावश उस कन्या से विवाह करता है, वह असंभाष्य (संभाषण के योग्य नहीं) अपांक्तेय और वृषलीपति होता है।"

जीमूतवाहनर द्वारा लिखी गयी 'दायभाग' में है—"स्तन प्रकट होने से पूर्व ही कन्या का दान करें। यदि कन्या विवाह के पूर्व ऋतुमती हुई तो 'दाता' और ग्रहीता दोनों नरकगामी होते हैं तथा पिता, पितामह, प्रतितामह बिष्ठा में जन्म लेते हैं। इसलिए ऋतुदर्शन से पहले ही कन्या का दान करें।"

यद्यपि अविवाहित अवस्था में कन्या का ऋतुदर्शन और ऋतुमती कन्या का पाणिग्रहण शास्त्र के अनुसार घोर पतनकारी है, फिर भी यह बात सच है कि ऋतुदर्शन से पहले विवाह यानी 'बाल-विवाह' अब क़ानूनी अपराध है। यानी धर्म द्वारा मनुष्य परिचालित नहीं, बल्कि धर्म ही मनुष्य द्वारा परिचालित है। बहुविवाह रोकने के विरुद्ध भी तरह-तरह की आपत्तियाँ उठी थीं। जैसे, कई लोगों का कहना था कि बहुविवाह शास्त्रानुमत और धर्मानुगत मामला है। इस प्रथा का निवारण होने से शास्त्र की अवमानना होगी और धर्म का नाश होगा। कुलीन ब्राह्मणों का जाति-पांति और भंग कुलीनों का सर्वनाश होगा। एक व्यक्ति के अनेक विवाह न कर पाने से उनकी कुलीन मर्यादा का समूल नाश होगा। कायस्थ जाति के आदृयरस को बाधा पहुँचेगी आदि-आदि।

"जो व्यक्ति तीन विवाह करके चतुर्थ विवाह न करे, वह सात वंश को पतित करता है, उसके लिए भ्रूण हत्या का प्रायश्चित्त करना ज़रूरी है।" (उद्वाह तत्त्व) अथवा "धर्मकर्मोपयोगी व्यक्तियों का एक भार्या स्वीकार करना कर्त्तव्य है, लेकिन प्रार्थित (उपयाचित) होकर कोई कन्या प्रदान करना चाहे, या रतिविषयक बहुत ज़्यादा अनुराग रहने पर अनेक भार्या भी ग्रहण कीजिए।" शास्त्र का यह बढ़ावा पाकर समाज के

प्रतिष्ठित कुलीनगण बिना किसी दुविधा के बहुविवाह प्रथा का बड़े आदर के साथ पालन कर रहे थे। लेकिन ईश्वरचन्द्र विद्यासागर ने सभी नीति-नियमों के सभी विधि-विधान को मोड़ दिया। चूँकि इस देश में बहुत-से लोग शास्त्र के कथन का उल्लंघन नहीं करते, उनके तमाम व्यवहार शास्त्रीय विधि-निषेध के अनुसार होते है–इसीलिए स्वविरोधी शास्त्र में विद्यासागर ने इन बातों का उल्लेख किया हैं–"जिस परिवार में स्त्रियों को आदर के साथ रखा जाता है, देवतागण उस परिवार के प्रति प्रसन्न रहते हैं। और जिन परिवारों में स्त्रियों का आदर नहीं होता, वहाँ यज्ञ-दान आदि सब कुछ विफल होता है। जिन परिवारों में स्त्रियों को मनःतोष नहीं मिलता, उस परिवार में निरंतर सुख-समृद्धि की वृद्धि नहीं होती। स्त्री अनादृत होकर जिन परिवारों को शाप देती है, वे परिवार, अभिचारग्रस्त होकर सभी प्रकार से विनाशकारी होते हैं।" (मनुसंहिता) "यदि प्रथम विवाहिता स्त्री श्रुतिविहित और स्मृतिविहित अग्निसाध्य धर्मकार्य निर्वाह के उपयुक्त हो और पुत्र, पौत्र आदि संतानवती हो, तो अन्य स्त्री से विवाह मत कीजिए। अन्य अभाव से अर्थात् धर्मकार्य अथवा पुत्रलाभ न होने पर अगन्यधान के पूर्व विवाह कीजिए।" (आपस्तम्ब धर्मसूत्र)

इसके अलावा शास्त्र की विभिन्न खामियों की खोज करके विद्यासागर बहुविवाह रोकने के लिए बनारस, वर्द्धमान, नवद्वीप आदि के राजाओं और देश के अन्य ज़मींदारों एवं बहुसंख्यक साधारण जनों के बीच उत्साही हुए थे। जिन लोगों ने इसका विरोध किया था वे मुख्य रूप से धर्मशास्त्र-व्यवसायी ही थे। उन्होंने ही शास्त्र की अवमानना और धर्मलोप की आशंका जतायी थी। वे ही कल्याणकारी प्रयास के विरोध में सबसे पहले उठ खड़े हुए थे।

उस समय बहुविवाह निषेधक जिस बिल की पांडुलिपि प्रस्तुत की गई थी वह इस प्रकार है–"Whereas the institution of marriage among Hindus has become subject to great abuses, Which are alike repugnant to the principles of Hindu Law and the feelings of the people generally : and whereas the practice of unlimited polygamy has led to the preperation of revolving crimes, and whereas it is expedient to make legislative provision for the prevention of those abuses and crimes, alike at variance with sound policy, justice and morality : it is enacted as follows :

No marriage, contracted by any male person of the Hindu religion, who has a wife alive..."

इस्लाम धर्म में पुरुष के लिए चार विवाह करने का नियम प्रचलित है। महानवी हज़रत मुहम्मद (साहब) ने चौदह शादियाँ की थीं। महानवी का आदर्श इस्लाम धर्मावलंबियों को अनुप्रेरित करता है। लेकिन जिस अंधकार-युग में, जिस बर्बरता, युद्ध-विग्रह और व्यभिचार के युग में, हज़रत मुहम्मद बहुविवाह के लिए बाध्य हुए

थे उसका हवाला देकर इस युग के बड़े बुद्धिजीवीगण बहुविवाह रोकने के प्रयास में अनायास ही सक्रिय हो सकते हैं। मानवता के पक्ष में किसी भी क़ानून को बनाने के लिए क़रीब डेढ़ सौ वर्ष पहले एक दिन मनुष्य आगे बढ़े थे, तो फिर आज क्यों आगे नहीं आएँगे? ईश्वरचंद्र विद्यासागर ने जब शास्त्र-विरोधी विधवा-विवाह की बात कही थी, शास्त्र-विरोधी बहुविवाह रोकने के पक्ष में कई लोगों ने तर्क दिया था, तब विपक्ष की शक्ति (श्री तारानाथ तर्कवाचस्पति, क्षेत्रपाल स्मृतिरत्न, गंगाधर राय, कविराज कविरत्न आदि) के प्रचंड होने पर भी पक्ष की शक्ति निहायत कम नहीं थी।

अब इस इक्कीसवीं शताब्दी की दहलीज़ पर खड़े हम लोग प्रणम्य ईश्वरचंद्र विद्यासागर की मृत्यु शतवार्षिकी में क्यों इस बिल को चालू नहीं कर रहे हैं–"No marriage contracted by any male person of the 'Muslim' religion, who has a wife alive!" हम लोग क्यों अपने पक्ष की शक्ति को एकत्रित नहीं कर रहे हैं विद्यासागर की तरह! क्यों हम लोग सिर्फ़ स्मरण भर कर रहे हैं, दीक्षा नहीं ले रहे! क्या यह हम हमारा 'अति जघन्य चातुर्य' नहीं?

धर्म की युगानुरूप, विज्ञानोपयोगी व्याख्या स्थापित करने के लिए अब इस पृथ्वी की विभिन्न भाषाओं के 'जागोध्यात्मिक' पंडितगण निरलस परिश्रम कर रहे हैं। यह परिश्रम पूर्णरूप से निरर्थक होगा, यदि बहुविवाह जैसा घृणित, अनर्थक और अधार्मिक आचरण उखाड़ न फेंका जाए और हम लोग विद्यासागर की कृपा से 'स्त्री शिक्षा' प्राप्त (ईश्वरचंद्र विद्यासागर ने स्त्री-शिक्षा का प्रचलन एवं प्रसार किया था) स्त्रियाँ यदि एक 'अतिनिंदित', 'अतिजघन्य' और 'अतिनृशंस' प्रथा को (जिस प्रथा को विद्यासागर ने हिंदू समाज से खदेड़ा था) जिंदा रखें, तो हम खुद को ही किस तर्क से क्षमा करेंगे?

बहुविवाह प्रथा की नष्ट जड़ें समाज की कोशिकाओं तक फैली हुई हैं, मुसलमान धर्मावलंबी स्त्रियाँ पुरुषों की नृशंसता, स्वार्थपरता, विलासिता और विवेकहीनता की शिकार हैं। घर-घर में बहुविवाह की उच्छृंखलता और अनाचार स्त्री को भोग्या वस्तु के रूप में निरूपित किए हुए है। मनुष्य के रूप में स्त्री की स्त्री भर मर्यादा भी बची नहीं। स्त्री की अनुमति लेकर जो दूसरी, तीसरी और चौथी शादी करने का नियम प्रचलित है, वह क़ानून के नाम पर मज़ाक के सिवा और कुछ नहीं। जिस परिवार में पुरुष ही सर्वेसर्वा हो, वहाँ पुरुष की किसी इच्छा को 'अनुमति' न देने की क्षमता या आवाज़ कोई स्त्री हासिल नहीं कर सकती।

अब इसी वक़्त हम लोग अपने मामले में सचेत होते हैं, आवाज़ बुलंद करते हैं और इस तरह संगठित होते हैं कि हमारे सामूहिक प्रस्ताव को राष्ट्र यदि क़ानून सिद्ध न करे तो इस राष्ट्र को भी हम न बख़्शें।

72

नारायणगंज की 'गैर इस्लामिक कार्यकलाप प्रतिरोध कमेटी' एक अच्छा काम कर रही है। वह पतिताओं का उच्छेद (हटाना) चाह रही है। 'उच्छेद' का अर्थ यदि निर्मूल करना हो, उन्मूलन या विनाश हो तो मैं भी जुलूस में जाऊँगी। मैं भी नारे लगाऊँगी, मैं भी गैर इस्लामिक कार्यकलाप प्रतिरोध कमेटी की सदस्या बनूँगी। लेकिन इस 'उच्छेद' का अर्थ यदि स्थानांतरण हुआ, यदि एक स्थान से उनको उसी तरह के दूसरे स्थान पर आश्रय लेना पड़े तो मैं प्रतिरोध कमेटी के सारे कार्यकलाप को पूरी शक्ति से रोकना चाहूँगी।

'पतिता' शब्द का अर्थ भ्रष्टा, कुलटा और कुचरित्रा है एवं 'पतित' शब्द का अर्थ भ्रष्ट, स्खलित, अधोगत, पाणी और दुश्चरित्र है। देश में 'पतिता' से 'पतितों' की संख्या कम नहीं बल्कि कई गुणा अधिक है। लेकिन पतिताओं को चिह्नित करने की व्यवस्था है, यानी उन्हें एक विशेष घर के अंदर एकत्रित किया जाता है। और पुरुष 'पतित' इधर-उधर बिखरे रहते हैं। उन्हें 'पतित' के रूप में चिह्नित करने की कोई व्यवस्था नहीं। गोशाला में रहने वाली गायों का नाम 'गाय' ही होता है और मैदानों, खेत-खलिहानों में रहने वाली गायों का नाम भी 'गाय' ही होता है। दूसरी तरफ़ समाज में रहते हैं और रजिस्टर में नाम दर्ज नहीं है इसीलिए पतित लोग 'पतित' न हों, ऐसी बात नहीं; 'पतित' तो पतित ही होता है। सिर्फ़ हम लोग उन्हें 'पतित' कहकर नहीं पुकारते। क्योंकि प्रचलन नहीं है।

प्रचलन तो बहुत-सी चीज़ों का नहीं रहता। पहले तो लड़कियों की पढ़ाई-लिखाई का भी प्रचलन नहीं था। अब है। अप्रचलित को प्रचलित होने में देर नहीं लगती। देश में लाखों 'पतित' रखकर भी 'पतित' शब्द को उसके योग्य पुरुषों के लिए प्रचलित नहीं किया जा रहा, जैसे 'पतित' शब्द स्त्री के लिए प्रचलित है। क्या यह कम दुख की बात है। पतित कहा नहीं दफ़्तर में, अदालत में, अख़बारों में, जहाज़ों में, कल-कारख़ानों में—कहाँ नहीं?

सर्वत्र विराजमान पतित पुरुषों को 'पतित' कहने की रीति आज से शुरू हो। 'पतितों' की निशानदेही इस समय बहुत ज़रूरी है। क्योंकि 'पतित' लोगों के निर्मूल न होने से 'पतिताओं' का जन्म होगा ही। दरअसल ऐसा 'पतितों' के स्वार्थ के लिए ही 'पतिताओं' की ज़रूरत है।

पतितगण समाज में घूमते-फिरते रहते हैं। वे अपने ही स्वार्थ से पतिता बस्तियों को ज़िंदा रखते हैं। और, दोष होता है सिर्फ़ 'पतिताओं' का, पतितों का नहीं। 'गैर इस्लामिक कार्यकलाप प्रतिरोध कमेटी' पतिता उन्मूलन चाह रही है। पतिताएँ ऐसा होने नहीं दे रहीं। सरकार यदि पतिताओं के पुनर्वास की व्यवस्था नहीं करती, तो पतित लोग इन पतिताओं को एक स्थान से दूसरे स्थान पर सिर्फ़ हटाएँगे, इससे

स्थानांतरण के अलावा कोई उन्मूलन या उनका ख़ात्मा नहीं होगा। इसलिए सरकार को दिलचस्पी लेनी होगी। और अगर सरकार 'पतित' नहीं है तो दिलचस्पी लेगी। उत्साही होगी पतिताओं के सामाजिक पुनर्वास के लिए। प्रतिरोध कमेटी का सिर्फ़ 'गैर इस्लामिक' नाम से ही संतुष्ट होना उचित नहीं। 'अमानविक कार्यकलाप प्रतिरोधी कमेटी' के नाम से भी जुलूस में उतरना पड़ेगा।

सामाजिक पतित पुरुषगण हमेशा से पतिता उन्मूलन या पुनर्वास के मामले में रोड़ा बनकर खड़े हुए हैं। सरकार 'बाल वेश्या उद्धार' के महत्त्व को दिखाकर उन्मूलन अभियान को असफल करती है। कोई भी पतिता प्रथा का उन्मूलन या ख़ात्मा नहीं चाहता। नारायणगंज में गाड़ियाँ जलीं, पुलिस वाले घायल हुए, उच्छेद कमेटी के सदस्यगण गिरफ्तार हुए। पर अंततः क्या होगा? पतित प्रथा को ख़त्म करने के लिए आंदोलन कहा तक अग्रसर होगा?

मैं जानती हूँ समाचार छपेगा कि आंदोलन धीमा पड़ रहा है। प्रतिरोध कमेटी अपनी माँग को ख़त्म करके सरकार के साथ समझौता कर रही है। प्रशासन यदि पतितावृत्ति को बनाये रखना चाहता है, तो पतिताओं की या किसी प्रतिरोधी कमेटी में कितनी शक्ति है 'पतिता निर्मूल' करने की?

कोई-कोई तर्क देता है–पतितावृत्ति के रहने पर समाज में अनाचार बढ़ेगा, अपहरण बढ़ेगा, बलात्कार बढ़ेगा। यह सब बच्चों को सुलाने के लिए भूत का डर दिखाने जैसी खोखली बातें हैं। पतिता की व्यवस्था है, तो क्या देश में अनाचार नहीं है? खुले आम बलात्कार नहीं होते, दुराचार नहीं है, अपहरण नहीं होते?

भूतों के देशों में अब भूत के डर से दुबक नहीं सकते। सामाजिक उत्पीड़न की शिकार उन लड़कियों को मैं पतिता नहीं कहना चाहती, क्योंकि 'पतिता' शब्द का अर्थ भ्रष्ट, कुलटा और दुश्चरित्र है। मैं इन शब्दों में से एक को भी उनके लिए उपयुक्त नहीं मानती। मैं उन्हें नारी कहना चाहती हूँ, मनुष्य कहना चाहती हूँ। मैं उन्हें सर्वोत्तम श्रद्धा जताना चाहती हूँ।

73

'फूलों की तरह सुंदर एवं पवित्र' यह उपमा अक्सर प्रयोग में आती है। प्रयोग किया जाता है लड़कियों के लिए। जो लड़की पुरुषों की तरफ़ आँख उठाकर नहीं देखती, छत पर नहीं जाती, कम हँसती है, पहनावे में सलीका, चलने-फिरने में मंथर, धीमा कंठ स्वर हो तो आम तौर पर उस लड़की को ही 'फूलों की तरह सुंदर और पवित्र' कहकर संबोधित किया जाता है।

पवित्रता का गहरा अर्थ है कि स्त्री को कोई पुरुष स्पर्श न करे, विशेषकर

ग़ैर मर्द। फूल की उपमा कभी किसी पुरुष को नहीं दी जाती है, दी जाती है स्त्री को ही। फूल देखने में सुंदर होता है, सुगंध बिखेरता है। और स्त्री को भी विभिन्न रंगों का होना पड़ता है। गुलाब की पंखुड़ियों की तरह होंठ, भौंरे की तरह काली आँखें, गुलाबी गाल, घने काले रेशमी बाल, दूध और आलता मिश्रित या कच्ची हल्दी जैसी त्वचा, मोतियाँ की तरह सफ़ेद दाँत। लड़कियाँ की त्वचा और बालों से भीनी-भीनी खुशबू के न निकलने से लड़कियाँ शोभा नहीं देतीं। इसलिए प्रतिदिन घिस-मलकर बदन की दुर्गंध दूर करने के लिए साबुन बन रहे हैं। उन साबुनों से कोमल रमणियों के सौंदर्य की रक्षा करने का विज्ञापन भी दिया जा रहा है। विभिन्न तरह की सुगंधों से भी बाज़ार भर गया है। लोग फूलों की सुगंध लेते हैं, ऐसी दशा में यदि फूल स्त्री है तो मनुष्य तो पुरुष ही होगा। मनुष्य रूपी पुरुष फूल रूपी स्त्रियों की सुगंध के साथ विभिन्न रंगों से मुग्ध होता है। जिस प्रकार फूल किसी के द्वारा छुए जाने पर, तोड़े जाने पर मुरझा जाता है, मर जाता है, सूख जाता है, उसी प्रकार स्पर्श किए जाने पर स्त्री की पवित्रता मुरझा जाती है, ऐसा सोचा जाता है। स्त्री को सुगंधित फूल सोचा जाता है इसलिए उसे 'घ्राता' या 'अनाघ्राता विशेषण से संबोधित किया जाता है। 'अनाघ्राता नारी' यानी जिस स्त्री का 'घ्राण' किसी ने न लिया हो। स्त्री कोई सुगंधित उद्‌भिज (वनस्पति) या सुगंधित पदार्थ है--जो एक ही साथ वर्ण और गंध से 'मनुष्य' को मुग्ध करती है, मोहित करती है, तुष्ट करती है और तृप्त करती है।

आज तक किसी पुरुष को इस तरह रंग, गंधयुक्त उद्‌भिज की उपमा से अलंकृत नहीं किया गया। आज तक किसी स्त्री चित्रकार या मूर्तिकार ने पुरुष के शरीर को उस प्रकार विभिन्न भंगिमाओं में, रंगों और रेखाओं में अभिव्यक्त नहीं किया, जिस प्रकार पुरुष चित्रकारों और मूर्तिकारों ने स्त्री शरीर को लेकर किया है। आज तक किसी स्त्री कवि या कथाकार ने पुरुष शरीर के विभिन्न अंगों-प्रत्यंगों का वैसा लोभनीय वर्णन नहीं किया है, जिस तरह से पुरुष से कवि या कथाकारों ने स्त्री शरीर को लेकर किया है। इसका कारण यह नहीं है कि पुरुष शरीर के प्रति स्त्री का आकर्षण कुछ कम है--ऐसी बात नहीं। यह एक तरह की 'लज्जा' का विषय है, जो 'लज्जा' स्त्री को मोहमयी कर देती है--ऐसा सोचा जाता है।

पुरुषों के बाल, बाहु, वक्ष, नितंब देखकर नारी भी मुग्ध होती है, जिस प्रकार स्त्री के कुछ अंग पुरुषों की मुग्धता और कामना के कारण हैं। लेकिन स्त्री के मुग्ध भाव की कोई स्वतंत्र अभिव्यक्ति नहीं है--न समाज में, न साहित्य में। शादी में लड़के के रिश्तेदार अच्छी तरह जाँच-परखकर लड़की लाते हैं। लड़की के रंग, दाँत, बाल, आँखें, क़द-काठी, कमर, नितंब कुछ भी परखने को नहीं छोड़ते। लेकिन लड़के को जाँचने का नियम नहीं है। इसका अर्थ यह बिल्कुल नहीं है कि लड़के का शरीर किसी लड़की के लिए महत्त्वपूर्ण विषय नहीं। यह भी उसी 'लज्जा' की बेहूदी चर्चा

ही है। लड़कियाँ जनमते ही पूरी-पूरी 'लड़की' नहीं होती। सारे 'लोक-लाज' का पालन करने के बाद ही वह पूरी तरह 'लड़की' होती है। पुरुषों की लोमश बाल, काली गहरी आँखें, घनी भौंहें, तीखी नाक, घने बाल, चौड़े कंधे, मुलायम पीठ, लोमश वक्ष आदि का आकर्षण स्त्री के लिए भी उसी प्रकार होता है, जिस प्रकार स्त्री के लंबे काले रेशमी बाल, बड़ी-बड़ी आँखें, तीखी नाक, पतले होंठ, उन्नत उरोज, पतली कमर और भारी नितंब के प्रति पुरुषों का आकर्षण होता है। स्त्री भी पुरुष के नितंब और जाँघों के प्रति वही आकर्पण अनुभव करती है, जो आकर्षण स्त्री के नितम्ब और जाँघों के प्रति पुरुष अनुभव करता है।

मैं स्त्री-चित्रकारों को स्त्री की आकर्षक काममय तस्वीर बनाते देखती हूँ, स्त्री लेखिकाओं को देखती हूँ स्त्री के रूप-वर्णन में बिल्कुल पुरुष की तरह सिद्धहस्त। तो फिर पुरुष के रूप का वर्णन कौन करेगा? पुरुष के शरीर को भी ऐसे आकर्षक पदार्थ के रूप में बनाना चाहिए, ताकि वे रोज़ साबुन लगाकर शरीर को साफ़-सुथरा रखें। वे बालों की ठीक से देख-रेख करें। वे त्वचा को चमकदार और कोमल रखें। जाँघों को सुडौल और नितंब को सुगठित रखें। वे वक्ष को लोमश और प्रशस्त रखें। ताकि वे पाँवों और पैरों की एड़ी को मुलायम और तरो-ताज़ा रखें। पुरुष के शरीर को बिकाऊ बनाने से पुरुषों के इस्तेमाल की बिकाऊ वस्तुओं का उत्पादन और बिक्री भी काफ़ी ज़ोरदार होगी। क्रेता सिर्फ़ एक ही पक्ष हमेशा क्यों रहे? 'क्रेता' और 'विक्रेता' अपनी विक्रय-सामग्री को लेकर दूसरी तरफ़ 'विक्रेता' और 'क्रेता' भी हैं। वरना इस कारोबारी दुनिया में एक पक्ष को हमेशा लाभ और दूसरे पक्ष को हमेशा हानि होगी।

स्त्री की तरफ़ से अब अच्छी माँग हो—कमरंगे की तरह पुरुषों के होंठ, काली मिर्च की तरह काली आँखें, करमचे की तरह जीभ, कटहल के गूदे जैसी त्वचा का रंग, नाशपाती की तरह दाँत, मचान की लौकी की तरह सुगठित जाँघें, रजनीगंधा-सी बदन की खुशबू। स्त्री की माँग के अनुसार पुरुष सर्वांग सुन्दर हो उठे। संपूर्ण हो जाए। स्त्री के शरीर के प्रति प्यास यदि पुरुष के लिए वैध हो सकती है, तो क्यों उसी तरह स्त्री के लिए भी वैध नहीं होगा पुरुष का सर्वांग? क्यों स्त्री यह उच्चारण करने से शरमाती है—"उसके अंग-प्रत्यंग के लिए रोते मेरे अंग-प्रत्यंग?" पुरुष को तो यह बात लिखते हुए शर्म नहीं आई।

फूल और फल के साथ स्त्री के अंगों की तुलना होती है। फूल और फल की उम्र बहुत कम होती है, सूँघने और खाने के बाद फूल और फल दोनों कूड़ेदान में फेंकने के लिए चले जाते हैं, उसी तरह स्त्री भी। स्त्री को खा-पीकर जूठन की तरह फेंक दिया जाता है। पुरुष को चाहे कोई कितना ही क्यों न खाए, वह छिलका नहीं होता, क्योंकि वह फूल या फल नहीं, 'मनुष्य' है। ऐसी स्थिति में स्त्री भी फल या फूल नहीं, वह भी तो मनुष्य है। यह समझाने के लिए मनुष्य नामक पुरुष को उसी क़तार में उतार कर उसे भी फूल या फल की उपमा देनी होगी। जिससे यह

प्रमाणित हो कि फूल और फल यदि किसी को कहा भी जा सकता है तो स्त्री-पुरुष दोनों को ही कहा जाए। या फिर किसी को भी नहीं।

74

मुझे इस बात का यक़ीन नहीं आता कि रुद्र नहीं है। रुद्र मीठेखाली के 'चिड़ी खामार' में नहीं, भोला बंदरगाह में नहीं, राजाबाज़ार में नहीं, शाम को असीम साहा के प्रेस में नहीं, रामपुर संगीत परिषद में नहीं–रुद्र कहीं नहीं है। मुझे यक़ीन नहीं आता कि रुद्र अब और मंच पर नहीं दीखेगा, कविता नहीं पढ़ेगा। कंधे में काला बैग लटकाए रुद्र अब और नहीं चलेगा। रुद्र अब नहीं बोलेगा, नहीं हँसेगा। कविता परिषद–सांस्कृतिक सम्मेलन को लेकर नहीं सोचेगा, नया कोई संगठन नहीं बनाएगा। मुझे यकीन ही नहीं होता कि रुद्र नहीं है–इक्कीस के मेले में नहीं है, चाय-स्टॉल के अड्डे पर नहीं है, बाकुश में नहीं है, साकुराय में नहीं है।

रुद्र को मैं सत्रह वर्ष की उम्र से जानती हूँ। उस सत्रह वर्ष की उम्र से रुद्र मेरी समस्त चेतना में फैला हुआ है। जिस व्यक्ति ने मुझे थोड़ा-थोड़ा करके ज़िंदगी को पहचानना सिखाया, वह भी रुद्र ही है। मुझे जिस व्यक्ति ने एक-एक अक्षर जोड़कर कविता लिखना सिखाया है–वह रुद्र ही है। मेरी हथेली पर उँगली का स्पर्श करके रुद्र ने पहली बार कहा था–"मैं तुम्हें प्यार करता हूँ।" कहा था–"हम लोग जलायेंगे ज्योति कृष्ण पक्ष पृथ्वी के तट पर, जीवन के साथ जीवन के घर्षण से हृदय की अपूर्व ज्योति।"

रुद्र ने मुझे स्वप्न देखना सिखाया है। मैंने तो सिर्फ़ नदी ही देखी थी, उसने मुझे उत्तल समुद्र उसी तरह दिखाया जिस तरह कोई गंदा जोहड़। जानती हूँ, रुद्र ने मुझे पूर्णिमा दिखाई है, और इसी तरह अमावस्या भी कुछ कम नहीं दिखायी। रुद्र का हाथ थामकर मैं खुले मैदान में नाचती फिरी हूँ, गहन अरण्य में टहली हूँ और अट्ठारह, उन्नीस, बीस, इक्कीस, करके उम्र काटी है।

मैं एक सरल युवती, रुद्र के उद्दाम और उग्र जीवन में आकर चकित खड़ी हो गई थी। जिस कवि को मैं निष्कपट प्यार करती रही हूँ, जिस प्राणवंत युवक से प्यार करके मैंने समाज-संसार की अनहोनी की–हृदय के दोनों तटों की बयार और स्वप्न को साथ लेकर जिसका प्रथम स्पर्श किया, उसे मैं अनियंत्रित जीवन से अंततः वापस नहीं लौटा पाई। निरंतर पतन से, स्वेच्छाचार से, अबाध बीमारी से मैं उसे लौटा नहीं पाई। उसके प्रति जितना मेरा प्यार था, उतना ही क्षोभ भी था। रुद्र ही वह व्यक्ति है, वह प्रखर प्रशस्त व्यक्ति, जो एक ही साथ मेरे आवेग और ऊष्मा, मेरे प्यार और घृणा को धारण करने की क्षमता रखता था। रुद्र को मैंने बहुत

नजदीक से देखा है, दूर से भी। रुद्र ही वह व्यक्ति, वही साथ है जिसे दूर से भी प्यार किया जा सकता है।

हम एक साथ जीवन-यापन नहीं कर पाये। लेकिन चाहे कितनी ही दूर रहें, हम परस्पर के कल्याण की कामना करते थे। रुद्र का थोड़ा-सा भी पतन मैं नही सह पाई। रुद्र की दो-चार ग़लतियों के साथ मैंने सुलह नहीं की। बादें में समय के प्रवाह में बहक़र, जीवन को छान कर, जीवन को उपलब्ध कर मैंने पाया कि रुद्र कई लोगों से बहुत बड़ा था। बड़ा था हृदय से, विश्वास से। रुद्र की उदारता रुद्र की जीवंतता और रुद्र की सहजता के समक्ष किसी को ठहराया नहीं जा सकता।

रुद्र के पैर की उँगली में एक बार 'बार्जर्स दीजिज' हुआ था। डॉक्टर का कहना था अगर पैर को बचाना चाहते हो तो सिगरेट छोड़नी होगी। पैर और सिगरेट में से किसी एक को चुनने के लिए डॉक्टर ने कहा था। रुद्र ने सिगरेट को चुन लिया था। ज़िंदगी के साथ रुद्र ने चाहे कितनी ही खिलवाड़ की हो, कविता के साथ नहीं की। कविता में वह स्वस्थ था, निष्ठावान था, स्वप्नमय था। आमाशय में ज़ख्म लेकर भी वह खाने-पीने में लापरवाही बरतता रहा, कोई भी बीमारी रुद्र को अपने वश में नहीं कर पाई। रुद्र उड़ता रहा है, घूमता रहा है, नशे में धुत्त हुआ है। इस उम्र में आम तौर पर रक्तचाप नहीं बढ़ता, लेकिन रुद्र का बढ़ गया था। फिर भी सबसे हैरानी की बात यह है कि कोई भी बीमारी रुद्र को 'दबोच' नहीं पाई। रुद्र सभी बीमारियों को आड़ में रखकर अम्लान हँसता रहा।

अभी अख़बारों में लिखा जा रहा है रुद्र सत्तर के दशक के सर्वप्रमुख कवि था। स्वेच्छचार विरोधी आंदोलन में रुद्र की भूमिका यह थी कि उसने सुलह नहीं की। राष्ट्रीय कविता परिषद और सम्मिलित सांस्कृतिक समूह का वह प्रतिष्ठता सदस्य था। हाँ सचमुच था, रुद्र बहुत-कुछ था। रुद्र की कविताएँ सुनकर लोग तालियाँ बजाते हैं, अग्रज कविगण वाहवाही देते हैं, लेकिन किसी ने ख़बर नहीं ली—इस ढाका शहर में रुद्र के अर्थ उपार्जन का कोई ज़रिया नहीं था। कोई काम नहीं मिला रुद्र को अख़बार के दफ़्तरों में काम की तलाश में भटकता रहा, किसी ने उसे काम नहीं दिया। इस शहर के एक समृद्ध कवि ने चित्रनाट्य लिखवाने का रुद्र को आश्वासन दिया था, लेकिन अंत में उसने उस धोखा ही दिया। जीविका के लिए उसे ढाका से बाहर जाना पड़ता था। रुद्र की इस अनुपस्थिति का फ़ायदा उठाकर कविता परिषद से सांस्कृतिक समूह से उन लोगों ने उसे करीब-करीब भगा ही दिया था। उस दिन भी कविता परिषद की तलबी सभा बुलाने के लिए रुद्र ने घर-घर जाकर लोगों से अनुरोध किया था। लेकिन किसी ने उसके अनुरोध पर ध्यान नहीं दिया। हर तरफ़ सबके सब लोग व्यस्त थे, सिर्फ़ रुद्र ही एक अलग व्यक्ति था, सिर्फ़ उसी के पास थी न ख़त्म होने वाली लंबी फुर्सत। कला-साहित्य के बहुत-से लोग चाहते तो रुद्र को कोई एक काम दे सकते थे। लेकिन नहीं दिया। इस प्रचंड व्यक्तित्वशाली युवक

ने लोगों के घर-घर जाकर निवेदन किया, लेकिन किसी ने उसे ज़रा-सा सहारा भी नहीं दिया। सिर्फ़ असीम साहा ने सहयोग दिया था, 'नीलखेत' में अपनी मेज़ की बायीं ओर रुद्र को बैठने के लिए एक कुर्सी। रुद्र सुबह, दोपहर, शाम उस एक ही कुर्सी पर बैठा अपना जीवन काटता रहता।

रुद्र अपना काव्य-संग्रह निकालने के लिए पिछले दो महीने से बहुत व्याकुल था। यह सुनकर मैंने उसे कई बार कहा था—संग्रह तो कई लोगों का मरने के बाद भी निकलता है। तुम श्रेष्ठ लिखो, चुनी हुई चीज़ें लिखो, राजनीतिक कविता लिखो। लेकिन नहीं, रुद्र की वह एक ही ज़िद थी कि वह 'काव्य-समग्र' निकालेगा। हाँ, रुद्र सत्तर के दशक का श्रेष्ठ कवि है। उसके कविता-मंच के कैसेटों में काफ़ी अच्छा कविता पाठ है। लेकिन उसने अपनी किसी कविता का ठीक से वितरण नहीं पाया, कोई रॉयल्टी भी नहीं मिली। मुझसे कहा भी था, तुम 'विद्याप्रकाश' से एक बार कहो। मैंने कहा था। रुद्र ने एक दिन उस प्रकाशक को दावत भी दी। खाने-पीने, हँसी-मजाक़ के बाद रुद्र ने अपना विनीत प्रस्ताव रखा था, काव्य समग्र प्रकाशित करने का। काग़ज-कलम से हिसाब करके यह भी बता-जता दिया कि प्रकाशक को आर्थिक क्षति नहीं होगी। प्रकाशक तब भी मौन रहा। मैं जानती हूँ, वह अभिमानी कवि, जिसे कहीं से कोई सहयोग नहीं मिला, भीतर-ही-भीतर उस वक़्त कितना चूर-चूर हुआ था। क्या रुद्र अपनी उस तीव्र इच्छा को पूर्णता देने के लिए मर गया?

असीम से रुद्र के अस्वस्थ होने की ख़बर सुनकर मैं 'होली फैमिली' के दो सौ इकतीस नंबर केबिन में रुद्र को देखने गई। कोई ख़ास बीमारी नहीं थी, सौ में तीस व्यक्ति जिस बीमारी के शिकार होते हैं, वही। यानी आमाशय में खाने के अभाव से हुआ घाव। रुद्र के बहुत नज़दीक बैठकर, उसके बालों में उँगलियाँ फेरती हुई मैंने कहा था, "ज़्यादा मत सोचो तुम बहुत जल्दी अच्छे हो जाओगे।" यह सुनकर रुद्र ने कहा था—"पता नहीं, यही यात्रा शायद अंतिम हो।" मैं मुस्कुराई थी। मैं तब भी हँसी थी, जब इक्कीस जून की सुबह कैरोलिन राइट ने मुझसे फोन पर कहा कि किसी ने उसे सूचना दी है कि रुद्र चल बसा तो मैंने कैरोलिन से साफ़ कह दिया था—"कैरोलिन, जिसने भी तुमसे कहा है ग़लत कहा है। रुद्र की बीमारी मर जाने वाली बीमारी नहीं है। मैं उसे उसी दिन तो देखकर आई हूँ।" फिर भी फ़ोन रखकर तुरंत 'होली फैमिली' में गई, दो सौ इकतीस नंबर बेड ख़ाली था। मुझसे कहा गया, रोगी स्वस्थ होकर पिछली रात घर चला गया। घर लौट गये स्वस्थ व्यक्ति को देखने के लिए जाकर मैंने पाया कि घर में लोगों की भीड़ है। लोबान की महक के बीच रुद्र आँखें बंद करके पड़ा है। उसका सारा शरीर सफेद कपड़े से ढँका है। मैंने दूर से देखा—अपने उस सत्रह वर्ष की उम्र से पहचाने हुए उसके बाल, आँखें भौंहें, उसके होठं और ठुड्डी का गहरा दाग़। मेरे इस इतने जाने-पहचाने व्यक्ति को, सबसे इतने जाने-माने कवि को अब और कोई 'रुद्र' कहकर नहीं पुकार रहा था।

सभी उसे 'लाश' कह रहे थे। लाश को उठाओ, लाश को उतारो।

सारी बीमारियों को पीछे छोड़कर रुद्र अपने बढ़ते रक्तचाप को जो उसके हृदयपिंड पर आघात करने के लिए क्रमशः वेगवान हो रहा था, नहीं रोक पाया। फिर भी यह मेरे लिए बिल्कुल अविश्सनीय है कि कमाल, निशात, जाफ़र इख़्तियार, असग़र शमीम, सलाउद्दीन, रज़ा सभी रहेंगे—सिर्फ 'रुद्र' ही नहीं रहेगा। प्रति वर्ष राष्ट्रीय कविता उत्सव होगा, उसमें रुद्र नहीं होगा। इक्कीस का मेला होगा, जमकर अड्डेबाज़ी होगी, रुद्र नहीं होगा। क्या यह आश्चर्य की बात नहीं कि रुर्द अब और शाहबाग़ में नहीं आएगा, 'इत्यादि' में नहीं रामपुरा में नहीं। रुद्र अवश्य आएगा, अचानक एक दिन लौट आएगा। टी. एस. सी. में खड़ा होकर चाय पिएगा, लाइब्रेरी के मैदान में बैठकर अड्डेबाज़ी करेगा। शाम को असीम दा के प्रेस में आकर सबको अवाक् करके रुद्र कहेगा, मैं तो घर गया था। अभी-अभी लौटा हूँ। रुद्र फिर भी लौट आए। एक साल, दो साल, पाँच साल, दस साल बाद ही सही, रुद्र लौट आए। रुद्र अपनी अस्वस्था की तरह मृत्यु को भी लाँघकर लौट आए। कंधे में काला बैग लिए रुद्र मंच की तरफ़ बढ़े, सम्मिलित मनुष्य की तरफ़। कवियों की घोर अड्डेबाज़ी में रुद्र अपनी मृत्यु को आड़े रखकर ज़ोर से अट्टहास कर उठे।

75

मैं समाज के एक विशेष व्यक्ति की बात कर रही हूँ। ऐसे व्यक्ति घर-परिवार, कारोबार, इस जन्म और उस जन्म आदि किसी भी मामले में अतृप्त नहीं। वे सुबह नाश्ता करके दफ़्तर जाते हैं, एक टेबल पर बीवी-बच्चों के साथ बैठकर दोपहर का खाना खाते हैं। और बीच-बीच में शाम को रिश्तेदारों-दोस्तों के घर घूमने-फिरने भी जाते हैं। ऐसे सज्जन महोदय अपने अतीत और भविष्य के बारे में रत्ती भर नहीं सोचते।

इस बीच इस सज्जन के साथ एक दुर्घटना घट गई दुर्घटना पहली बार असर की नमाज़ ख़त्म होने को थी, तब घटी। उन्होंने जायनामा पर बैठकर 'अस्सलाम वालेकुम वा रहमत उल्लाह' कहकर ज्यों ही दाहिनी तरफ़ गर्दन घुमाई, तभी उनकी नज़र अकेली खड़ी जरीना पर पड़ी—पंद्रह वर्ष की सीधी-सादी किशोरी, घर का कामकाज करके शाम को बरामदे की रेलिंग से सटकर थोड़ा-सा आराम कर रही थी। महोदय की आँखें और गर्दन दाहिनी तरफ़ ही पड़ी रही, बायीं ओर को फिर लौटी ही नहीं, 'मोनाजात' भी ख़त्म नहीं हुआ।

इसके बाद से घर के अन्य सदस्य से चोरी-छिपे वे जरीना को देखा करते, देखते रहते और उनके शरीर की आग में खसभरी पेट्रोल छिड़क देता। ये सज्जन अपनी अदम्य इच्छा को दिन-व-दिन काबू करने की कोशिश करते रहे। घर में सुंदर,

शिक्षित पत्नी, फिर भी उनका मन दिन भर के थके-हारे पसीने और थकानभरी देह पर ही टिका रहता। उनका मन उनका कोई भी अनुशासन मानने को तैयार नहीं था।

एक दिन उनकी दुर्दमनीय इच्छा का विस्फोट कुछ इस तरह से हुआ–उस दिन भरी दुपहरिया में घर के सभी सदस्य अपने-अपने काम से गए हुए थे और समय से पहले ही वे महाशय घर लौट आए थे। घर में सिर्फ़ एक ही प्राणी थी–जरीना। उन्होंने पहले ही जरीना के हाथ में सौ रुपये का नोट थमा दिया और बोले, किसी को पता नहीं चलना चाहिए। उनके देह के अंदर मानो एक साँप फुंफकार रहा था।

दुर्घटना तो ऐसी ही आग है, इसे राख से ढँककर नहीं रखा जा सकता। एक दिन सभी को पता चल गया। बीवी रोयी, बच्चे रोये। पड़ोसी सुबह-शाम भीड़ लगाते रहे। लेकिन वे सज्जन उस एक अलग स्वाद के आकर्षण से उन्मत्त हो उठे। उन्होंने जरीना को घर से निकाल देने के निर्णय का कड़ाई से विरोध किया।

फिर एक दिन रिश्तेदार आए, बुजुर्ग आए। बैठकर में बैठकर सबके साथ सलाह-मशविरा हुआ। आख़िरकार फ़ैसला यह लिया गया–यह तो जात-मान जाने जैसी बात बिल्कुल नहीं है कुछ भी हो, पुरुष ही है। पुरुष को तरह-तरह के शौक़-मौज की छूट है। बाहर से इतना थके-हारे घर लौटकर अगर नियम-नीति से थोड़ा हटकर ऐसी एक दो घटना में शामिल हो लेता है तो इससे कोई बहुत बड़ा पहाड़ नहीं टूट गया और इसे नीति-नियम से बाहर ही कैसे कह सकते हैं, पवित्र कुरान में ही तो दस-दस दासियों को भोगने की बात कही गई है।

आख़िरकार फ़ैसला यह लिया गया कि चूँकि अल्लाह ताला ने कहा है, "तुम्हें यदि इस बात की आशंका हो कि यतीम लड़कियों के प्रति सुविचार नहीं रख पाओगे तो उनमें जो तुम्हें अच्छी लगी उससे शादी कर लोगे–दो-तीन या चार। और, यदि आशंका हो कि सुविचार नहीं कर पाओगे तो एक को और अपने अधिकार क्षेत्र की दासी, को (सूरा निसा : 3 आयत : 1 रुकु) और स्त्रियों में तुम्हारे अधिकार की दासी के अलावा बाक़ी सभी सुहागिनें तुम्हारे लिए निषद्ध होंगी। तुम्हारे लिए यह अल्लाह का विधान है।" (सूरा निसा : 24 आयत : 5 रुकु)

यानी यह बात जाहिर है कि दासी निषिद्ध नहीं है 'सूरा आहजाब, आयत : 52' में लिखा हुआ है, "तुम्हारे लिए क़ोई स्त्री वैध नहीं, और तुम्हारी पत्नी के बदले दूसरी स्त्री का ग्रहण भी वैध नहीं, हालाँकि उनकी खूबसूरती तुम्हें चकित करता है। लेकिन तुम्हारे अधिकार की दासियों के लिए यह विधान (नियम) प्रयोज्य नहीं।"

"अपनी पत्नी अथवा अधिकार की दासियों के अलावा बाक़ी स्त्रियों के प्रति जो अपने यौनांग को संयमित रखते हैं, वे निंदनीय नहीं होंगे।" (सूरा मा आरिज, आयत : 29/30 रुकु : 1)

यानी दासी वैध है। उसका भोग करने से पाप नहीं युद्ध में हारे हुए सैनिकों के घर-द्वार, अर्थ अनाज, अश्व, स्त्री-विजेताओं के अधिकार में आते हैं और सभी

उन्हें भोगने के लिए वैध हैं। इतना ही नहीं, अल्लाहताला ने यह भी कहा है, "मैंने तुम्हारे लिए वैध किया है तुम्हारी स्त्रियों को, जिन्हें तुमने मेहर प्रदान किया है एवं वैध किया है 'फाय' (जो संपदा युद्ध में हाथ आती है।) के रूप में वह सब, जो तुम्हारे अधिकार में आया है।" (सूरा आहजाब, आयत : 50 रुकु : 6)

अब अगर यही क़ानून है तो उस क़ानून में पुरुषों के लिए क्रीतदासी या किराये की दासी किसी भी तरह से असंगत या अवैध नहीं।

उन महोदय को समाज के उच्च व्यक्तियों का समर्थन मिल गया। इसीलिए इस मामले में उनको कोई असुविधा नहीं, अतृप्ति नहीं। अब भी वे उसी तरह सुबह उठकर नाश्ता करके दफ़्तर जाते हैं, एक मेज पर बैठकर बीवी-बच्चों के साथ दोपहर का खाना भी खाते हैं, शाम को जादूघर, अजायबघर, दोस्तों के घर सभी जगह जाते हैं। और इच्छा होने पर जरीना हो, फ़ातिमा हो, आयशा हो या सेलिना, सभी को अपनी पहुँच के अंदर पाते हैं। सज्जन महोदय अपने इस वर्तमान को लेकर ज़रा भी चितित नहीं।

सज्जन महोदय की पत्नी विरोध करना चाहती हैं, दुख और नाराज़गी से वह रोती हैं। लेकिन उससे क्या? कभी उन्हें खुद को ही यह सांत्वना देनी पड़ती है कि कुरान की बात की तो अवमानना नहीं की जा सकती। अल्लाह ने पुरुषों को जो सुविधाएँ प्रदान की हैं, वह सुविधाएँ वे क्यों नहीं लेंगे? और, सुविधाएँ भी तो स्वयं अल्लाह ने ही दी हैं।

76

मैं आँखें बंद किये हुए थी। सारा शरीर, हाथ-पाँव ढीला करके नींद का बहाना करके बिस्तर पर लेटी थी। सबसे पहले एक टार्च की रोशनी आकर मुँह पर पड़ी। मेरे चेहरे पर टार्च की स्पॉटलाइट रखे हुए ही वे आपस में बातें करते रहे—क्या बोल रहे थे, मैं समझ नहीं पाई। उनकी भाषा उर्दू थी।

मुझे तब तक नहीं मालूम कि उन लोगों ने घर में घुसने से पहले नारियल के पेड़ के साथ मेरे पिता को बाँध दिया था। मुझे तब तक नहीं पता था कि मेरी माँ घर का आँगन पार करके दूसरी जगह आश्रय लेने के लिए चली गई है। वे आए हैं, यह बुरी ख़बर मुझे पहले से किसी ने नहीं दी। मैंने केवल बाहर के बरामदे से आती हुई चार जोड़ी बूट की आवाज़ सुनी थी और एक दूसरी भाषा में बातचीत। हालाँकि तब मेरी उम्र उस वक़्त बहुत कम थी, लेकिन इतना समझा दिया था कि आज एक भीषण दुर्घटना घटने जा रही है। आज हमारा बहुत बुरा वक़्त है। मेरी उम्र कम थी इसीलिए मुझे आँगन पार करके पड़ोसियों के यहाँ आश्रय नहीं लेना

पड़ा था। अचेत होकर पड़े रहना पड़ा था—दक्षिण वाले कमरे के एक पलंग पर। तभी बूट की आवाज़ मेरे कमरे में आकर रुकी। बग़ल में मेरी छोटी बहन सो रही थी। बूट की आवाज़ घर में पूरा चक्कर लगाकर मेरे सिर के पास आकर रुकी। उस दिन पहली बार मैंने अभिनय किया था—नींद में सोने का, मानो मैं सोई हुई हूँ, मुझे कुछ सुनाई नहीं दे रहा है, मैं कुछ देख नहीं रही हूँ, आप लोग जो मन में आए, कीजिए, बस नींद में बेसुध पड़े व्यक्ति को जगाइएगा मत। उन्होंने मेरे चेहरे पर टॉर्च की रोशनी फेंकी। रोशनी पड़ने पर आँखें काँप जाती हैं, मेरी भी काँपी थीं या नहीं, पता नहीं।

वे रोशनी में क्या देख रहे थे—मेरी उम्र? उम्र पसंद नहीं आई इसलिए उन्होंने रोशनी घुमा ली। बग़लवाले बिस्तर पर 'रेहेल' पर खुली हुई कुरान शरीफ़ रखी हुई थी। कुरान शरीफ़ पर माँ के हाथ का एक जोड़ी कंगन पड़ा था। उन्होंने माँ के कंगन लिये, कमरे की अलमारी खोलकर हमारा सोना-चाँदी जो भी मिला, लिया। वे बात कर रहे थे, हँस रहे थे। मुझे बीच-बीच में लगता है, उन्हें मेरी कम उम्र के लिए अवश्य दुख हुआ होगा। क्योंकि मेरी उम्र तब तक कोई ज़्यादा नहीं हुई थी।

मैं स्थिर बिस्तर पर पड़ी हुई थी। उनकी क्रूर हँसी, उनकी अजीब-सी भाषा, उनकी भयानक बूट ने मुझे विचित्र ढंग की स्थिरता दी थी। मुझे अब भी एक ठंडा साँप दिखाई देता है, जो मेरे शरीर पर धीरे-धीरे चढ़ता रहता है। मेरी उम्र अगर और थोड़ी-सी अधिक होती! उस एक अँधेरे कमरे में, उस एक भयावह दमघोंट रात में अगर मेरी उम्र पंद्रह, सोलह, सत्रह, अट्ठारह या उन्नीस की होती। क्या किसी की ऐसी उम्र नहीं थी? थी! उस कम उम्र में किसी के घर पर आधी रात को क्या हमला नहीं किया? वह भी किया था। अनगिनत युवतियों को वे लोग उठा ले गये। वे उनकी विकृत वासना की शिकार हुईं, मेरी ख़ाला, मेरी पड़ोसी बहन, मेरे परिचित, अल्प परिचित, जान-पहचान वाले अनगिनत रिश्तेदार। यह कोई नई बात नहीं। सभी जानते हैं। सभी जानते हैं, इकहत्तर में इस देश की स्त्रियों पर पाकिस्तानी सैनिकों के खुले आम किये गये बलात्कार की ख़बर। जानते हैं, सिर्फ़ जानते ही हैं, और कुछ नहीं।

देश में एक इतनी बड़ी लड़ाई हो गयी। इतनी हत्याएँ, सामूहिक हत्याएं इतनी लूट, बलात्कार की घटनाएँ घटीं—फिर भी बलात्कार की संज्ञा नहीं बदली। एक ध्वंस स्तूप पर खड़ा मनुष्य जब सब कुछ खोकर अपंग, सर्वहारा, स्वजनों को खो देने की वेदना से नीला पड़ गया था—उसी मनुष्य ने उस वक़्त बलात्कारिता की तरफ़ उसी पुरानी दृष्टि से देखा, वही पुरानी उँगली उठाई। हाय रे मूर्ख बंगाली! हाय रे, अभागे, दुश्चरित्र दुर्गत बंगाली!

जिस देश में ऐसा एक मुक्ति-युद्ध हुआ, जिस मुक्ति-युद्ध में खुले आम नर-संहार

हुआ, खुले आम बालात्कार हुआ–उस देश में बलात्कार की क्यों कोई संज्ञा नहीं हो रही? उस देश में बलात्कार को बूट या कुंदे के अत्याचार की तरह एक तरह का अत्याचार क्यों नहीं समझा जाता? क्यों बलात्कार की शिकार स्त्रियों के लिए सामाजिक स्वीकृति का अभाव होता है? क्यों बलात्कार को और दस अत्याचारों की तरह समाज द्वारा ग्रहण नहीं किया जाता?

मुक्ति-युद्ध यदि हमारे अंदर एक नयी चेतना को जन्म नहीं दे सका, तो क्या दे सका! जिसके लिए हम लोग 'विजय दिवस' का उत्सव मनाते हैं, स्वतंत्रता दिवस के आनंद में रोशनी की सजावट पर झूम उठते हैं। चेतना के अंदर एक गहरा अंधकार रखकर यह आलोक-सज्जा हमें क्या ज़रा भी आलोकित कर सकती है?

एक युद्ध ही, युद्ध की सारी क्षति को मान लेने का साहस और शक्ति जुटा सकता है। एक युद्ध ही युद्ध की सारी दरारों पर विजय प्राप्त करके विजय का झंडा फहरा सकता है। हम लोगों ने झंडा ज़रूर फहराया है, हम लोगों ने देश से एक फालतू झमेले को अवश्य दूर किया है, लेकिन समाज के नष्ट और गंदे संस्कारों को दूर नहीं कर पाये–जो संस्कार इकहत्तर में उत्पीड़ित किसी तरुणी को क्षमा नहीं कर पायें, और अब बीस वर्ष के बाद भी क्षमा करने की धृष्टता नहीं कर पाये।

और एक मुक्ति-युद्ध का इंतज़ार करना होगा–फिर इंतज़ार करना होगा देशव्यापी चरम तांडव का–फिर हमें इंतज़ार करना होगा अनगिनत मौतों का। और कितनी मौतें, कितनी आग, कितने बलात्कार इस देश में होने पर बलात्कार की शिकार स्त्रियाँ समाज के कठघरे में सिर उठाकर खड़ी हो पाएँगी और घृणा से उच्चारित कर पाएँगी–असभ्य पुरुषों के नाम! एक युद्ध से हम लोग मन और मानसिकता में परिवर्तन नहीं कर पाए, एक युद्ध से हम लोग सत्य और सुंदर की तरफ़ जाने का थोड़ा-सा भी दुस्साहस नहीं जुटा पाये। इस देश में और कितने युद्धों की ज़रूरत है? और कितनी मौतों की ज़रूरत है?

एक वर्ष बीतने के बाद हर वर्ष इस देश में विजय का उत्सव होता है। खुशी से पूरा देश नाच उठता है–दुःसह, दुःशासन से क्लिष्ट तृतीय विश्व का एक हतभागा देश। दिसंबर की सोलह तारीख़ की सार्दी में काँपती सुबह में खुले बरामदे में खड़ी मैं नगर का उत्सव देखती हूँ और मेरे सारे शरीर पर एक ठंडा साँप रेंग जाता है। आँख बंद करते ही शरीर पर टॉर्च की रोशनी महसूस करती हूँ। वे मेरी उम्र को नाप रहे हैं। नगर के इस अश्लील उत्सव के प्रति घृणा से मेरी आँखों को फाड़ती हुई अश्रुधारा निकल रही है। कौन है, जो मेरा और मेरी तरह अनगिनत स्त्रियों का रुदन रोके? है कोई क़ानून और संस्कार इस देश में? मुक्ति-युद्ध ने कई लोगों को बहुत कुछ दिया, लेकिन स्त्री को क्या दिया?

77

1. इसे देश के एक लोकप्रिय कवि हाल ही में एक पुत्र संतान के पिता बने हैं। उनको पहले से ही तीन कन्याएँ हैं। तीन कन्याओं में कोई भी अंधी नहीं, बहरी नहीं, लँगड़ी नहीं। उनके मस्तिष्क में कोई विकृति नहीं। सभी स्वस्थ सुंदर हैं, सभी सेहतमंद हैं। सभी प्रखर मेधा से दीप्तिमान हैं। तो फिर एक और संतान की ज़रूरत क्यों है? दरअसल यह कोई संतान की ज़रूरत नहीं, यह ज़रूरत पुत्र-संतान की है। प्रसिद्ध साहित्यकार, जिन्हें लोग आदर्श मानते हैं, जिनके जीवन-आचरण का लोग अनुकरण करते हैं, उनका यह पुत्रपिपासु चरित्र मनुष्य को चाहे और कुछ भले दे, रत्ती भर श्रद्धा या सम्मान भी नहीं देगा, इस मामले में मैं निश्चित हूँ।

सुना है, पुत्र की लालसा उन्हें शाह जलाल के मज़ार तक खींच ले गई। सिर पर टोपी पहने हमारे विज्ञानमनस्क साहित्यकार ने मज़ार पर खड़े होकर हजरत शाह जलाल से पुत्र की दुआ की है। और फिर कई तरह के गंडा-तावीज़, दुआ कलाम, मज़ार-ज़ियारत करने के बाद हुए बेटे के जन्म ने उनके पितृत्व को मजबूत किया है। साथ ही उनका पुरुष जन्म भी 'सार्थक' हुआ।

क्या सीखा है उनके अनगिनत पाठकों और उनके असंख्य गुणमुग्ध अनुगामियों ने? यही न कि तीन कन्याएँ पर्याप्त नहीं, एक पुत्र संतान के रूप में पूर्ण है। और, एक पुत्र के जन्म से पहले संतान का उत्पादन बंद करना अनुचित है। सीखा है, तन और मन से पूर्ण होने पर भी स्त्री का पंगुत्व नहीं कटता। इसीलिए लिखने में बड़ी-बड़ी नीति कथा सहज है, लेकिन स्वभाव और बर्ताव में यह नीति-चर्चा संभव नहीं।

इस बात को स्त्री सबसे ज़्यादा जानती है कि उसका जन्म अनाकांक्षित है, एक-दो लड़कों के बाद अगर बेटी का जन्म हुआ तो शायद उस कन्या-जन्म से कोई रुष्ट नहीं होता। लेकिन कन्या कभी एकांत और संपूर्ण रूप से किसी दंपति की माँग नहीं होती। हमारे प्रसिद्ध साहित्यकार भी दूसरे दस लोगों की तरह बेटे के लिए प्रत्याशी थे। तभी उनके मन और मेधा का स्तर कुसंस्काराच्छन्न, मूर्ख मनुष्य के स्तर को पार करके थोड़ा-सा भी ऊपर नहीं उठा।

2. स्त्री के प्रति घृणा, जिसके प्रवचन का मुख्य स्वादिष्ट विषय है, स्त्री के प्रति असम्मान एवं अश्लील अपमान करना जिसके स्वभाव के अस्थि-मज्जा में है, वह स्त्री विरोधी पुरुष ही 'नारीवाद ग्रंथ' लिखने का कृतित्व अर्जित करने में आग्रही है। कृतित्व बहुत सुस्वादु वस्तु है। स्त्री को ओछा (छोटा) करके प्रवचन रचने का कृतित्व जिस व्यक्ति ने एक बार अर्जित कर लिया है, वही व्यक्ति स्त्रीवाद ग्रंथ की रचना करने का कृतित्व अर्जित कर सकता है। इस चरम अंतर्विरोधी आचरण में 'कृतित्व' ही एकमात्र उपलब्धि है। जो उपलब्धि अलग-अलग रूप में ये पुरुष अर्जित

करना चाहते हैं। स्त्री के गाल पर एक बार चपत लगाकर वे खुशी से तालियाँ बजाते हैं, तो एक बार चुंबन लेकर उल्लास से नृत्य करते हैं। कुल मिलाकर वे स्त्री से खेलते हैं। वे स्त्री को जब इच्छा तोड़ते हैं, और जैसी इच्छा गढ़ते हैं। स्त्री को लेकर यह मज़ेदार खेल खेलने का कृतित्व अवश्य ही पुरुष के लिए सम्मान ढोकर लाता है।

इसके अलावा व्यवसाय भी हो रहा है। इस देश में स्त्री को लेकर कारोबार करने के लिए किसी मेधा या पूँजी की ज़रूरत नहीं पड़ती, लेकिन फल लाभदायक ही होता है। स्त्री का कारोबार करते हुए आज तक किसी का नुक़सान नहीं हुआ, बल्कि अर्थ, यश, ख्याति, सफलता सब कुछ मिला है।

संभवतः इन स्त्री-विद्वेषी भाषाविदों का भी जीवन समृद्ध होगा।

3. इस देश के एक और प्रसिद्ध कवि के बारे में जानती हूँ–कवि उस वक़्त दूसरी शादी की तैयारी कर रहे थे। पहली पत्नी को वे तलाक़नामा लिख देने के लिए रोज़ दबाव डालते रहे। कवि अपनी पत्नी से तलाक़ हासिल करना चाह रहे थे। इससे देन-मेहर के रुपये के झमेले से मुक्ति मिलती।

इस प्रस्ताव से पत्नी के राज़ी न होने पर कवि ने अपनी बीवी से कहा, ''मैं चारों तरफ़ तुम्हारे दुश्चरित्र होने की बात फैला दूँगा। तुम अब भी राज़ी हो जाओ, वरना हम चारों तरफ़ कहेंगे, तुम एक रंडी हो।''

स्त्री का चरित्र एक ऐसी विचित्र वस्तु है कि 'शारीरिक संपर्क' ही उसके चरित्र के अच्छा-बुरा होने का मानदंड है। लोक-वितरण के लिए स्त्री-चरित्र का हनन जितना उपयोगी है, उतना और कुछ नहीं।

उस कवि ने अंततः दूसरी शादी की। पहली पत्नी को उन्होंने चरित्र-दोष का डर दिखाया था ताकि इस डर से स्त्री उनके सारे प्रस्ताव मान ले। चरित्र तो सँभाल कर रखने की चीज़ है। ख़ासकर औरतों के लिए। इस मूल्यवान वस्तु को सँभालकर रखने पर स्त्री के लिए और कुछ नहीं बचता। स्त्री के लिए यही एकमात्र संपदा है–इस संपत्ति के हाथ से निकल जाने पर उसका समाज में जिंदा रहना शोभा नहीं देता। 'सतीत्व' ही स्त्री के चरित्र को जिंदा रखता है। पहले 'सतीदाह' करके स्त्री के सतीत्व की रक्षा की जाती थी। आजकल सतीदाह का नियम नहीं है, लेकिन परिवार के पुरुष पहरेदार स्त्री के सतीत्व की रक्षा करते हैं। वे ही अपनी ज़रूरत मुताबिक स्त्री को कभी 'सती' कभी 'असती' बनाते हैं। यह बनाना इतना सहज है कि हमारे ख्यातिमान कवि ने अपनी दूसरी शादी की ज़रूरत के तहत पहली बीवी को 'असती' बना दिया था। इससे किसी को शर्म नहीं आती, दुविधा नहीं होती, संकोच नहीं होता। चाहे वह कितना ही बड़ा कवि या चित्रकार क्यों न हो, वह कितना ही बड़ा कलाकार या कारोबारी क्यों न हो।

4. हमारे बुद्धिजीवीगण अपनी बुद्धि की चर्चा के साथ-साथ कुछ मजे की चर्चा, कुछ नारी की चर्चा बनाये रखकर जीवनयापन में स्वाभाविकता लाते हैं। इससे देश की भोली जनता की क़तारों में भी खड़ा हुआ जा सकता हे और उनसे एकाकार होने का दावा करने में एक तरह का गौरव भी प्राप्त होता है। हमारे बुद्धिजीवी इस गौरव से खुद को वंचित करने के लिए हरग़िज राजी नहीं।

78

'कुमारी' शब्द का अर्थ है अविवाहित नारी। दस से सोलह वर्ष की कन्या को कुमारी कहा जाता है। कुमारी नारी के प्रति समाज के सभी स्तर के पुरुषों में प्रबल आकर्षण होता है। पुरुषों का आकर्षण किसी भी तरह घटने न पाए और ईश्वर भी कुमारी के प्रति विशेष नज़र रखें—इसीलिए समाज के 'भले मानस लोग' कुमारी लड़कियों के सतीत्व की रक्षा के लिए तरह-तरह के उपदेश बरसाते रहते हैं। 'व्रत' के पालन का नियम बनाया गया है। हिंदू धर्म में कुमारियों के लिए अलग-अलग महीने में अलग-अलग व्रत-नियम के पालन का इंतज़ाम किया गया है—वैशाख में शिवजी का व्रत, 'पुण्य पुकुर', 'दस पुतली', 'हरि का चरण', 'पीपल पत्ता', गोकुल' और पृथ्वी व्रत कार्तिक महीने में यम पुकुर व्रत, अगहन महीने में सेंजुती का व्रत, पौष महीने में तुंष-तुषली व्रत। इन व्रतों के लिए तरह-तरह के मंत्रों का उच्चारण करना पड़ता है। हर मंत्र का मूल कथन है—सती होना, पति प्राप्ति, पुत्र संतान, अच्छी रसोइया बनना, सुहागिन अवस्था में मृत्यु और सात भाइयों की एक बहन होना। 'पुण्य पुकुर' (तालाब) मंत्र, पोखर में जल डालने का मंत्र है—"पुण्य पोखर पुष्प माला/कौन पूजे रे दोपहर बेला?/मैं सती लीलावती/सात भाइयों की बहन भाग्यवती। इसे पूजने पर क्या होता है?/निर्धन को धन मिलता है/पत्नी सावित्री समान होती है।/पति की प्यारी होती है।/पुत्र को देकर पति की गोद में/मरण हो गंगाजल में।" 'दस पुतली व्रत' लड़कियों को पाँच वर्ष की उम्र से ही करना पड़ता है। इस व्रत का मंत्र है—"अबकी मरकर मनुष्य बनूँगी, राम जैसा पति पाऊँगी/अबकी मरकर मनुष्य बनूँगी, मैं सीता जैसी बनूँगी/अबकी मरकर मनुष्य बनूँगी, दशरथ जैसा ससुर पाऊँगी/अबकी मरकर मनुष्य बनूँगी, कौशल्या जैसी सास पाऊँगी/अबकी मरकर मनुष्य बनूँगी, कुंती-सी पुत्रवती बनूँगी/अबकी मरकर मनुष्य बनूँगी, द्रौपदी-सी रसोइया बनूँगी/अबकी मरकर मनुष्य बनूँगी, पृथ्वी जैसी भार ढोऊँगी।"

कोई भी व्रत या मंत्र स्त्री का बनाया हुआ नहीं है। इसे पुरुष ने ही बनाया है। इन व्रतों का उद्देश्य स्त्री को पति, पुत्र परिवार में निमग्न रखना है। ताकि स्त्री

कभी यह अनुभव न कर पाये कि वह भी मनुष्य है। पति, पुत्र परिवार से बाहर दूसरे कामों में निपुणता दिखाने का अधिकार उसको भी तो है। वह भी अश्वारोही हो सकती है, वह भी संग्राम में विजयी हो सकती है।

वह भी वैज्ञानिक, चिकित्सक, कृषक, श्रमिक, चित्रकार, कवि और राष्ट्रपति बन सकती है।

हरि के चरण व्रत में उच्चारण करना पड़ता है–"कौन युवती पूजती पैर/वह युवती क्या चाहती है?/राजेश्वर पति चाहती है/दरबार से जुड़ा बेटा चाहती/गोशाला में गाय, खेत में धान/वर्ष-वर्ष में पुत्र पाती/नहीं देखती, पति-पुत्र का मरण/नहीं देखती, बंधु-बांधव का मरण/होगा पुत्र, मरेगा नहीं/आँख से आँसू गिरेगा नहीं/देकर पुत्र, पति की गोद में/मृत्यु आए/कंठ भर गंगाजल में।"

पीपल पत्ता मंत्र पढ़ना होता है–"पका पत्ता सिर पर रखने से, पके बालों में सिंदूर पहनकर/कच्चा पत्ता सिर पर रखने से, कांचन मूर्ति होता है। कोमल पत्ता सिर पर रखने से, नवकुमार गोद में आता है।"

सेंजुती व्रत, मंत्र है–"खाट पैलंग, रजाई दोलंग (एक फूल) गिर्दे (गोल तकिया) आसपास/रूप यौवन से, सदा सुखी पति प्यार करता/ पास-पड़ोसी प्रतिवेशी, मधु वर्ष भर मुँह में/जन्म सुहागिन पुत्रवती जन्म कटता सुख में।"

मुख्यतः एक ही मंत्र घूम-फिर कर साल भर उच्चारित होता रहता है। मंत्र में जो उच्चारित होता है, परिवार-समाज में भी वही एक बात उच्चारित होती है। उससे अलग कुछ नहीं। कुमारियों के लिए आज से हज़ार वर्ष पहले जो व्रत-साधना का नियम था, वही नियम थोड़ा-सा इधर-उधर करके अब भी प्रचलित है। आजकल बहुत से लोग व्रत पालन नहीं करते। लेकिन व्रत के इन मंत्रों का सुर मस्तिष्क के कोष-कोष में, रक्त के प्रत्येक कण में गोपनीय रूप से बजता है। इससे किसी को मुक्ति नहीं। प्रत्येक लड़की के भीतर शैशव से ही पति, पुत्र, परिवार का स्वप्न रोपा जाता है। यह स्वप्न वृक्ष बनकर स्त्री को कई खंडों में खंडित करता है। पुरुष के औरस से पुरुष को जन्म देना ही स्त्री-जन्म की सार्थकता है। स्त्री का अपना कोई अस्तित्व नहीं, मानो स्त्री का जन्म ही हुआ है–पुरुष को अपनी सेवा और संभोग से तृप्त कर, अपनी बच्चेदानी में पुरुष-संतान को धारण कर पुरुष का वंश विस्तार करने के लिए।

किसी भी व्रत में पुत्री-संतान की आकांक्षा नहीं है। किसी भी व्रत में पति के अलावा, पति को तृप्त करने के अलावा और कोई स्वप्न नहीं है। और, अब भी नहीं है, जबकि स्त्री कुमारी व्रत का अब पालन नहीं करती, जब स्त्री किताब-कॉपी लेकर स्कूल जाती है, कॉलेज जाती है, दफ़्तर और अदालत में नौकरी करने जाती है। अब भी वह उसी व्रत्त के अंदर स्त्री घूम रही है, उन्हीं संस्कारों के कुएँ में स्त्री

गिरती है।

क्यों है यह आवर्तन? अवश्य ही इस कारण से कि जिस शिक्षा और संस्कार से मनुष्य बड़ा हुआ है, वह स्वस्थ नहीं। नींव में दरार रखकर आप सात मंज़िला मकान बना सकते हैं लेकिन वह टिकेगा नहीं। हम लोग एक खँडहर पर खड़े हैं। यह बात स्पष्ट रूप से कोई नहीं जानता कि स्त्री भी मनुष्य है। स्त्री के स्त्रीत्व और मातृत्व से बड़ा उसका व्यक्तित्व है। नारीतत्व और मातृत्व की जो व्याख्या प्रचलित है, वह पुरुष के स्वार्थ के लिए पुरुष द्वारा बनाया गया एक सिद्धांत है।

स्त्री अपने शरीर में बच्चेदानी धारण करती है, लेकिन बच्चेदानी की स्वतंत्रता धारण नहीं करती। बच्चेदानी में संतान धारण करने और न करने की स्वतंत्रता स्त्री को नहीं है। स्त्री के लिए कहा जाता है, "मातृत्व में स्त्री की सार्थकता है।" स्त्री भी यही मानती है। एक झूठ को स्त्री जिंदगी भर अपने अंदर पाल कर जीती है। बच्चेदानी स्त्री की है। इसीलिए स्त्री ही निर्णय लेगी कि उसमें वह कुछ धारण करेगी या नहीं करेगी। बच्चेदानी में बच्चा धारण करने की विभिन्न प्रकार की शर्तें पुरुषों ने लगा रखी हैं, जैसे–विवाह (पति से संगम के अलावा स्त्री माँ नहीं बन सकती), वंश (वंश रक्षा का काम कन्या से नहीं चलता, इसीलिए पुत्र की ज़रूरत पड़ती है), मातृत्व (चूँकि मातृत्व स्त्री जन्म की सार्थकता है, इसीलिए स्त्री जन्म को सार्थक करना होगा)। शर्तें रहने का अर्थ यह है कि कोख़ जिसकी है, उसका उस पर इच्छा-अनिच्छा जैसा कोई अधिकार नहीं होता।

लड़कियों की व्रत कथा में स्त्रियाँ 'पुत्र को पति की गोद में' छोड़कर मरने की इच्छुक हैं। पति आमतौर पर पत्नी की उम्र से दुगुना, तीन गुना या चार गुना बड़ा होता था (जिस वक़्त ये व्रत कथाएँ बनाई गई थीं)। पति की गोद में पुत्र को छोड़कर मरना अवश्य ही अल्पवय में मरना था। अपनी अकाल मृत्यु की कामना यानी पुरुष के लिए ऐसी एक सुविधा कर देना ताकि पुरुष एक जिंदगी में कई स्त्रियों को भोग सके और सौ वर्ष जिये या वह लंबी उम्र का हो। अनेक स्त्रियों के भोग की बात इसलिए कह रही हूँ कि स्त्री की अकाल मृत्यु हो जाने पर, एक और स्त्री की आवश्यकता आ पड़ती है। इसके अलावा पतिहीनता स्त्री के लिए इतनी अकल्याणकारी, इतनी भयानक एवं दुस्सह होती थी कि स्त्री पतिहीनता की स्थिति बिल्कुल सहन नहीं करना चाहती थी। इसलिए माँग में सिंदूर भरकर मरना चाहती थी, चाहती है।

यह बात सभी जगहों पर स्पष्ट है कि पुरुष के काम में सहायता करने के लिए ही स्त्री का जन्म हुआ है। स्त्री अपने किसी काम के लिए, अपनी किसी खुशी के लिए जन्म नहीं लेती। उसका कोई एकान्त या अकेला अस्तित्व अब भी स्वीकार्य नहीं।

अब भी स्त्री अकेली एक व्यक्ति के रूप में पृथक् एक मनुष्य के रूप में जन्म से मृत्यु तक जीवनयापन करने का अधिकार अर्जित नहीं कर पाई है। उसके जन्म से किसी के 'वंश की रक्षा' नहीं होती। स्त्री-जन्म किसी उपार्जन का स्रोत्र नहीं। स्त्री सिर्फ़ पुरुष की लालसा का निवारण करेगी और उसे पुत्र-संतान का उपहार देगी। इन सारे अंधे संस्कारों को उखाड़कर स्त्री यदि अकेले मनुष्य के रूप में खड़ी नहीं होती तो संस्कारों का विस्तार ही होता रहेगा, विनाश नहीं।

□□□